钱永标 主编

ZAI LIXIANG YU XIANSHI ZHONG CHENGZHANG

在理想与现实中成长

——上海市青浦区凤溪小学教科研成果展示

上海社会科学院出版社

目　录 | Contents

教 学 论 稿

课 例 反 思

教 案 分 析

研 读 学 生

教 育 感 悟

坚守人性　坚守文化
（代序）

钱永标

　　我国在2000年左右初步实现普及九年制义务教育的目标后,普通大众对基础教育的改革发展产生了新的期待,他们不再满足"有学上",而是呼吁国家为适龄儿童提供公平、优质的教育资源,这就促使传统的求"量"的基础教育扩张模式开始向重"质"的基础教育内涵提升模式转变。

　　创建于1905年的凤溪小学在传承、创新的基础上,从学校自身实际出发,以人为本,不断增强凝聚力,努力创建和谐向上的校园氛围。我们逐步使武术特色统领学校的整体工作,凸显武术教学的育人功能。我们确立了"健体益智,明理养性"的办学理念,以培养学生团结互助、诚实守信的做人品质,健康体魄、健全人格的身心品质,规范守纪、文明礼貌的社会品质为育人目标。我们以凤溪原有的武术积淀为基础,巩固和提高学校体育的武术特色,以武术特色与学校的教育教学整体工作有效整合,自主开发和认真实施武术校本课程,不断满足不同学生的成长需求,促进学校的整体和谐发展,从而形成办学特色。

　　在此基础上,我们通过"优质学习"策略来推进学校整体发展。为了提升学生的学习质量,我们提出了优质学习的理念和思路。学校的整体教育改革也以学习为中心,又聚焦优质学习。我校的优质学习包括学生的优质学习和教师的优质学习。优质学习将大大提高学生学习和教师学习的质量和效率。

我们将以优质学习为学校的实验主题,围绕优质学习进行整体的学校革新,通过优质学习来实现学生和教师的高水平发展,进而实现整个学校的高水平发展。同时,我们又通过"智慧"来达到管理的功效。

一、坚守人性

从教育目的看,教育致力于培养健全的人。只关注知识,忽视学生的全面发展,这样的教育就不是真正的教育;只关注分数,忽视学生素质的全面提升和个性张扬,这样的教育就不是真正的教育。从教育过程看,如果教育以牺牲学生身心健康为代价,如果教育过程有悖人性,这样的教育也不是真正的教育。我们从学生的成长需要出发,立足学生的身心发展规律,尊重学生的人格发展需要,培育学生的创新能力,设计满足学生兴趣的课程体系,为学生的全面发展和个性挖掘提供保障,从而促进学生和谐健康地发展。

(一)构建创新教学的课堂基本模式

我们遵循小学生的认知规律,在课堂中关注形成"民主、平等、合作、和谐"的课堂氛围,关注激发学生的创新动机,积极探索学科创新教学的课堂模式的构建。由此,我们提升了教学管理的领导力,努力完善教学流程,细化教学常规,充分关注课堂教学,进一步加强教研组建设和校本研修制度建设,不断完善和优化教学评价方式,形成"低负担,高效率"的教学效果。例如,我们综合教师个性、学生实际和教学问题,加强"以课堂优化为目标,以常态教学为重点,以多元合作为途径,以课例研究为平台,以实践反思为方法,以文化变革为归宿"的校本研修制度建设,共同提高教材把握、教学设计、课堂落实和课后反思的实际能力。

(二)探索创新教学的课堂基本策略

首先,创设了开放性问题情境,激发学生主动参与活动的兴趣,在拓展课、实践活动中设计出一个个具有启发性的、开放式的问题,精心创设情境,激发学生主动参与的内在情感和兴趣。其次,创造活动条件,为学生提供自主参与活动的机会。借助大量感知材料,给学生营造创新的环境氛围,尽可能发挥"玩"的优势,让学生在"玩"中学,在"乐"中提高;让学生在富有情趣、宽松、自由的活动氛围里发现、培养和锻炼自己的多种能力。再次,确立学生的主体地位,建立良好的合作机制,让学生自主安排活动内容、自主设计活动形式,自己动口、动手、动脑,让他们超越自我,激发其潜在的创新能力。活动过程是一个师生之间、生生之间多元互动的过程,良好的合作学习机制可以保证师生之间、生生之间相互配合,出色完成共同的教学任务。以上构成了具有凤溪小学特质的课程体系和课堂教学模式。

二、坚守文化

学校是文化之地,学校承担着传承文化,实现人类文化遗传的职能。因此,学校不仅要传承文化,还要建设文化,并在建设文化的过程中实现文化育人。我们将校园文化建设作为学校持续发展的保障。

任何一个走进凤溪小学的人都会被其活力所感染,我想这就是凤溪小学特有的文化。我们在传承、创新的基础上注重学校的文化积淀。可见,学校如果只是把书本知识或者考试内容作为唯一的教育素材,就是一种狭隘的教育,一种缺少内涵的教育,一种远离本真的教育。

我们坚持遵循教育发展的内在规律,因为学校发展需要创新、需要借鉴,但更需要坚守。坚守是一种可贵的品质,要求我们有崇高的生命情怀,我们不屈服于功利与世俗;坚守是一种精神,是一种对教育的执著和对教育理想的追求;坚守是一种理性,是一种对教育意蕴的正确解读。

SHEN DU SHI DIAN

深度视点

凤溪小学品牌建设的思考

◎ 钱永标

　　凤溪小学创建于 1905 年,现为公办全日制完全农村小学,隶属青浦区教育局与华新镇双重管辖。我们从本校办学实际出发,以人为本,不断增强凝聚力,努力创建和谐向上的校园氛围。我们逐步使武术特色统领学校的整体工作,凸显武术教学的育人功能。我们确立了"健体益智,明理养性"的办学理念,以培养学生团结互助、诚实守信的做人品质,健康体魄、健全人格的身心品质,规范守纪、文明礼貌的社会品质为育人目标。我们以凤溪原有的武术积淀为基础,巩固和提高学校体育的武术特色,并使武术特色与学校教育教学的整体工作有效整合,自主开发和认真实施武术校本课程,不断满足不同学生的成长需求,促进学校的整体和谐发展。2009 年 10 月,我校承办了青浦区"培育办学特色,提升办学水平"大型现场专题展示研讨活动。2009 年 4 月,经区教育督导评估组对我校办学水平升级综合督导评估,学校办学水平连升三级,现为青浦区"规范 A 级学校"。

　　为使学校持续发展,我们始终追寻教育梦想,始终探寻教育实践,由此也清晰了对凤溪小学品牌创建的思考。

一、我们的品牌观

　　品牌的核心竞争力就是品牌所具有的不可模仿性和不可替代性。在供过于求、同质化严重的市场中,品牌最核心的价值诉求、精神诉求以及实现这种诉求的手段和方式具有独特性和差异性,如此才能保证品牌具有源源不断的资源。凤溪小学独特的课程理念、创新的管理方式是品牌的核心竞争力。我们要孜孜不倦地研究我们的课程,兢兢业业地管理学校,才能创造出独树一帜的独特性和差异性,凤溪小学的品牌才会走向成熟。

我们认为,学校品牌就是"优质+特色",是学校最宝贵的资产,是学校的核心竞争力。一个完整的学校品牌应包括隐性、显性两个部分。

隐形部分即学校精神、集体价值取向、行为方式、教学特色、校园文化、学校传统、教育品位等,是学校品牌的核心灵魂;显性部分即行为方式和物质文化方面,直接彰显了学校的文化、性格,是学校资源中可贵的印记。

课程是学校最为重要的产品,也是学校的核心竞争力。对此,我们首先围绕课程的改革与创新来展开学校品牌的思考与建设。因此,我们着眼未来,立足实际,通过对国家课程的开发和学校课程的建设,系统地开发满足学生需求、充分落实学校培养目标的校本课程,同时确立"处处是课程"的意识,并使之成为学校文化。

(一) 课程建设的主体

课程建设的主体是谁? 这似乎不是个问题,其实不然。学校现在的课程体系中有相当比重的课程是国家课程,是由专家设计、编制出来的。由于学生没有参与这些课程的建设,因此在学习的过程中主动性并不高,大多数学生只是因为功利性的目的而介入学习。如果学校课程的建设依然由教师做主,不让学生参与其中,那么要想让学生喜欢这些课程是非常难的。

要让学生参与到课程建设中来,就要让学生告诉老师他们究竟最想学习哪些方面的内容。教师要以学生的兴趣和爱好作为起点,给学生架设从通俗过渡到经典的桥梁。当教师不对学生的兴趣爱好嗤之以鼻,当教师和学生站在同样的高度来思考问题时,学生对待课程的态度就会和教师取得内在一致性。

（二）学生获得深刻的认知体验

首先，在教学内容的设计上要有一个持续深入的主题，不能打一枪换一个地方。其次，在教学时长的设计上要打破传统的课时教学模式，让学生能够有一段较长的时间来对所关心的问题展开探究，这个时间可以是半天，也可以是一个月、一个学期等。第三，在教学方式的选择上要以学生为主。教师只是在学生需要的时候给予必要的指点，没有必要大包大揽，把什么事情都替学生想好、做好。

以学校开展多年的"科技节""武术节"等活动为例。我们根据本校学生的实际，先从小课程设计开始，继而由学生全程参与，学生可以在这些活动中获得真实的成长。由此，我们充分挖掘学校的软硬件资源，尽量满足学生的个性发展需求，同时研究和开发校本课程，不断完善《少儿武术》课程，逐步形成系统的兴趣活动教材，促进学生素养的真正提高。

今天，面对波澜壮阔的改革大潮，校长们要坚持自己的行业操守，克服浮躁的心态和作风，扎扎实实地做好每一件事和每一天的工作，树立正确的价值观、品牌观，用高质的教学和优质的服务来扛起学校品牌的"大旗"。

二、品牌内涵拓展

在全面贯彻党的教育方针的统一要求下，从学校地域和自身实际出发，找准发展定位和办学追求，充分发挥学校的优势，发展个性，错位竞争，把自己的发展道路与实施素质教育有机结合。因此，凤溪小学在成长过程中经历了奠基、传承、奋起等几个阶段，在每一个阶段都注重学生的培养、课程的建设和教师的发展。引申到学校品牌内涵上则表现在科学而稳定的培养模式上。培养模式是在一定的教育理念的指导下，对学生培养目标、方法、机制、措施及人才培养过程中各种关系的规范。

（一）落实基础型课程

基础型课程强调促进学生基本素质的形成和发展,体现国家对公民素质的最基本的要求。学校要重视课程内容的基础性和可发展性,确立学生在学习中的主体地位,关注学生的已有经验和兴趣爱好、个性特长,为学生提供学习的经历,让学生得到充分的体验与感悟。

（二）突出拓展型课程

拓展型课程以培养学生的主体意识、完善学生的认知结构、提高学生自我规划和自主选择为宗旨,着眼于培养、激发和发展学生的兴起爱好,开发学生的潜能,促进学生个性形成的发展和学校办学特色的形成。学校要依据学校的办学理念,充分尊重和正确引导学生的兴趣爱好,从学生的实际需求出发,为学生自主性的充分发挥开辟广阔的空间,让学生在自主探究中获得拓展。

（三）设计探究型课程

从学生的兴趣与生活经验出发,运用研究性学习方式,合理使用探究型课程,密切联系实际,从小培养学生的问题意识,积极开发适合学校和学生实际的探究型校本课程项目。

在这过程中,我们认真学习课程标准,严格执行新课程计划,制定学校课程管理条例,按《实施方案》的要求规范化运作,形成评估,加大指导和管理力度,建立研发激励机制,优化成果评价呈现方式。

丰富多彩的课程促进了学生全面素质的提高,并取得了颇为丰硕的成果。学校先后获得青浦区第四届、第五届学生科技节优秀组织奖,第十三届上海市青少年创新发明设计优秀组织奖,青浦区体育特色(武术)项目学校等荣誉。

与此同时,学校品牌的生命力强弱的关键还在于一支过硬的教师队伍,以及能否将学校整体发展目标转换成为全体教师的内在动力,建立共同的愿景,形成整体合力,达到双赢。

进一步深化"三实践二反思"校本研修活动,通过"以校为本、校际合作、多层联动"的形式,增强校内同伴间互助支援、城乡教育共同体联片教研引领的作用,达到"他人促进、合作促进、自我促进"。

加强教师专业化发展的制度建设和过程管理,努力创设条件,完善教师专业化发展的评价与激励机制,充分满足教师的精神需求,使教师的个性和潜能得到充分发展。

进一步加大青年教师和骨干教师的培养力度,为其发展创造最大的机会和空间,并带动全体教师的专业提升。

我们还将教育教学整体改革的区域辐射作用与教师的专业发展相结合,将教师听课、观课与送教、送课到其他学校作为教师专业发展的一个平台。

我们的发展目标是:以学校自身教育教学实践为基地,以培养教师实施素质教育、实施新课程的能力为重点,积极有效地开展面向全体教师、突出骨干教师的校本研修,努力建设一支师德高尚、敬业爱岗、业务精湛、结构合理、善于合作、勤于实践、勇于创新的师资队伍,促进学校的可持续发展。

教育专家曾说过,未来的竞争是学校品牌的竞争——学校品牌互争长短的竞争。那么,一个学校要取得持续的发展就要打造适合自己的品牌,形成品牌的"品格"魅力和核心思想。这也是品牌内涵拓展的关键。

三、丰富品牌联想

品牌的联想是建立在学校的文化基础之上的。校本文化是学校师生创造的,一旦创造出来就是一种能动的教育力量,会反过来影响这所学校的师生。文化是一种期待。校本文化是一种持续的教育力量。以"文化育人"提升学校办学品质,在大力推进素质教育的今天倍显重要。学校是育人的场所,师生们在校园内随时都应受到文化的熏陶和浸染。因此,学校文化不仅要靠历史的沉淀和时间的积累,还要用心设计,既要关注学校的每一个生命个体——学生和老师,又要关注学校整体文化的内涵。

我们以创建"和谐校园"为目标,重视人文精神的培育,强化教师的合作意识与团队精神,努力提高学校的内聚力和向心力。加强学校人文环境建设,开展多样化、多载体的校园文化活动,通过学校文明组室的评比,逐步形成团结合作、积极向上的和谐氛围。

(1) 积极开展以"关心人、尊重人、激励人、提高人"为主要内容的凝聚力工程建设,以人为本,创设适合教师发展的管理机制,在物质层面上使教师满意,在情感层面上使教师有归属感,在文化层面上使教师有成就感,努力营造和谐向上的人际氛围。

(2) 通过营造科学、规范的制度化环境和人本化环境来塑造良好的校风、教风、学风,引导广大师生积极参与学校的人文环境建设,形成学校的文化和精神。

(3) 搞好校园的美化、绿化、净化工作,努力创设良好的工作环境,整体规划校园软环境的设计与教育影响,创设文化氛围。

鉴于此,我们通过搭建各种平台来积极开展校园文化建设,为校园文化提供良好的载体。我们把静态的文化硬件设施用于动态的校园文化活动,使学生在活动中接受教育,营造校园文化氛围,促进学校各项工作的开展。好玩、好奇、好学是儿童的天性,顺应这种天性,因势利导,让学习变成一种快乐、有趣又有收获的活动。我们的教育应旨在还学生一个天真的本性,让学生在玩中学、学中思、思中创,让学生好玩的天性得到舒展,好奇的本能得到引导,好学的品质得到培养。由此,我们以"健体益智,明理养性"的办学理念为核心,利用基础型、拓展型课程、探究型课程的整体架构将一颗颗"珍珠"连接起来。但是,学校文化是需要历史积淀的,因此,还需在不断的发展中日益完善,还需要积累更厚重的内涵。

学校的文化建设是学校品牌创造的一个重要组成部分,渗透于教科研、教师自身文化建设等各个环节。良好的学校文化不仅能够激发教师的团队意识,还能促进学生、教师、学校三位一体的发展。

学校的品牌建设需要校长整体规划其蓝图,并通过一系列的活动渗透到每个教师心中和各项工作中。随着中国教育供给方式的日趋多元化和家长对学校选择的增加,教育品牌的竞争力已不容忽视。市场条件下,品牌已经成为学校赢得家长和持续发展的关键。在这种情况下,作为校长就必须树立品牌意识并认真审视其品牌管理策略。质量是品牌的基石,学生的素质就是学校的"品牌";稳定的培养模式、扎实的课程体系是学校质量得以兑现的过程保障,决定着人才培养的规格与质量。

以少先队武术品牌活动为突破口
整体推进学校少先队活动课程实施

◎ 杜 燕

少先队活动课列入课表后,我们作为少先队工作者,首先庆幸的是学校少先队活动有了固定的时间,但我们又开始纠结如何整体架构好一所学校的少先队活动课程,让我们的少先队在学校课程中"站起来",在教育体系中"强起来",在育人工程中"富起来"。

凤溪小学大队部共有 34 个中队 576 名儿童团员和 980 名少先队员,让每一个中队、每一个团员上好少先队活动课是我们学校大、中队辅导员的共同目标。我们要让孩子们感到少先队活动课与其他课程不同,"有意思"更"有意义"。孩子们是课堂的主人,要让他们充分感受自主带来的快乐和趣味,智慧灵感一直得到激发,激情和热情总是被点燃。我校少先队品牌活动武术活动的开展给我们提供了借鉴经验,也成了我校整体推进少先队活动课程的一个突破口。

一、以武术品牌活动为突破口,探索
少先队活动课的实施经验

武术是凤溪小学少先队活动的品牌项目。从 20 世纪 90 年代起,学校不断做精做强武术品牌。我校大队部从零打碎敲的武术活动开始,到开展武术系列活动(举办武术节、全校人人学做武术操),到今天的队队有武术校本课程,可谓十年磨一剑。学校的校本武术教材也在不断的探索、完善中从单本的《手型操、六步拳》《少儿武术操》《少儿初级拳》《武术文化少儿读本》发展到今天有各年级分层分目标,融武术知识、武术德育、武术技能为一体的《少儿武术》教材,已经形成了科学并螺旋上升的校本系列。2013 年 7 月以前,我们是通过班队课、午会课、联合拓展型课程来实施武术课程,让武术活动进课堂。2013 年 9 月以后,学校大队部以少先队活动课为平台,使学校的武术活动更为丰富多彩,如手拉手学做《雏鹰展翅》新版武术操、举行武术知识竞赛、小品表演、讲武术名人故事、观看武术影视、读书征文、中队主题会、十分钟队会、摆擂台、武术操方队评比验收等,班班操,年级评,争武术星级章等活动,使武术活动成为队员锻炼意志、培养品质、丰富生活、交流技艺、增进友谊、展示才华、张扬个性的舞台。武术品牌活动满足了凤溪小学的队员发展需求,更促使队员生动活泼、健康快乐地成长,还让学校武术品牌名扬区内外——学校被评为"全国武术之乡",少先队员在各级舞台上展示武术才艺,还多次在全国及市级比赛荣获佳绩。

从学校少先队武术品牌创建、发展、创新过程中,我们找到了有利于我们少先队活动课程开发的有效经验。

(一) 大胆放手,充分信任小主人

少先队活动课的主体是少先队员,少先队辅导员则是少先队员的亲密朋友、指导者和支持者,肩负着指导少先队工作改革与发展的历史责任,要热爱少年儿童。学校武术活动在发挥辅导员作用时,更充分尊重队员的主体地位。在实施过程中,辅导员大胆放手让队员自己动脑、动手,自己出点子、定计划,自己来布置活动场地、创设活动条件,自己来组织活动,总之,不让队员有依赖辅导员的想法,而让他们群策群力来创造,这就是少先队活动前的"问计于童"。我们一直相信,通过少先队活动课,队员们会渐渐成长,有所担当。队

员的体验会更深刻,能力会得到充分锻炼,归属感、集体意识会更强烈。而一堂由队员积极号召、组织的少先队活动课,必定会是一次有新生命力的活动体验。

(二) 大胆创新,丰富形式和组织

实施少先队活动课中,少先队辅导员是幕后"策划者"和"支持者"。在武术品牌课程实施中,我们的辅导员充分尊重队员的内心想法,考虑队员的年龄特点和教育意义,认真把握队员的情感、意识、信念形成的基本规律。如今的少先队员与时俱进,总是和各种流行文化打交道。因此在确定主题后,在设计中注重引导队员运用喜欢的活动形式和有新意的汇报形式,如演讲、小品、调查、采访、表演等,搜集最真实、最新颖、最贴近的素材,以此秀出真我风采。少先队活动课是以少先队组织为载体,注重组织创新,应充分发挥小队、大队的作用,既实现队课的创新,也增强了队员的队组织意识。队课形式和组织的创新增加了队员的参与度和积极性,激活了教育意义,也充分挖掘了队课切实有效的延伸性。

(三) 大胆用情,感染队员内心

一堂"有意思"的少先队活动课必定会在队员的成长中留下不可磨灭的印记,他们会记住筹备前、开展中、活动后的每一个情景。这便是注入了"情"。大胆放手、大胆创新会在队员的脑海中"留情",因为有了切身体验。而在活动的实施中,需要大胆用情让少先队活动课更赋生命力。这需要找到情感与活动的契合点,注入音乐、视频的元素。我们的武术课充分挖掘社会资源,既增加了活动内容,也揭露了另一角度的情感领域,使队员与之情感融合,还让家长参与到活动中来,并担任"梦想后援团"的角色,来支持活动,使情感大大升华。

(四) 大力评价,有效激励队员

在全校开展武术活动的同时,我们少先队员也不甘落后,结合红领巾奖章活动,大队部开展了武术章的争章活动,以奖章活动督促、激励队员。设立武术初级、中级和高级章,制定各级目标。大队部的体育部、考章部,以及每中队的体育委员和考章委员定期进行考核、评审。在辅导员老师的指导配合下,队员们接受了武文化知识,逐步形成了一个由上至下、师生一体的武术活动网络,保证了学校特色活动切实有效的开展。

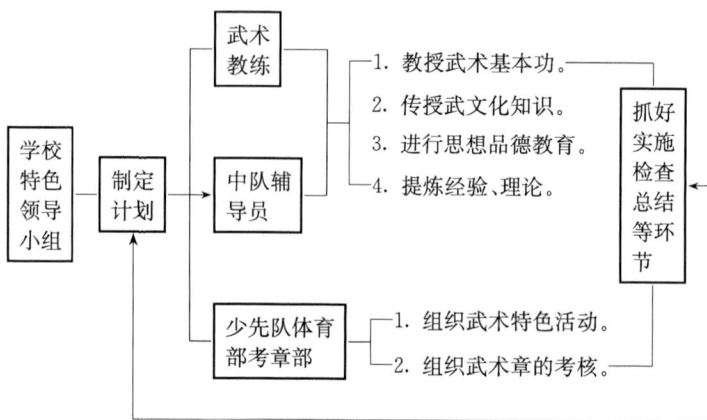

```
学校特色领导小组 → 制定计划 →
    武术教练 —— 1. 教授武术基本功。
              2. 传授武文化知识。
              3. 进行思想品德教育。
              4. 提炼经验、理论。
    中队辅导员
    少先队体育部考章部 —— 1. 组织武术特色活动。
                        2. 组织武术章的考核。
    → 抓好实施检查总结等环节
```

武术活动管理网络图

1. 重新设置奖章,细化达标要求

随着二期课改的不断深化,学校清醒地认识到,只有将学校的武术教育纳入课程建设的轨道,才能真正实现武术教育的普及化、常态化、有效化,最终形成武术教育办学特色。从 2004 年起,我们积极开发校本武术课程,并落实到课程计划,使特色课程走进课堂、走进每个学生。学校已自编少儿武术拳操教材四套——《手型操、六步拳》《少儿武术操》《少儿初级拳》《武术文化少儿读本》,现在又编写了各年级《少儿武术》校本教材。我们少先队马上行动起来,根据课程要求和各年级孩子的不同身心状态,重新设置奖章,细化达标要求。

表 1　奖章达标要求

年　级	奖章名称	达　标　要　求
一年级	武术一星章	1. 了解武术的起源和发展 2. 知道武术的手型、步型和手法 3. 掌握武术的基本动作,说出他们的名称 4. 能说出至少 3 个武术名人的名字

年　级	奖章名称	达　标　要　求
二年级	武术二星章	1. 了解武术的礼节和"精、气、神" 2. 知道武术练习的服装与场地要求 3. 学会做武术操,动作基本准确 4. 能用一段话表达观看武术影片的感受
三年级	武术三星章	1. 了解武术拳术的种类 2. 知道上海市中小学生武术的规则 3. 会做武术操,动作规范有力度 4. 能讲述一个武术名人的故事
四年级	武术四星章	1. 了解武术器械的种类 2. 知道练武时如何自我保护 3. 基本掌握五步拳和十步拳 4. 能讲述一位武术名人的事迹
五年级	武术五星章	1. 了解武术散手 2. 知道武术的定义、本质 3. 基本掌握武术初级拳 4. 能通过小队探究来了解一位武术名人,并形成探究报告

根据新章目的设置,完成了各年级子章的启动课、技能训练课、考章颁章课教案的修订。

2. 形成多层次、多角度的评价体系

在奖章激励的基础上,我们不断探索新的评价方式,对在各项武术活动中表现出色的集体和个人,我们都及时给予评价鼓励,让评价引领品牌活动健康发展。我们对各层面的组织、个人都有评价:小队、中队、小社团、年级组;对活动的各个角度都有评价:武术小大人、武术新星、进步之星、手拉手武术好伙伴、我最喜欢的老师等。目前已形成我校特色的武术品牌活动评价体系。

赵国强老师说,快乐的童年是孩子一生幸福的营养。少先队活动课程的落实就是要让孩子成为经历的富有者,为孩子一生的幸福奠基。让我们正确把握少先队活动课程之魂,用心打动队员,用情感染队员,用理教育队员,为打造"有意义"且"有意思"的少先队活动课而继续钻研,把童年还给孩子。

二、总结武术课程化实施有效经验，以校本化
架构为少先队活动课程实施导航

有了学校武术品牌活动开展的经验积淀，凤溪小学大队部努力开发受学生喜欢的切实可行的少先队活动课程。

（一）学校大队部确立每月活动主题，并提供当月活动建议

我校围绕国家本《少先队活动课程纲要》和《上海市少先队活动课程实施指南》，结合区少先队工作要点、学校少先队工作计划、少先队品牌（特色）活动、雏鹰争章活动和队员实际等，自下而上地架构校本的少先队活动课程，以每月一个少先队活动课主题来明确每月课程实施的重点，并提供当月活动项目建议，为少先队活动课程的实施导航，同时对校外少先队活动作出安排。

表 2　活动主题及方案

月份	活动主题	活动项目（建议）
1 月	快乐寒假 成长新空间	雏鹰假日小队活动：春节送温暖行动、举办冬令营 现代理财教育：合理使用压岁钱
2 月	新学期 我们手拉手	制订新学期计划 手拉手互助活动 自动化中、小队建设 友谊中队结对 三年级"我十岁了"集体生日
3 月	文明礼貌伴我行	"小雷锋"在行动 "学文明，讲礼仪"活动 三八节感恩行动 爱绿、护绿行动 节水、护水行动 平安自护行动
4 月	学习革命英烈 继承光荣传统	祭英烈，学英雄 革命烈士诗抄朗诵 红领巾专题读书活动 清明扫墓及二年级首批入队

月份	活动主题	活动项目（建议）
5 月	热爱红领巾 做个好队员	"圆我中国梦"建设者采访 "工人伟大　劳动光荣"剪报（小报）展览 "六一"筹备工作
6 月	童心共筑"中国梦"	庆"六一"主题集会 二年级全体入队仪式 "我在队旗下成长"毕业典礼
7 月	党的光辉照我家	"党的光辉照我家"社会实践活动 与优秀共产党员手拉手 多彩的社区少先队 举办夏令营（包括网络夏令营）
8 月	快乐暑假 七彩世界	"快乐暑假　七彩世界"纳凉晚会 社区暑期俱乐部 "向最可爱的人致敬"社会实践 校园红领巾"小甲 A"
9 月	我爱老师我爱"家"	祝教师节主题活动 "民族精神　薪火相传"主题教育 "欢迎新伙伴"仪式 手拉手中秋赏月活动 "铭记历史　勿忘国耻"主题教育 队干部换届选举
10 月	祖国发展我成长	"祖国发展我成长"主题教育活动 "为队旗争光,为祖国添彩"建队日纪念 "重温队史,敬好队礼"实践活动
11 月	爱科学 学科学 会创新	"科技启明星在闪烁"爱科学月活动 参观农、科技馆 "红领巾 Discovery"小课题探究 红领巾科技博览会 秀一秀"网络科学院" "生活中的科技常识"发布会 "神舟礼赞"专题演讲 "漫游太空　探秘宇宙"遐想活动
12 月	阳光体育健康乐	红领巾"健身小达人"竞技 红领巾小奥运 奖章技能展示 卫生保健知识竞赛 红领巾志愿者行动 "辞旧迎新　扬帆起航"元旦庆祝活动

（二）发挥骨干中队辅导员作用,制订分年级实施细则

学校构建了以大队部为中心的各年级管理网络,每个年级安排一名骨干辅导员引领,由骨干辅导员给其他辅导员做示范,带领其他辅导员一起实施少先队活动课程。具体做法是:骨干辅导员根据大队部整体工作框架,结合本年级队员的年龄和心理特点,在充分考虑学校的基础、社区环境、队员的需求因素的基础上体现品牌特色,结合常规工作,确定适合的活动内容,制订分年级指标,并落实到每周工作安排。在集中骨干中队辅导员的智慧下,我们研究制订并出台了《凤溪小学少先队活动分年级序列》:一年级以"小小种子要发芽"为分年级要求;二年级以"小小芽儿要破土"为分年级要求;三年级以"苗苗向着太阳笑"为分年级要求;四年级以"阳光沐浴我成长"为分年级要求;五年级以"绿叶绿叶迎风飘"为分年级要求。

一年级少先队课程每周安排

第一学期（制订人:沈丽丽）		
周次	主　　题	操　作　建　议
1	雏鹰争章启动课（苗苗章大启动）——"奖章对我笑,争做好苗苗"	(1) 我和"苗苗"手拉手(认识6枚先修章:大雁、蜜蜂、白鸽、熊猫、孔雀、海豚章) (2) 简要知道各章争章方向及大概要求 (3) 观摩过往入队视频,心有所往 (4) 宣誓尽己之能,争取奖章,争做好苗
2	大雁章启动课——"我学大雁守纪律"	(1) 编排配乐舞蹈《大雁南飞》 (2) 搜集大雁的资料,讲述《大雁的故事》 (3) 小品《上课铃声响了》 (4) 明确考核方法,激励学生争章
3	传统节日——"月儿圆圆庆中秋"	(1) 中秋传说故事的搜集——"我来说中秋"故事大赛 (2) 制作精美贺卡,写上祝福的话送给亲人——"我来送祝福"寄贺卡活动 (3) "月到中秋分外明"绘画比赛 (4) 与敬老院老人一起共品月饼——"月饼暖暖情"
4	熊猫章启动课——"熊猫博士对我笑"	(1) 随机拍摄几组上课图片及录像,出示对比讨论 (2) 学习读写姿势小儿歌 (3) 班级作业展示 (4) 明确考核方法,激励学生争章

周次	主　题	操　作　建　议
\multicolumn{3}{c}{第一学期（制订人：沈丽丽）}		
5	国庆节——"革命歌谣我来唱"	(1)"考考你,机智问答:热爱祖国":牢记"爱国七知道"(国名、国旗、国徽、国歌、国庆节、首都、国家主席) (2)"革命歌谣我来唱":以小组为单位,进行红歌赛 (3)评选奖项,颁奖仪式
6	白鸽章争章颁章课——"我和白鸽交朋友"	(1)出示白鸽图片,讨论交流,与干净的小白鸽交朋友 (2)过三关:"会洗手""会洗脸""会刷牙",现场考核 (3)评价,颁章仪式
7	小蜜蜂章争章课——"我学蜜蜂最勤劳"	(1)观摩蜜蜂采蜜的视频,了解蜜蜂勤劳的高尚品质 (2)过三关:"会穿衣""会扫地""会擦桌",现场考核 (3)一周家务考核表,家校互动,进行考章
8	"人人有岗位,我来尽责任"——我是班级小干部	(1)以小组为单位,讨论交流,设置班级岗位 (2)制作班级岗位表 (3)认领小岗位,制作值班表 (4)"我做小干部,大家来督促" (5)评选优秀小干部并嘉奖
9	孔雀章启动课——"文明礼仪之花处处开"	(1)认识讲文明守礼仪的"小孔雀" (2)学会鞠躬行礼 (3)学会问早、问好、说再见 (4)发放考核表格,明确考核方法,激励学生争章
10	感恩节教育课——"孝心献父母"	(1)"小小调查员":利用一周时间,调查父母工作和生活上的辛苦,体会父母的爱 (2)"今天我当家":让父母休息一天 (3)制作感恩贺卡 (4)孝心倡议书宣读
11	安全教育课——"校外安全教育"	(1)知道并自觉遵守基本的交通规则 (2)上学、放学时能确保安全 (3)记住家庭地址、电话以及父母姓名、工作单位、电话 (4)知道火警(119)、匪警(110)和急救(120)电话
12	团前教育——"海豚章启动课"	(1)学习"五知四会" (2)知道儿童团名称、团旗 (3)知道儿童团领导、标志及目标 (4)学会戴绿领巾,学会敬团礼 (5)学会呼号,学会唱团歌

续　表

第一学期(制订人：沈丽丽)		
周次	主　题	操　作　建　议
13	戴上绿领巾，加入儿童团——"海豚章颁章课"	(1) 请结队班级小辅导员考章 (2) "五知四会"是否达标 (3) 辅导员讲话
14	安全教育课——"校内安全教育"	(1) 小小督查员，利用课余时间细心观察校内安全隐患，发表交流 (2) 判断正误，播放学生现实实例，交流讨论 (3) 安全知识十问 (4) 安全倡议书宣读
15	"班级公约，我来定"	(1) 自由组队，起名 (2) 以小队为单位，交流讨论，制定小队公约 (3) 请队长交流，整合班级公约 (4) 张贴班级公约，宣誓遵守履行
16	健康教育——"自设健康组合章"	(1) 管住自己的口，不随地吐痰，不乱吃野生动物 (2) 看住自己的手，不乱扔垃圾，每天勤洗手 (3) 迈开自己的腿，到户外勤于锻炼 (4) 睁大自己的眼，及时制止不文明行为
第二学期(制订人：沈玮)		
周次	课程内容	主　要　活　动　建　议
1	自理章启动——"我又大一岁啦！"	(1) 找班里一位自理能力较强的学生，请家长为其录制一段日常生活的视频 (2) 观看视频，交流看到了什么？（自己的事情学会做，学会的事情天天做） (3) 明确达标要求 (4) 发放考核表格，明确考核方法，激励学生争章，家校互动，进行考章
2	学雷锋，树新风	(1) 观看影片了解雷锋的先进事迹，学习雷锋精神 (2) 学唱《学习雷锋好榜样》 (3) 交流我身边的雷锋事迹 (4) 争做班级小雷锋（评比班级小雷锋） (5) 总结
3	自理章训练课——"三八妇女节"我为妈妈做家务	(1) 记录妈妈一天的家务活动，体会妈妈辛苦 (2) "我为妈妈做家务"：为妈妈做一到两件家务活 (3) 为妈妈画一幅画《我的妈妈》，并写上要对妈妈说的话 (4) 赠送卡片给妈妈

续　表

第二学期(制订人：沈玮)		
周次	课程内容	主 要 活 动 建 议
4	自理章训练课——"穿衣穿鞋接力赛"	(1) 示范正确穿衣穿鞋 (2) 以小组为单位开始比赛 (3) 宣布比赛结果，点评，颁奖
5	自理章技能训练考核课——"我是自理小达人"	(1) 出示自理章 (2) 自理能力大比武(以小组为单位抽题目，有整理书包、折叠手帕和绿领巾、盛饭等) (3) 评比总结，结合考核表颁章
6	好朋友章启动课——"找朋友"	(1) 唱《找朋友》 (2) 来做"接龙找朋友"游戏，看谁认识的朋友多 (3) 随机拍摄几张身边的照片，交流好朋友之间应该如何互相帮助 (4) 明确考核标准，激励争章
7	好朋友章技能训练课——"手拉手，邀请好朋友来作客"	(1) 结合《争章手册》第21页，交流小明是如何接待小客人 (2) 学会热情邀请 (3) 学会礼貌待客 (4) 学会规范送客 (5) 演一演 ① 小品表演(一)：《邀请好朋友来作客》 ② 小品表演(二)：《好朋友到我家》 (6) 点评总结
8	好朋友章技能训练课——"手拉手，小小贺卡传友情"	(1) 展示各种各样的贺卡 (2) 指导做贺卡 (3) 指导送贺卡
9	好朋友章技能训练考核课——"你有困难我来帮"小品表演赛	(1) 出示好朋友章，唱《找朋友》 (2) 说明比赛规格和方法 (3) 以小组为单位抽签选择情景题 (4) 准备及表演 (5) 结合考核表点评颁章
10	五一劳动节——"劳动最光荣"	(1) 播放歌曲《劳动最光荣》 (2) 明白劳动最光荣，学唱《劳动最光荣》 (3) 推选班级"劳动小能手"(扫地小能手、擦桌小能手) (4) "劳动小能手"大展示 (5) 总结，点评，颁奖

续　表

第二学期（制订人：沈玮）		
周次	课 程 内 容	主 要 活 动 建 议
11	武术一星章（启动课）	（1）观看录像，了解中国功夫 （2）明确武术的定义和本质 （3）认识奖章（出示奖章） （4）提出达标要求 （5）激励争章
12	武术一星章（技能训练课）	（1）我来比一比（武术基本知识竞赛） （2）小小擂台赛（武术基本动作大比拼） （3）大家说一说（说说我认识的武术名人） （4）辅导员总结
13	庆六一	班级庆六一联欢活动
14	武术一星章（考章课）	（1）检验达标要求 （2）版章 （3）回顾交流 （4）总结
15	健康教育——"文明在我心"	（1）管住自己的口，不随地吐痰，不乱吃不洁净食物 （2）看住自己的手，不乱扔垃圾，每天勤洗手，剪指甲 （3）迈开自己的腿，到户外勤于锻炼 （4）睁大自己的眼，及时制止不文明行为
16	安全教育课——"暑期安全教育"	（1）知道并自觉遵守基本的交通规则 （2）不玩水、电、火，不玩危险游戏 （3）没有大人带领的情况下不去河边玩耍、游泳 （4）记住家庭地址、电话以及父母姓名、工作单位、电话 （5）知道火警（119）、匪警（110）和急救（120）电话

（三）发挥中队辅导员和少先队员（儿童团员）双主体作用，共同设计每周活动方案

一次顺利流畅的少先队活动课，一次获得预想教益的少先队活动课，都离不开周密、完备的活动方案设计。在《凤溪小学少先队活动分年级序列》的导航下，我们一方面要求中队辅导员坚持走儿童路线，问计于童，问需于童，指导中队辅导员倾听孩子们的心声，从孩子的需求出发，自下而上地辅导孩

子们设计活动实施方案。对活动方案,我们要求翔实,活动前要探讨人员分工、时间节点、实施方式,以及活动实施可能存在的困难等问题;另一方面我们积极发动少先队员参与活动设计。第一、三学年第一学期,学校大队部设立了"快乐活动部",并在各中队设置了"活动委员"一职,设置这一职位的目的就是积极发动少先队员自主、自动参与少先队活动的设计,成为队活动的主人。

三、以制度和管理网络为少先队 活动课的实施保驾护航

(一) 积极建立少先队活动课实施检查考评制度,形成学校行政化管理和少先队自动化管理双轨并存并行的管理模式

为了严格执行每周1课时的少先队活动课程,确保少先队活动课不被挤占、挪用,每周少先队活动既有学校行政领导参与检查,又有"快乐活动部"的队干部进行检查。并存双轨反馈机制即为学校领导通过教师会议、教研组活动等时机将检查结果反馈给老师,而队干部们则利用红领巾广播、学校大队网站、各级队干部会议反馈给各中队队员。

(二) 积极开展少先队教研活动,每月开展少先队活动课教研活动

在全面开展少先队活动课的过程中,中队辅导员可能会遇到一些问题,学校大队部就要及时通过少先队教研活动给中队辅导员们解疑释惑:2013年9月,对中队辅导员进行相关理论培训;10月,又开展中队活动课的观摩研讨活动;11月,进行少先队活动课视频课的细节讨论等;12月,对少先队活动课的开展进行总结交流。马年新学期,大队部又对新学期的少先队活动课进行了新的规划和调整。

（三）积极提供展示平台，自下而上地推荐区级少先队活动课评比

在接到区少先队活动课评比的通知后，我校积极组织校级少先队活动课评比，从年级组推荐到校级层面评比展示，既是对中队辅导员的展示课工作的肯定，又是给多数辅导员做榜样。从中队内备课到年级组集体磨课，其实都是在对上好少先队活动课的方法进行研究，对如何让队员做队活动课小主人进行探索，在不知不觉中提升了我校少先队活动课质量。

（四）评价、激励、表彰，促少先队活动课生机勃勃

我们坚持采用客观、公正的评价方式，将少先队活动课开展的实施质效纳入班主任（辅导员）考核，用定期检查考核的数据量化中队工作，作为"优秀中队"评选标准之一，也以此作为评价队干部工作，作为"优秀队长"推荐条件之一。对广大队员，我们借鉴"雏鹰争章活动"和学校武术品牌活动开展的经验，以"奖章"和"活动之星"周周评活动调动孩子们的积极性。

四、我们今后的设想：造大少先队活动课声势

我们通过校园网、教师会议、RTX 群、QQ 群等多种途径向全体老师和队员家长宣传《教育部关于加强中小学少先队活动的通知》《少先队活动课程指导纲要》等文件的精神，使他们认识和把握少先队活动课程设置的重要性和紧迫性，从而获得更广泛的支持，形成全员辅导氛围。

利用教学开放周，开放常态少先队活动课，引导中队辅导员互相学习、交流，以提高常态活动课的质效。

以问题聚焦开展主题化教研活动，促使不同辅龄、不同层次的中队辅导员的成长。

动员骨干中队辅导员和队干部择优筛选活动方案，形成校本少先队活动

课方案集。

开发、盘活家长资源，让家长成为少先队活动课的辅导力量，形成家长微课程。

准备采用"成长积分卡"的方式，让评价更量化，让每个孩子看得见，让每次成长留下足迹，从而形成从宏观到微观多层次、多元化的评价体系。

学校大队部在整体推进少先队活动课的进程中认真务实，在"常"字上提要求，在"态"字上下工夫。我们还将在"化"字上大做文章，对少先队活动课内容的管理、实施的考核不断进行实践与研究。

真正安排、落实好每一节少先队活动课，让有意义的少先队活动开展得有意思，让八年少先队活动课程的经历成为对孩子成长具有重要影响力的教育过程，这是我们每一个少先队工作者的崇高使命和责任，让我们一起为之贡献智慧和力量。

加强教学管理　提高教学质量

◎ 顾福庆

教学工作是学校的中心工作,教学管理是学校管理的核心。青浦教育局在前几年提出了"精细教学管理,注重内涵发展"的要求,学校也一直在朝这个方向努力。在新课程改革背景下,如何减负增效,更是每一所学校、每一位教育工作者的追求目标。为了进一步推进素质教育,切实提高课堂教学效率,全面提高教学质量,改进学校教学管理,从而提高学校的声誉和学校的办学水平,我校在以下几方面做了一些尝试。

一、加强学习,提升教师素质

(一)教育理论的学习

我们帮助教师树立与"新课程"相适应的现代教育观念,运用大的教育观和学习观对教育行为进行反思,在新课程的理念指导下探索新的教学行为。通过调查和实践,教师认为最有利于提升自己的理论水平的学习方式是自学交流并结合专家讲座。对此,我们要求教师每学期读一本教学理论的书,并写好读后感,以提高专业理论水平。

同时,我们每学期初都组织教师学习相关的文件和精神,例如本学期分学科组织教师学习领会新课程方案和课程标准,以转变学生的学习方式为切入口,各科教学中必须自觉渗透新课程理念。我们组织教师认真学习《关于中小学教学工作的若干意见(征求意见稿)》,包括《关于加强中小学课程管理的几点意见(征求意见稿)》《关于中小学教学常规的几点意见(征求意见稿)》《关于中小学校本教研工作的几点意见(征求意见稿)》《改进小学课堂教学的几点意见(征求意见稿)》。平时,学科组从通过网络收集一些信息和资料,供大家平时和教研活动时学习。

(二)注重"走出去,请进来"

我们近几年来经常邀请专家来校作专题讲座,也鼓励教师外出听课学习。

(三)注重学历进修

学校支持教师学历进修。提高教师学历是提高教育教学水平的实际需要,也是每一个教师个人发展的要求。在接受学历教育的过程中,教师的专业学识水平也会在潜移默化中得到提高。经过几年的努力,我校40周岁以下的教师基本上全部参加了本科层次的学历进修。

学校创设环境和氛围,让教师树立终身学习的理念,使学校成为教师学习的共同体。

二、严格执行课程计划,全面安排教学工作

课程是学校教育的核心要素之一,是实施素质教育的载体。为了进一步落实课程计划,切实保证课程计划落实到实处,学校按照市、区课程计划的精神和具体要求,认真编制好本校各年级实施课程方案的教学计划,既保证学生修满规定的周课时数,又不超过市课程计划规定的周活动总量,既保证基础型课程的落实与质量的提高,又重视拓展型课程、探究型课程的落实与质

量的提高。我们严格执行课程计划,开全课程,开足课时,努力提高课堂教学质量。学校作为"武术""科技"的特色学校,立足普及与提高,既有提高型的兴趣小组,又有普及型的活动,并把某些项目作为校本课程排入课程表。这两个项目在区内享有一定的声誉,为我区争了不少荣誉。我们还充分挖掘本土资源,因凤溪地区有一所机动车驾驶学校和东乡烈士墓,因地制宜地开展"两纲"教育。

为了全面落实课程计划,全面提高教学质量,我们精心安排学校的教学活动。每学期期初,教导处根据学校工作目标、师资状况及教学工作中存在的问题与面临的困难,突出工作重点,制定出切实可行的教导处工作计划,有的放矢地开展工作,并且要求各条线在两周内制定好各类计划,包括全学期的教研活动的安排表,使我们各项工作做得更好、更具体。

三、落实教学常规,规范教师的教学行为

教学常规是一切教学任务得以顺利完成的重要保障。教师只有遵循教育的普遍规律,有目的、有计划地组织教学,才能切实提高教学质量。根据《青浦区各学科教学常规的基本要求》,学校行政在学期的不同时间有重点地对教师的教学常规进行检查——在开学初检查备课笔记,听任课老师的随堂课;在学期中检查教师的备课笔记,进行备课笔记的展示与交流,并根据检查情况和期中质量抽查的情况作中期反馈;在期中以后检查学生的作业;在期末要求教师订好复习计划,备好复习课;学期结束时对教师一学期的教学常规的执行情况进行综合评价,并以此作为评职和评优的依据。当然,行政检查的只是一种结果,我们更重视的是过程的检查。如何把这些教学的基本环节做细做实,才是我们教学管理的艺术。只有把教学常规真正落实到位,才能保证教学质量的稳步提高。课堂教学是教学常规中的重要环节,是提高教学质量的有效保证。教师的专业成长离不开课堂教学的实践活动。我们发

现,教师迫切需要得到专家指导,当然同伴互助和自我反思也是教师专业成长不可缺少的力量。学校要尽量多为教师创设实践的环境,不断促使教师的教学行为转变,改善教学效果,使学校成为教师实践的共同体。

四、稳步提高教学质量,保障学校的声誉

教学质量是衡量一所学校办学水平的一个重要指标,所以一定要认真做好质量监控。平时,教研组长要把好单元质量关,把握好单元测验的数量和质量,及时把单元成绩汇总表交给分管教导,由分管教导把关,发现问题后及时跟任课老师联系,分析现状,找出原因,尽快采取对策。

期中,我们对部分年级进行抽查,抽查后认真组织质量分析,并做纵向和横向的比较,召开教师会和学生家长会,找出班级的薄弱环节,并列出各班学困生名单,共同商讨方法和对策。

期末,我们和兄弟学校一起命题,认真做好质量抽查工作,部分学科会参加区抽查。

五、重视教学研究,提升学校的管理品质

青浦区教师进修学院曾经向全区教师提出过"让教师更加智慧地教,让学生更加聪明地学"。为了实现这个目标,开展教学研究是一条必走的途径。

(一) 确立学校课题

从1999年2月起全面推广市级课题"主动参与学习"的研究成果到现在,学校总是根据实际情况和存在问题,确立几个研究课题。几年来,学校的课题申报和课题获奖接连不断(已有多项课题在市、区列项,每年有十多篇论文

在市、区获奖）。

（二）教研组专题研究

根据学校的总课题，每个教研组根据实际确立自己的研究子课题，由组长负责，并贯穿于平时的教研活动中，平时要做有心人，不断积累材料和总结经验，期末写好相关的专题性论文，组员写体会或总结，做到"组组有课题，人人写小结"。

新课程对传统教学经验提出了全新的挑战，教师只有通过自我反思、同伴互助、专家引领等方式进行教学研究，才能不断改善自己的教学行为，提高自己的教学研究能力，促使自己成为研究者。实践表明，教师更喜欢主题式的教研活动。通过一次教研活动解决教学中的一两个实际问题，这是教师所迫切希望的。教师需要有课例的专业引领。区教研室组织的各类主题式的教研活动对参加的老师帮助很大。学校教研活动中经常进行的全过程课例研究也不失为一种有效研究方式。

1. 三实践二反思

首先由执教老师根据自己对教材的理解进行独立备课，接着在教研组内进行说课，同伴提出改进意见，执教老师根据同伴的建议进行反思和修改教案，进行第一次执教。在执教的基础上，同伴再次提出改进意见，执教老师根据同伴意见和实际的教学效果进行自我反思，在此基础上第二次修改教案，使教案不断完善，然后进行第二执教。如果还没有达到预期的效果，可以再进行第三次执教，直到达到满意的效果。

2. 接力实践，连环跟进

在教研活动中，由同一教研组的三位教师执教同一个教学内容（为了便于叙述，把这三位教师分别称为 A、B、C 老师）。具体的做法是，先让 A 老师执教，教研组其他老师一起听课，然后进行自我反思和同伴互助。紧接着由教研组 B、C 老师执教，上好课后同样分别进行自我反思和同伴互助。这种形式的好处是可以不断吸取他人之长，摒弃同伴教学中的失误，以达到更好的教学效果。

3. 以教学节为抓手,扎实推进课堂教学研究

为了推广研究成果,将先进的理念和方法运用到课堂教学中去,我们每年都会举办教学节,已经成功举办了十四届教学节,每届教学节一个主题。每届教学节都以理论先导为切入口,组织专家报告、理论研究、专题资料学习等活动,让教师了解其理论依据、主要特点和内容;以实践探索为基本途径,采用大量的实践课、研究课、教学设计等形式内化基本模式;以总结反思为基本手段,辅以案例分析、教学片断评析和专题论文,提炼其基本策略。

通过每届教学节的系列研讨活动,先进的教育理念、教学技术逐步被教师所理解、接受,整体提高了教学和研究的水平,促进了教师的专业成长,从而提高了课堂教学的质量和效益。

提高学校教育教学质量是一项系统工程,是一个永恒的命题,又是一项长期实践创新的工作,更需要我们管理者孜孜不倦地探索,来不得半点虚假和应付。为了实现我们的目标,我们要坚持不懈地精细教学管理,深化教学改革,提高管理质效,不断提高教学质量。

校外教育活动中"两纲"教育的渗透研究

◎ 陶金凯

　　早在 1985 年 5 月,中共中央在《关于教育体制改革的决定》中就指出"学校教育与学校外、学校后教育并举"的方针,确定了校外教育的重要地位和作用。国家领导人也对青少年校外教育工作做了重要批示,江泽民同志指出"关键是对学生业余时间给予很好的安排和管理"。2005 年 3 月 14 日,在上海市德育工作会议上,市科教党委和市教委联合颁布了两份"具有开创性意义"的文件——《上海市学生民族精神教育指导纲要》和《上海市中小学生生命教育指导纲要》(简称"两纲"),这两份文件打破了课内外的界限,勾勒出了上海德育工作的新格局。我们认为,校外教育是实施"两纲"教育的有效途径。坐落于华新镇火星村的东乡烈士陵园是上海市爱国主义教育基地,也是我们学校的精神文明共建单位。学校充分利用地区优势,积极开展各类校外教育活动,扎实推进"两纲"教育。

一、"两纲"教育概述及其重要意义

(一)"两纲"教育概述

2005 年 3 月 14 日,在上海市德育工作会议上,市科教党委和市教委联合颁布了两份"具有开创性意义"的文件——《上海市学生民族精神教育指导纲要》和《上海市中小学生生命教育指导纲要》（简称"两纲"），这两份文件打破了课内外的界限，串联起年级的脉络，勾勒出了上海德育工作的新格局。这高高竖起的两块鲜亮的"引导牌"——民族精神教育和生命教育——让全市的青少年在思想道德的成长道路上认清了方向，踩准了步点。

以国家意识、文化认同、公民人格为主要内容的民族精神教育和以帮助青少年学生认识生命、珍惜生命、尊重生命、热爱生命，促进身心健康发展的生命教育从此纳入上海市基础教育中。充分挖掘学科教学中显性和隐含的教育内容，充分利用青春期教育、心理教育、安全教育、健康教育、环境教育、禁毒和预防艾滋病教育、法制教育等专题教育形式，充分借助班团队活动、节日、纪念日活动、仪式教育、学生社团活动、社会实践活动等多种课外活动载体，从基础型课程、拓展型课程和研究型课程中提取民族精神和生命教育的要义，针对中小学生的身心发展规律，在教学与活动中主动地、灵活地、创造性地、有效地加以落实，不断培育民族精神，提升生命质量。

（二）开展民族精神教育的重要性

1. 具有重大而深远的战略意义

青少年学生是民族的希望，祖国的未来，民族的希望。在学生中开展弘扬和培育民族精神教育，是深入贯彻落实"三个代表"重要思想和党的"十六大"精神，加强青少年思想道德建设，全面实施素质教育，促进人的全面发展的需要，也是加强社会主义精神文明建设的基础性工程。在学生中弘扬和培育民族精神，提高青少年学生的道德素质和政治觉悟，增强他们的民族自尊心、自信心和自豪感，把他们培养成具有良好思想品质和道德修养的合格建设者和可靠接班人，对于确保我国在激烈的国际竞争中立于不败之地，确保实现全面建设小康社会、进而实现现代化的宏伟目标，确保中国特色社会主义事业兴旺发达、后继有人，确保实现中华民族的伟大复兴，具有重大而深远的战略意义。面对世界范围内各种思想文化的相互激荡，西方敌对势力对我实行"西化""分化"和争夺下一代的图谋,面对全面建设小康社会的宏伟目标和实现中华民族伟大复兴的历史重任,面对日益开放的环境和发展社会主义市场经济的新要求,在学生中开展弘扬和培育民族精神教育,不断增强广大青少年对民族优秀文化的认同和自信,振奋民族精神,凝聚民族力量,是一项十分紧迫的任务。

2. 建设现代化国际大都市的迫切需要

在上海学生中弘扬和培育民族精神是上海建设社会主义现代化国际大都市的迫切需要,是上海率先全面建成小康社会、率先基本实现现代化的必然要求,是培育上海城市精神、全面提升市民思想道德素质的重要保证。改革开放的深化和上海建设国际化大都市步伐的加快,为我们创造了一个更为开放的环境。多元经济并存,多元文化碰撞,有利于学生开阔眼界,增强对世界文明成果的了解,同时,其承载的不同意识形态、价值观念和生活方式也潜移默化地影响着学生的思想观念。一些学生不同程度地存在国家意识淡薄、民族自信心和自豪感减退、对民族优秀文化传统漠视、对中华民族的归属意识不强等现象,在行为表现上也出现了诚信意识淡薄、社会责任感缺乏、勤俭自强精神淡化、和谐相处能力较差等问题。面对这些新情况、新问题,在上海市中小学生中培育和弘扬民族精神教育显得尤为重要。

(三) 开展生命教育的重要性

1. 整体提升国民素质的基本要求

青少年学生是社会主义事业未来的建设者和接班人,青少年学生的生命质量决定着国家和民族的前途与命运。上海要建设现代化国际大都市,率先实现社会主义现代化,实现小康社会的宏伟战略目标,需要培育具有优良的思想道德素质、科学文化素质、身心健康素质以及劳动技能素质的劳动者和专门人才,生命教育是实现人的全面发展的基础条件。在中小学大力开展生命教育,有利于提高广大青少年学生的生存技能和生命质量,激发他们树立为祖国的繁荣富强而努力学习、奋发成才的志向;有利于将中华民族坚韧不拔的意志溶铸在青少年学生的精神中,培养他们勇敢、自信、坚强的品格;有利于提高广大青少年学生的国际竞争意识,增强他们在国际化开放性环境中的应对能力。

2. 社会环境发展变化的迫切要求

经济全球化和文化多元化的发展趋势,现代科技和信息技术的飞速发展,为不同民族、不同文化的交流与合作提供了有利条件,为广大学生获取信息、开阔视野、培养技能提供了宽广的平台,但随之而来的消极因素也在一定程度上影响了青少年学生的道德观念和行为习惯,享乐主义、拜金主义、极端个人主义等的负面影响导致部分学生道德观念模糊与道德自律能力下降。此外,校园伤害、意外事故等威胁青少年学生人身安全的各种因素,也一定程度上影响了青少年的身心健康。因此,迫切需要培养青少年形成科学的生命观,进而为学生树立正确的世界观、人生观和价值观奠定基础。

3. 促进学生身心健康成长的必要条件

现代社会物质生活的日益丰富和社会环境的纷繁复杂,使青少年学生的生理成熟期明显提前,极易产生生理、心理和道德发展的不平衡现象。长期以来,由于生理发展过程中出现的困惑常常得不到及时指导,对无法预料且时有发生的隐性伤害往往难以应对,导致一些学生产生心理脆弱、思想困惑、行为失控等现象。因此,需要积极引导学生科学理解生理、心理发展的规律,正确认识生命现象和生命的意义。

4. 家庭教育的重要职责

家庭教育是生命教育必不可少的环节和重要组成部分。当前,现代化进程的迅速推进使家庭教育面临着新的挑战。家庭教育还存在和青少年成长需要不相适应的方面,相当一部分家长不了解青少年学生身心发展的规律,忽视青少年渴望得到理解与尊重的需求,缺乏科学的家庭教育理念和方法,对孩子或者期望值过高,或者漠不关心,或者过分包揽,或者放任自流,加剧了部分青少年学生心理问题的出现,如厌学、离家出走、自杀等,有的甚至走上违法犯罪的道路。因此,迫切需要引导家庭开展科学、正确的生命教育。

5. 现代学校教育发展的必然要求

多年来,上海中小学在实施生命教育方面,通过不断尝试和探索,积累了一定的经验。但在生命教育的内容、层次、形式等方面缺乏整体规划和系统构架;学校现有课程教材中的生命教育内容比较单一,对学生身心发展的针对性、指导性尚不明确;对学生生存能力的培养缺乏有效的操作性指导;部分教师受传统观念影响,对青少年性生理、性心理、性道德发展的理解和指导存在观念上的误区;对校内外丰富的生命教育资源缺乏系统有机的整合。因此,必须加快学校教育的改革,从生理、心理和伦理等方面对学生进行全面、系统、科学的生命教育,引导学生善待生命,帮助学生完善人格、健康成长。

二、东乡烈士陵园资源结构和特色介绍

青浦东乡革命烈士陵园,俗称火烧庙烈士墓,建于 1939 年清明节,位于华新镇火星村 60 号,这里原为大革命时期青东农民运动主要基地。1939 年,抗日民主政府为安葬和缅怀在著名的沈泾塘战役中光荣牺牲的将士,出资在火烧庙设置墓地。新中国成立后,人民政府正式扩建占地 10 亩的火烧庙烈士墓,即现在的东乡革命烈士陵园。1987 年 6 月,经青浦县人民政府批准为重点烈士纪念建筑物保护单位,1990 年被确定为青少年爱国主义教育基地,1999 年 10 月被批准命名为"青浦东乡革命烈士陵园",成为缅怀和瞻仰革命先烈的圣地。

1927 年,青浦东乡农民在中国共产党的领导下,由陈云同志等亲自组织建立了农民协会。他们常常在火烧庙集会,发动群众,唤起农民革命,揭露地主罪行,开展武装斗争。1938 年春,东乡农民在顾复生带领下奋起抗日,组建抗日自卫队,开创青东抗日游击区。1939 年 1 月,江苏省委派顾德欢等同志组成中共青浦工作委员会,顾复生被任命为淞沪游击纵队第三支队长。从此,他们在党的领导下为保卫村落、保卫人民而斗争,是日军后方的一支重要的牵制力量。1939年5月3日,淞沪游击纵队第三支队一中队在沈泾塘葫芦湾遭遇日军百余人袭击,在激烈的战斗中,由于敌众我寡,一中队王占芳、陆雪雄等12名指战员在战斗中壮烈牺牲,驻地农民约10人遭杀害。为就地安葬阵亡烈士,顾复生同志亲自选定了该墓地。

东乡革命烈士陵园内有正、东、西三个墓地,墓地中央耸立着一座11米高的朱红纪念塔,正面镌刻着"革命烈士永垂不朽"八个红色大字,塔顶设直径1米的红五角星,庄严肃穆,象征着烈士们的理想和精神如红星闪耀。整个墓地建有围墙,周围种植香樟、雪松、广玉兰、桂花、松柏、冬青等树木。1983年,上海市政府拨款增建一座100平方米的东乡革命烈士陈列室。陈列室以珍贵的照片、翔实的资料陈列了抗日战争、解放战争、社会主义时期、抗美援朝和对越自卫反击战等时期青东地区革命烈士的生平事迹。

东乡革命烈士墓安葬着350名为中国人民解放事业和社会主义建设事业英勇献身的青浦籍和牺牲在青浦的外乡籍烈士遗骨和骨灰。其中,在抗日战争中牺牲的有258人,在解放战争中牺牲的有57人,新中国成立后在国防建设、经济建设、剿匪土改、抗灾救险中殉职的有12人,抗美援朝时牺牲在朝鲜战场的志愿军有23人。陈列室内还陈列有对越自卫反击战中牺牲的青浦籍烈士4人。红军长征干部、淞沪支队政治部主任曾平烈士、青东工作委员会书记、松江县工委书记、淞沪支队参谋长康则寿烈士,淞沪抗日游击队三支队一大队中队长王正芳烈士,班长陆新瞿烈士等都安葬于此。

陵园中还有顾复生之墓。顾复生,原淞沪抗日游击纵队领导人,凤溪人,1926年参加革命,1927年经陈云介绍加入中国共产党,并参加了陈云领导的青浦农民秋收暴动。抗日期间,他组建并带领青东抗日武装,并坚持敌后游击战。解放后,在江苏历任各种领导职务,至省政府顾问、省政协副主席。顾复生对生活、战斗过的家乡怀有深深的眷恋,1995年2月谢世后,遵照他的遗愿,将骨灰安葬于故乡青浦东乡革命烈士陵园内。

如今修葺一新的东乡革命烈士陵墓在郁郁葱葱的松柏树中更加显得庄严肃穆,令人肃然起敬。革命烈士们前仆后继,英勇奋斗,洒尽热血为中国革命事业作出彪炳千秋的功绩将永远铭记在人民心中,他们的献身精神将永远激励人民奋发前进。每年清明节前后,前来祭扫的人络绎不绝,学生、机关、企事业单位工作人员等从四面八方聚集于此,追思先烈遗志,瞻仰先烈的光荣事迹和壮烈生平,重温革命先辈的丰功伟绩。

三、校外教育中"两纲"教育的活动项目设计

(一) 远足活动:"沿着革命先辈的足迹前进"

现在的学生普遍缺少户外运动,身体素质差,意志力不强。因此,我们学校每年结合主题教育活动安排三次学生远足活动,分别是 4 月份的四年级远足活动、5 月份的三年级入队远足活动和 12 月份的一年级入团远足活动。远足的出发地为凤溪小学,目的地是东乡烈士陵园,往返路程约 8 千米。因为凤溪地区是革命的热土,是革命先辈曾经战斗过的地方,所以,我们就给学校的远足活动起了一个响亮的口号——"沿着革命先辈的足迹前进"。通过远足活动,首先锻炼了学生体魄,培养良好的心理素质和团队协作精神,强化学生的集体观念、纪律观念,培养学生不怕困难、不怕苦、勇于战胜自我、勇敢顽强等意志品质;其次,通过亲近大自然对同学们进行环境教育,激发热爱生活、热爱自然、保护环境的热情。

开展远足活动,安全永远是第一位的。因此,我们向同学们强调以下几点安全纪律要求:(1)一切行动服从指挥、听命令,整个活动期间,严禁擅自离开班级自己活动;(2)要求全体学生穿校服,轻装上路,带好茶杯;(3)牢记"走路不看景,看景不走路",路上保持班级队形,不要超越前面的同学,不要推搡拥挤或打闹追逐,不做任何危险的动作;(4)小组长必须认真负责,不要随意同意本组同学单独行动,有事及时和班主任、下班及跟班教师联系;(5)在行进途中,如有体力不支、伤病等原因确实不能前行或在行进途中发生

意外等情况,应及时与班主任联系;(6)中途不得擅自回家。

第二,要树立凤溪小学学生的文明形象。为此,远足前要对同学们提出文明远足要求:(1)要求全体同学讲文明、懂礼貌,展现凤溪小学学生良好的精神风貌和文明素养;(2)热爱自然,保护自然环境,争做绿色使者。每班都必须准备一定的垃圾袋,把垃圾装进垃圾袋,沿途不乱丢垃圾,凡活动或休息的地方,离开后必须做到片纸不留;(3)要爱护环境,爱护公物,不践踏草地,不攀折花草,不破坏公共设施;(4)在远足活动中,同学之间要做到互谦互让,有困难时要做到互帮互助,要发扬团结友爱的精神;(5)顽强地迎接挑战,不断地超越自我,发扬克服困难,勇敢和坚强的精神,没有特殊情况的都要坚持走完全程。

这一段路程是大多数学生成长道路上至今走过的最长的一段路程。我们要让学生们知道我们这是在沿着革命先辈的足迹前进。这一段路也是他们人生道路上的一个考验。

(二)"闪闪红星,伴我成长"入团仪式和"星星火炬"入队仪式

和其他学校不同,加入儿童团和少先队对我们学校的学生来说不仅是一件令人兴奋的事,更是一次考验、一次锻炼、一次难忘的红色之旅。每年的12月和5月,我们都会组织相关年级的学生到东乡烈士陵园进行入团和入队仪式,同时祭扫先烈,参观纪念馆,接受一次革命传统教育。

凤溪小学 2012 学年小红星儿童团入团仪式议程

甲:亲爱的小弟弟小妹妹们,在小红星儿童团节日到来之际,通过一段时间的努力,在老师和小辅导员的帮助下,我们努力学习长知识,积极实践争奖章。

乙:雏鹰在这里学飞,小船在这里起航,大厦在这里奠基,幼苗在这里成长。

甲:今天,对你们来说是一个难忘的日子。我代表红领巾哥哥、姐姐,向

你们致以热烈的祝贺!!

乙:队员们争到了苗苗章,将参加小红星儿童团。我代表全体儿童团员,向大家表示热烈的欢迎!

合:凤溪小学 2012 学年小红星儿童团入团仪式现在开始。(全场热烈鼓掌)

乙:请大队辅导员杜老师宣布入团名单。(《红星歌》音乐响起,小辅导员手捧绿领巾入场,走到队伍面前高呼"祝贺!祝贺!热烈祝贺!")

甲:请小辅导员授绿领巾。(《红星歌》音乐响起,小朋友双手托起绿领巾)

乙:绿领巾是小红星儿童团的标志。

甲:红星儿童是祖国的好苗苗。

乙:今天戴上它,大家高兴不高兴?

全体:高兴!

甲:让我们一起朗诵《党是阳光我是苗》。

全体:绿领巾啊!绿领巾!

　　　我们多么热爱您!

　　　党是阳光我是苗,

　　　阳光沐浴我成长。

　　　手拉手来争奖章,

　　　学会本领我最棒,我最棒!(手臂捧领巾上举)

乙:下面请一年级队员佩戴绿领巾。(《红星歌》音乐中,一年级队员戴领巾,小辅导员协助)

甲:愿绿苗苗苗壮成长。

乙:愿小红星永放光芒。

甲:儿童团员们,你们看,五星红旗是我们的国旗;镰刀、锤子是中国共产党党旗;星星加金环是中国共青团团旗。

乙:星星加火炬就是少先队队旗,苗苗加红星就是我们儿童团的团旗。

甲：全体立正。看，我们的苗苗向着五角星的儿童团团旗入场了！出旗，敬礼！礼毕！唱《共产儿童团团歌》。（《共产儿童团团歌》音乐起）

乙：儿童团员们，我们要在儿童团团旗的指引下——

全体：爱红星，爱学习，爱师长，爱同学，爱劳动，准备参加少先队。

甲：小红星儿童团员们，我们学做雏鹰飞，人人争奖章。在大家的努力下，我们不仅获得了苗苗章，还戴上了绿领巾，相信此时你们一定有好多心里话要说。下面就请新团员代表发言。

全体：掌握更多本领，争取更多奖章。

乙：今天大家终于戴上了绿领巾。日夜关心我们成长的师长们可高兴了，下面请××向我们提出一些希望。

全体：老师的话语记心头，努力争章攀高峰。

甲：请大队辅导员带领他们呼号。

呼：时刻记住五个爱。

全体：准备参加少先队！

乙：全体立正！退旗，敬礼！礼毕！

乙：鼓儿咚咚敲，心儿蹦蹦跳。

甲：奖章胸前挂，领巾迎风飘。

合：凤溪小学 2012 学年小红星儿童团入团仪式到此结束。

甲：下面请同学们参观革命烈士纪念馆。

2012 学年少先队入队仪式主持稿

女：清明节是我们中华民族祭祀前辈、缅怀先烈的传统日子。

男：金灿灿的阳光普照着大地，几朵白云飘在蓝蓝的天上，小鸟在我们耳边唱歌。

女：我们身穿校服排着整齐的队伍，迈着坚定的步伐，怀着崇敬的心情来到东乡烈士陵园。

男：胸前的红领巾在晨风中飘扬，它是那样鲜艳，那样夺目！

女：嘹亮的队歌响彻云霄，它是那么动听，那么优美！

男：面前的队旗在阳光下挥舞，它是那么神圣，那么纯洁！

男："清明祭英烈"活动之入队仪式现在开始。全体立正！出旗、敬礼！——礼毕！（出旗曲）唱队歌。（中国少年先锋队队歌）

男：我们少先队员、儿童团员是党的接班人，是祖国母亲的好苗苗！

女：今天，又有一批儿童团的好苗苗即将加入我们少先队的组织了。

男：请大队辅导员杜老师宣布 2012 学年凤溪小学二年级第一批入队学生名单，大家欢迎。

男：请四年级的大哥哥、大姐姐为新队员们授戴红领巾。（红领巾之歌）

女：新队员们，戴上红领巾，就多一份责任，戴上红领巾，就要为它增光添彩。下面请儿童部部长杨龙彪带领大家宣誓。

杨：全体立正！请新队员举起右手跟我宣誓："我是中国少年先锋队队员。我在队旗下宣誓：我热爱中国共产党，热爱祖国，热爱人民，好好学习，好好锻炼，准备着为共产主义事业贡献力量！宣誓人，×××。请大声报出自己的名字。"

女：今天戴上红领巾，我的心里好激动，下面就请××代表新队员们发言，大家欢迎。

男：我们四年级的老队员也有一些心里话要对新队员们说，请××代表老队员们发言，同样掌声欢迎。

女：看哪，星星在闪烁。

男：看哪，火炬在燃烧。

女：胸前的红领巾在召唤我们。

男：召唤我们勤奋好学。

女：召唤我们顽强拼搏。

合：迎接新的挑战！

女：下面请德育教导陶老师给我们讲话，大家欢迎（鼓掌）。

男：最后，请大队辅导员杜老师带领我们呼号。

女：戴上红领巾，我们就成为光荣的少先队员了。我们要爱护它，珍惜它，为他增光添彩。

男：退旗、敬礼！——礼毕。（退旗曲）"清明祭英烈"系列活动之入队仪式到此结束。接下来，请同学们参观革命烈士纪念室。

（三）青东地区革命传统探究活动

社区中蕴藏着丰富的教育资源，我校积极利用这些积极因素，不断优化社区教育环境，促进学生的身心健康。为了弘扬我们凤溪优良的革命传统，学校大队部组织三～五年级的少先队员利用双休日、节假日，以假日小队活动为载体开展了探究活动——对东乡革命传统的探究，让队员们通过探究来了解我们苦难的过去，从而珍惜我们今天的幸福生活；让队员们通过探究来了解革命烈士的英雄事迹，从而能更好地继承烈士的遗志；让队员们通过探究来学习革命烈士的高尚品质。由学生和辅导员共同完成的探究课题被编入区教师进修学院左丽华老师主编的《研究性学习新视点》一书。

顾复生与青东抗日根据地的调查报告
凤溪小学四（2）中队课题组

一、背景

听爷爷奶奶说，我们凤溪是具有光荣革命斗争历史的乡镇。青浦区最大的革命烈士陵园东乡烈士陵园就坐落在凤溪镇火星村。每当清明时节，凤溪人民就会怀着崇敬的心情，从四面八方赶往东乡革命烈士陵园悼念在凤溪牺牲的革命烈士。以前，我们总是在书本上学习烈士的英雄事迹，却不知道在我们天天生活的地方竟有这么多的英烈。我们敬仰这些为保卫家乡捐躯的英雄们，可我们更想知道是什么促使他们这样的英勇顽强。强烈的好奇心驱动着我们去了解更多的烈士生平事迹，了解他们是怎样度过他们的青少年时代的。

二、方法

1. 实地考察

2. 查阅资料

3. 调查访问

三、分工

队员们商量后,计划的编制和任务的分配很快就解决了:天足小队负责实地考察;仙鹤小队负责查阅资料;成龙小队负责调查访问;海鸥小队负责整理资料,撰写课题报告。

四、探究过程

天足小队一行六人首先来到东乡烈士陵园进行实地考察。根据天足小队提供的烈士家属名单,成龙小队也开始了他们的调查访问,他们对照家属名单上的地址,走访了近百户烈士家属。与此同时,仙鹤小队也忙得不亦乐乎,为了查阅更多的资料,他们跑图书馆、上网、翻阅地方志,想尽一切办法。但由于现存资料严重缺乏,烈士家属也并不知道很多等客观因素,我们的调查过程持续了近一个月。

功夫不负有心人,通过调查我们发现:在这场同日本帝国主义进行的殊死搏斗中,无数烈士为捍卫祖国领土、保卫人民安全献出了自己宝贵的生命,特别是当年抗日自卫队队长、中国共产党的优秀党员、忠诚的共产主义战士顾复生同志引起了我们极大的关注。抗日战争爆发后,凤溪人民就是在他的带领下组建了抗日自卫队,创建了青东抗日游击根据地,顽强地同日本帝国主义搏斗。

顾复生是谁?他怎么会走上革命道路的?我们心中一团疑惑,打算查个水落石出。于是,我们做了深入调查。

五、结果分析

(一)顾复生与抗日自卫队

1. 顾复生追求真理走上革命道路

顾复生,1900年11月出生在凤溪镇一个地主家庭,他的父亲很有钱。他虽然生长在这样的剥削家庭,但对父亲的贪得无厌十分厌恶,对农民的苦难深表同情。进中学后,受到老师、同学的新思想的冲击,他越来越深切地体会到旧社会的黑暗,为自己是一个地主的后代而感到羞耻,觉得唯有革命才能救中国。于是,他开始寻求真理,参加学校学生会组织的反帝反封建的斗争。

2. 青东抗日自卫队的创建

中学毕业后,顾复生心中的革命火焰愈燃愈旺。他于1927年加入中国共产党,组织和领导东乡的农民运动。由于他父亲的缘故,他刚下农村时,农民们都远远地躲着他。由于他知识丰富,很有才能,又乐于帮助农民,很快就被农民们接受了。久而久之,他和农民们打成了一片,他不断地启发农民向黑暗势力宣战,在农民心中树立了良好的威信。经过一年多的努力,他们的组织已发展到了500多人,顾复生把农民紧紧地团结在一起。农民运动迅速在各个村庄开展开了,就这样青东抗日根据地建成了。

(二)青东抗日自卫队的战绩

青东抗日自卫队这支人民抗日武装在顾复生同志的带领下,与敌伪军队战斗百余次,战果累累。

几次重大战斗的作战情况

时间	战斗名称	战斗地点	歼灭敌军人数	我方牺牲人数
1939	沈泾塘战役	沈泾塘村	31	17
1939	李浦桥事件	李浦桥	3	12
1939	草鞋浜战斗	草鞋浜	13	9
1939	蟠龙战斗	徐泾蟠龙	11	9
1939	凤溪战斗	凤溪镇	15	13
1939	重固战斗	重固镇	9	11
1939	三丫叉战斗	三丫叉	7	6
1939	郏店战斗	重固郏店	13	8
1939	香花桥战斗	香花桥镇	5	7
1939	周泾港战斗	周泾港	8	3
合计			115人	95人

八年抗日战争战果统计

缴获电台	缴获弹药	缴获敌船	缴获汽车	缴获粮食
2 台	10 万余发	27 艘	1 辆	50 万斤

小结：顾复生领导下的抗日自卫队虽然没有经过严格的军事训练，缺乏作战经验，缺少武器装备，但他们还是以顽强的毅力、英勇拼搏的精神，以少胜多，战胜了训练有素、装备精良的日寇军队。正因为有了这样一支优秀的抗日自卫队，才促使建成了青东抗日根据地，才有力地保护了青东地区的抗日民主政权。

（三）青东抗日自卫队中的英雄

1939 年既是抗日自卫队的光荣抗争史，也是英烈们的抗争血泪史，他们为了保卫家乡，保护家乡人民，义无反顾，前仆后继。在我们翻阅烈士资料的时候，发现许多烈士还不满 20 岁，有的甚至比我们大不了多少，但也有年逾古稀的老人。如：

金要兴烈士，出生于凤溪镇新联村，1938 年参加抗日自卫队后备队，为抗日军队东进时当向导，不怕苦，不怕累，每次都能出色地完成任务，但在李浦桥遭敌袭击牺牲，牺牲时才 19 岁。

俞言昌烈士，男（1908—1939），凤溪杨家庄人，与金要兴烈士同年加入抗日自卫队后备队，1939 年夏由于叛徒的出卖被捕，但他坚贞不屈，宁死不肯说出党的机密，遭敌残杀于黄家竹园内。

王正方烈士，男（1917—1939），凤溪镇人，参加抗日自卫队任一中队队长，作战英勇，屡获战功，不幸部队在沈泾塘葫芦湾宿营时，被日军包围时牺牲。

夏征乾烈士，男（1909—1938），凤溪镇联星村人，1938 年参加抗日自卫队任联络员，在当时日伪军的经常扫荡下，出色完成任务，屡受表扬，后在凤溪被害。

……

小结：在顾复生同志的领导下，青东地区的革命志士抛头颅，洒热血，慷慨激昂，前仆后继，正因为有了这些不顾个人安危、誓死保卫国家、保护人民的天使，才使青东人民顺利地推翻了帝国主义这座大山的压迫，换来了今天幸福如蜜的生活。

六、探究收获

（一）进一步学习了革命先烈的崇高品质

"我们是共产主义接班人，继承革命先辈的光荣传统，爱祖国、爱人民，少先队员是我们骄傲的名称……"这首《少先队队歌》，相信所有的少先队员都会唱，但是不是大家都体会到了歌词的真正含义？经过这次探究活动，我们对《队歌》有了更深刻的理解，也明白了我们今天生活条件和学习条件是多么的来之不易啊！从而更懂得珍惜我们今天幸福的小康生活。

（二）进一步了解了凤溪的光荣革命历史

在各个历史时期，凤溪的革命志士同国内外反动派进行了顽强的斗争，在战场上奋勇杀敌且不怕牺牲，在监狱中深受酷刑而坚贞不屈，在刑场上视死如归，慷慨就义，从中我们真正懂得了没有共产党就没有新中国。我们要继承先烈的遗志，学习先烈的爱国主义和革命英雄主义精神，要将凤溪的光荣革命传统发扬光大。

七、倡议

我们感到东乡烈士陵园内简短的史实资料已不能满足人们渴望了解更多家乡历史的需求。我们提议用我们制作的网页来丰富东乡烈士陵园纪念室里现有的史实资料，并希望有关部门能在陵园内设放几台电脑以供扫墓者浏览。同时，我们倡议有关部门创建相关网站，把我们凤溪光荣的革命历史发扬光大，让所有的凤溪人、青浦人、上海人乃至全中国、全世界的人民都知道我们的这段历史，让烈士们的浩然正气永远留存于世。

近年来，学校充分运用东乡烈士陵园这块爱国主义教育基地，积极开展"两纲"教育，帮助学生从小树立远大理想，继承革命先辈的光荣传统，努力学好科学文化知识，做新世纪的小主人。在今后的工作中，我们将进一步创新校外教育，实施"两纲"教育的机制和模式，朝着校外教育课程化、系列化的方向不断迈进！

基础学课的"微量元素"
——拓展型课程

◎ 朱　江

近几年,拓展课在学校中蓬勃发展,那么,什么是拓展课程? 它对学生有什么样的意义呢?

什么是拓展课程? 在给学生开设此类课程的过程中,我发现学生的兴趣其实有两种形式,一种是主动的兴趣,另一种是被动的兴趣。以前我们都很熟悉的兴趣课就是拓展课的前身,兴趣课和拓展课都是基于兴趣点,促使学生发展兴趣的一种形态。

主动的兴趣就是学生在这个课程之前已经通过自己感官收集的信息对课程有所认识,想去探索一下,满足自己的好奇心。被动的兴趣就是学生通过教师开设的课程,通过这个过程对这个事物有所了解后,产生了兴趣,愿意去探索。其共同点都是兴趣。我觉得兴趣是人们对某一事物一时的好奇,愿意用精力去探索的一种冲动。有了冲动,才有动力学下去。

一、拓展型课程的意义

拓展型课程主要是为了完善学生的认知结构、激发和发展学生的兴趣爱好,结合学校办学特色,体现不同基础要求、一定开放性的课程。拓展型课程由限定拓展课程和自主拓展课程两部分组成：限定拓展课程主要有学校文化活动、班团队活动、公益劳动、社区服务与社会实践等各类活动；自主拓展课程主要由基础型课程延伸的学科课程内容和满足学生个性发展需要的其他学习活动组成，是学生自主选择学习的课程。

如何开展拓展教学？其实还是要从学生的兴趣点出发，让学生能积极主动地学习，这是一个良好的开端。其中，教师和父母应该承担什么样的角色，完成什么样的任务呢？

二、教师如何面对拓展型课程？

综合性的拓展课程有助于学生了解很多很杂的知识，完善如今基础课程所需要的各种"微量元素"。现在的基础课程所涉及的五花八门的知识较多，我们教师现在的主要任务就是尽可能地给孩子创设补充"多维片"的机会。

在小学阶段，孩子自身的特长均未开发，部分特长需要自身条件和环境的支持，而要同时满足这两点的条件则少之又少。所以，将以往的兴趣课过渡到现在的拓展课，不能单单只是针对学生所谓的兴趣，而要结合学生的特点和兴趣、教师擅长的技能、学科的需要、生活的必备等综合因素开发一部分综合性的课程，让学生多多地接触广博的知识。受限于小学生的个体水平，课程基本只能止步于初级阶段，而我觉得小学的拓展课的意义就在于要让孩子了解很多知识的皮毛。了解相关的知识，不过度开发，不伤害孩子原有的创造力。

三、家长该如何去面对呢？

家长应结合自身家庭的实际情况和孩子本身的特点，引导孩子初步接触相关东西。孩子到了合适的年龄后,家长要让他们在众多的科目中选择自己喜欢的科目,并坚持学下去。

面对铺天盖地的培训班广告,以及身边的朋友亲戚,尤其是自己父母的唠叨,家长们往往会感觉不给孩子报个什么班就是对不起孩子,虐待孩子。其实,我们不妨思考一下:兴趣点未必就是孩子擅长的,如今很多孩子跟风学习乐器和画画,盲目地参与,每个周末都不能休息,苦熬很多年,为了考级拼死拼活的,长大后却不能成为大家和大师。而且,孩子回顾童年时留下的只有痛苦的泪水。家长过早地强硬开发使本来就有特长的孩子失去了本身的兴趣,今后很难有所成就。

四、拓展课程开发过程中的感想

我在开发拓展课程"自然探秘"过程中深有体会。该课程涉及的知识较多,由四个部分组成:动物星球、神奇的大自然、自然界的未解之谜、野外生存——菜鸟篇。课程内容整合的方式不是基于知识的关联度,而是基于学生今后参与活动的过程,力求务实、实用性强。

第一个篇章以学生较为熟悉的动物为学习内容,通过自带动物书籍交流、检索、收集、阅读、提取相关信息,梳理动物的主要信息并制作成手绘小报,培养学生自主思考动物的基本习性与生存环境的关系,从而培养他们关爱大自然、保护大自然,建立人与大自然和谐相处的理念。

第二个篇章组织学生聚焦神奇的自然景观的典型实例,引导学生初步掌握网络搜集、处理信息的基本方法,通过想一想、议一议、听一听神奇的自然景观的特点、产生的原因以及自然景观与人类生存环境的关系,体会自然力量的博大与神奇,进一步树立对自然的敬畏之心。

第三个篇章从学生的学习需求出发,通过书籍、网络来搜集全球典型的自然界未解之谜,甄选学习内容,引起学生对探索大自然的兴趣,调动学生对自然科学的学习积极性,拓展学生科学视野和思维广度,继而通过大胆想象来培养学生的科学探索精神。

第四个篇章带领学生从室内走向室外,从理论走向实践,提供学生获得亲身参与户外活动的积极体验和动手经历,了解户外探险的基本常识及技能,掌握简单的野外求生技能,亲近与爱护周围的自然环境,初步形成自觉保护环境的意识与能力,培养学生勇敢、积极、乐观、科学的户外探索精神。

通过课程的开发和实施,很多学生补充了相关知识,既能服务于基础课程,又能在实际的生活中有所益处。学生从一开始的毫无兴趣到最后的积极参与,达到了课程设计的初衷。

如今乃至今后,各行各业需要的是跨行业的综合型人才,既精通于专职的本行业,又能对相关行业有所了解,既能节约人力资本,又能提升工作效率。同时,随着生活的丰富多彩,生活中将会发生各种各样的情况,如何在第一时间用正确的方式去处理呢?看似相差甚远的职业技能,如今越来越多地出现在职场上,颠覆了我们传统意义上对职业的理解。

拓展课能拓展学生的知识面,让他们在今后的学习过程中遇到相关问题时能有一个基本的了解,如果需要深入了解,也有一定的基础,知道从何入手。所以,我认为应该让拓展型课程成为小学生学习知识的目录、索引和关键字。

GUAN LI ZHI HUI

管理智慧

和谐幸福：一种学校文化的解读

◎ 钱永标

　　进入 21 世纪以来,教育更关注学生的自主发展以及引导学生走上终身学习的道路。因此,我们确立了"健体益智,明理养性"的办学理念,以培养学生团结互助、诚实守信的做人品质,健康体魄、健全人格的身心品质,规范守纪、文明礼貌的社会品质为育人目标,让每一个学生都拥有一个幸福的童年,让每一个学生都能愉快地发展。我们认为,孩子在凤溪小学学习的五年应该是幸福童年的回忆,是一段宝贵的人生经历,是他们终身发展的基础。他们在这里愉快地学习,形成一种发自内心的学习热情和自信心,产生一种对学习和发展的追求和向往,对知识和真理的渴求和执著。也就是说,"和谐幸福"是要让学生体会到学习是一种快乐,是一种价值取向,让他们有一种主动发展的冲动,觉得学习是人类发展的需求。教师是知识和文明的传播者,更是学生的亲密伙伴。学校是学习知识的场所,更是学生发展个性、锻炼成才的幸福乐园。

　　基于上面所说的理念,我们把"和谐幸福"作为教育主轴,把课程改革作为主线,把转变学习方式作为主攻方向,把建立新型师生关系作为主要抓手,赋予"和谐幸福"以更新的时代内涵。

一、营造学校文化，奠基学校底蕴

学校文化是确定学校宗旨、方针、目标和体制的载体，也是铸造师生人格信念和行为准则的熔炉，外显于校风校貌，内隐于师生心灵，是一所学校综合实力的重要标志。因此，学校必须重视自身文化的建设，依靠文化建设的"软投入"来推动学校的发展。我校倡导学生好玩、好奇、好学，培养学生自主管理、自主学习、自主活动、自主发展。这些是学校在办学实践中经过积淀和探索形成的宗旨，是学校育人成材的基础与根本，已经成为我校教育的基本内核，并渗透到学校的方方面面。

（一）文化内涵的提炼

"和谐幸福"言简意赅，立足于学生发展，突出生动愉悦。课程必须能够使学生在丰富多彩和精神充实的实践活动中主动学习，获得成功的快乐，体会身心和谐发展的美感和愉悦。这些理念是和二期课改相吻合的。值得强调的是，要让课程促进学生的个性发展，让学生敢想、敢说、敢做，同时促进广大教师的专业发展，实现学校教育的特色发展，实际上就是要实现学生、教师和学校三位一体的发展。当然，这中间最根本的是学生的发展，让每一个学生都愉快地学习，都能拥有幸福的童年，都能得到全面、个性的发展。

实践证明，转变学生的学习方式，让学生主动、愉快地学习，能够张扬学生的个性，充分发挥学生的潜能，从而使学生创造性地学习、发展性地学习。对此，我们积极寻求提高课堂质效的新途径。我们要求教师全面关注学生的学习状态，关注过程质量，重视激发学生的学习兴趣和培养学生的学习习惯，同时转变教师自身的教学行为，加强课堂教学理论、方法的学习和实践。校方也要认真做好"单元过关、年级把关"的过程管理和质量监控。

我校外来务工子女占学校学生人数的 60% 以上。我们努力使每位学生都能自信地在舞台上找到自己的位置，给他们的课余生活增添一道亮丽的风景线。

（二）文化活动的开展

我校开展各类丰富多彩的文化活动,使凤溪小学的学生在小学五年之中每时每刻都可以接受优秀文化的熏陶,校园每一角都飘着浓浓的文化醇香。我们以春节、清明节、端午节、中秋节、重阳节为载体,挖掘教育资源,并以有目的、有计划的活动为载体,践行学校的办学理念,形成共同的价值取向,呈现学校文化、学校精神,使校园成为文化"课堂"。我们的凤溪艺术节、凤溪科技节、凤溪武术节等活动都得到了广大师生的积极响应和热情参与,还赢得了众多家长的支持。在这些活动中,大家展露自己的才华,彰显出学校浓厚的艺术氛围。

（三）文化人性的彰显

教育是传播真善美的神圣殿堂,真善美是学生成长的雨露阳光。学校把向真、向善、向美的追求作为构建学校文化人性的出发点,以科学的理性来思辨,探寻人性规律,激发学生的真性情;以道德的感召来引导,挖掘情感需要,营造和谐的校园氛围;以朴实的心灵美来规范学生的行为美,从点滴做起,树立学校的新风尚。为此,我们从学生实际出发,以争创行为规范星级示范校为抓手,加强学生日常行为习惯和学习习惯的教育、指导和训练,通过少先队组织的自主教育、检查评比表彰的制度完善,努力达到做及时、做细致、做到位,确保各项教育工作有效落实,同时加强德育科研,认真做好上海市德育课题"在武术教学中实施'两纲'教育的实践研究"的实践、总结,提高学校德育工作的实效性。

我们要在不同的教育思想、教育实践的交汇中,顺应时代的发展的需求,在和谐幸福的氛围中,促进学生主动、活泼、有个性地发展。

学校文化是学校生存发展中核心的精神与思想的体现,是学校的价值观、总体目标、道德规范、行为典范和物质实体的综合体现。学校文化形象如同品牌的形象、企业的形象一样,是学校的无形资产,是一股综合要素形成的合力。良好的文化形象必将有力地提升学校的综合竞争力和可持续发展能力。

学校文化形象虽是一个抽象概念,但学校与家长、老师与学生进行物质、能量和信息交流的过程中,文化的亲和性便可转化为一种客观存在的、具体的、有价值的东西,转化为学校存在与发展的一种外在力量,一种吸引力与竞争力。

二、加强制度建设,规范管理行为

一个学校的管理离不开文化,一个学校的文化也离不开管理。管理讲求制度和规范,文化讲求氛围和契约,两者必须有机融合。我校在管理中建立了以民主、科学、人文为特征的现代学校管理模式,管理偏重人文关怀,管理方式体现和谐幸福文化。不可否认,一些时尚的但并不健康的生活方式会对教师产生影响。我们在加强学校文化建设时,必须规范学校管理行为,也就是让教师体现教师的形象,感受教师的责任,让教师在自我管理中有勇气改变自己,在集体管理中有胆识规范别人,形成一种既民主又集中,既自由又纪律,既有统一意志又使个人心情舒畅的良好氛围。

学校管理的规章制度是学校管理经验的沉淀,是学校管理由经验管理走向制度管理的保证。目前,学校管理逐步走向规范化,对现有规章制度进行充实与优化,尤其是教学管理上已经有了一套较为成熟的管理制度,以规范学校的教学行为。我们逐步建立了现代学校制度体系,以人为本,丰富学校管理的人文内涵。"科学管理"和"人文管理"分别代表着"依法办学"和"以德立校",这两者是学校管理的两翼,缺一不可。人文管理强调被管理对象的主体性,是一种人性的管理,也称作人本管理。它从人的感情、需要、发展的角度来思考管理方式,是一种软性的管理。因此,我们以诚挚的人文关怀满足为切入点,非常重视教师利益,关注教师发展,在"感情留人、待遇留人、事业留人"方面做了巨大努力。

美国心理学家威廉·詹姆士说:"人性中最深切的禀质,乃是被人赏识的渴望。"校长要甘为伯乐,有相马、识马之才,建立有效的教师培养机制,使教师有成就感,要用热情关怀教师,用真情培养教师,尽己所能提携教师,让校园充满关怀,充满爱,让每个教师每天都如沐春风地生活在对美好未来的憧憬和追求之中。我们抓住各类教学活动,为教师创设更多的学习锻炼平台,重视各类教学活动的开放、评优评先和交流活动。我们不是注重评选的结果,而是关注活动本身给教师的专业化成长所带来的帮助和提升。我们也从服务教师的角度出发,明确强调站在教师立场上,尊重教师,给教师真诚的相助,在校园里真正创设领导与教师间的和谐关系,营造宽松的人文氛围,形成专业发展的内在驱动和自觉改进的积极性。

学校制度要具有明显的现代学校制度的特征。一项学校制度之所以有资格被称为现代学校制度,是因为制度设计者的思考重心和价值追求发生了转向:由关注物到关注人,由限制人到激励人。实践证明,我们的制度建设正体现着学校的育人理念和学校的内在精神品质,激发了教师对学校的认同感,增强了参与意识,提升了合作品质,有效地激励了广大师生,而不是停留在约束与限制的层面。这些正体现出了建立现代学校制度的目的,即以制度的方式使每一所学校都充满生命的活力,使学校中的每一个人都能够具有现代人应该具有的精神品质,都能够主动地发展自我,展现自我。

三、促进课程开发　体现教育意蕴

课程结构的变化必然会引发教学管理模式的变化,积极探索课程结构的合理化和适应新课程结构的教学管理模式,是实施小学课程的关键问题。我校在二期课改的理念指导下,本着务实求真的教学态度,逐步拓展课程领域,充实课程内容,丰富课程形式,完善课程管理体制,采取边实践、边学习、边探索、边总结的策略,认真归纳,反复研究,大胆创新,在课程与教学管理方面作出新的探索。

学校的课程建设以现有课程设置为基础,以学生发展为前提,根据上海市二期课改精神和课程方案的要求,建设基础型、拓展型等课程有机结合的新型课程架构,构建重基础、多样化、有特色、重发展的课程结构,科学而有序地实施课程,提高课程整体育人成效。例如,在拓展型课程上,我们融合科学素养,促进学生全面、个性发展。《上海市中小学拓展型课程指导纲要》指出:"拓展型课程着眼于激发、培养和发展学生的兴趣爱好,开发学生的潜能,陶冶学生的情操,促进学生个性和社会化的发展,促进学校办学特色的形成。"由此不难看出,一个学校的办学特色在很大程度上就体现在其拓展型课程上。

我校的拓展型课程以培养学生的主体意识、完善学生的认知结构、提高学生自我规划和自主选择为宗旨,着眼于培养、激发和发展学生的兴趣爱好,开发学生的潜能,促进学生个性发展和学校办学特色形成。

除此之外,在拓展型课程设置上,我们主要着眼于满足学生不同兴趣与不同层次的发展需要,以适应社会多样化的需求;在教学内容上以培养学生发展性学力为核心,从培养学生品格、能力、态度、价值观入手来设置课程,为学生知识、技能和思想道德品质的进一步提高提供有效的支持。

课程是学校承担社会责任的体现,课程是学校办学智慧的结晶,课程是教师创造性劳动的途径,课程更是培养学生的载体。在课程建设和课程实施中,我们要求教师转变角色,以学生为中心,最大限度地激发学生的参与意识,更好地适应全新的课堂教学。在教学活动中,教师要成为学生学习的组织者、引导者与合作者,努力提升自己的知识水平、思维角度、文化累积和对教学内容的理解和把握,选择教学方法,设计教学过程,与学生一起交流,与学生一起活动,与学生共同营造有利于个性发展的课堂氛围,共同诠释"和谐幸福"的教育思想。

学校人事管理工作点滴谈

◎ 周小萍

　　学校人事工作是学校行政管理工作体系中的重要一环,是学校工作正常有序地开展和健康运行的基本前提和基础。我从事学校人事管理工作已有10年头,对自己所从事的工作感触很深,这种肩负责任之重大工作意义之深远的感觉随着工作时间推移而与日俱增。在对自己从事的工作感慨之余,也对学校人事工作有了一些点滴的感悟。

一、多一点热情、耐心、宽容

　　学校人事工作要求我们全心全意为教师服务,关注教师的热点问题,以人为本,在职责范围内尽一切可能造福教师。在具体工作中,我们面对的是不同的个体,而每个人的思想认识、性格特点都是不同的,为人处事不免有差异。有的事情教师不理解,那就要耐心地为他们解释。在处理一些具体的人和事时,要兼顾学校的全局工作和教职工的个人利益。在执行过程中,我难免被某些教职工误解,产生一些误会,甚至做了好事还被冤枉。碰到这些情况,首先要调整好自己的心态,冷静进行处理,不把个人恩怨放到工作中,从教师的角度思考问题,使误解转变为理解,以真心换真心,设身处地为他人考虑,取得教师的配合与谅解。在宽容的前提下,一定要坚持原则,在注意不违背原则的情况下,多讲一点人情味,多为教职工着想。

二、多加揣摩,提高做事的精确度

学校人事干部既要面对上级人事主管部门和学校的领导,又要面对全体教职员工;既是政策的执行者,又是政策执行后的反馈者,起着上情下达、下情上报的作用。因此,在工作中首先要细心揣摩有关政策,深刻领会精神,准确把握人事工作原则,因为每一个数字、每一个词语都可能涉及教职工的切身利益。其次,在操作过程中要认真、仔细地排摸。例如,每逢调整工资、增加工资或津贴时,我都事先把每个人的情况排摸得清清楚楚,保证操作准确。又如每年的中、高级职务评审或晋升前,我总是把符合评审条件的教师一个个列出来,做到心中有底。再如在测算绩效工资时,每个人所任的学科、课务、职务等不同,势必工作量津贴、绩效实绩奖等都不同。我觉得多加揣摩是人事干部工作的重要方法,任何一项人事工作都是经过严密的思考才取得成功的。这就要求我们用认真严谨、精心细致、周密思考的态度去考虑,才能使自己的工作做得更好,得到更多教职工的信任。任何马虎疏忽的态度都可能给工作或教职工的利益带来损失。

三、不断学习,提高执行力

随着人事制度的不断改革与加强,一系列的人事管理制度、教师职务评审制度、社会保障制度、医疗保险制度、事业单位全员聘用合同制度等都经历着重大的改革。所以,要做好人事工作就要不断加强学习,提高素质,提高能力,才能与时俱进。首先要不断学习新政策、法规。比如现在可以"单独生二胎"了,国家出台了许多相应政策、法规,要算某个教师的产假期、停发生二胎的独子费等,就要根据法律法规来操作。其次,要学习多媒体知识。现在是信息时代,电脑给我们的工作带来了许多便利,有许多工作都通过电脑来完成,那就要掌握一定的电脑操作技能。对我们这些年过半百的人来说真是鸟枪换炮,只能边工作边学习。最后是要学习相关的心理学知识。我们接触的每个人的个性都有差异,想法也不一样,为了进一步了解教职工的心理,更好地处理好工作,就要具备一定的心理学知识。

总之,学校人事管理工作者不仅要了解政策,学会关心人、办好事,还要做好上情下达、下情上传的工作,发挥桥梁纽带作用,这样既有利于学校领导对重大工作的决策,也有利于增加教职工的凝聚力,使学校教育教学工作可持续发展。

厚德、远志、修身、笃行

——浅谈教育管理者应具备的基本素养

◎ 刘　建

　　教育管理是规范学校各部门职责、完成学校各项教育目标的保障,实施有效的管理是发展教育、提升学校办学水平的关键。虽然教育管理涉及到对人、财、物、信息、时空等多种资源的管理,但管理的起点和归宿始终是人。因此,管理者自身素养的高低就成为了实施有效管理的重要前提,具体体现在以下几个方面。

一、教育管理者要具有高尚的道德情操

(一) 全心投入,常怀坚定的教育理想

　　没有理想就没有理想的教育。从柏拉图描绘的"理想国"到苏霍姆林斯基强调"培养全面发展的人";从孔子提出的"有教无类"到陶行知倡导"教学做合一"。从古今中外教育家身上寻找线索就会发现,无论所处时代的教育风尚如何,优秀的教育管理者们总是胸怀坚定的教育理想。树立教育理想是管理者对更高品质教育的一种追求,是对办好"让人民满意教育"的信念和决心,更是对教育保持执着和热情的不变情怀。

(二) 不断修炼,追求"正其义不谋其利"的境界

修炼包括不断的学习与实践,以此克服面对复杂教育问题时产生的畏难情绪,积极迎接教育教学生涯中的每一个挑战。作为教育管理者,不能把教育看作是谋取私人利益的手段,要永存责任感与使命感,立足于长远的志向和使命,与社会、国家同行,实现学校的社会责任和社会使命。

(三) 爱无所求,保持豁达宽容的心态。

有人说:"爱本难懂,爱本无求,爱本无声。"教育离不开爱,但爱不完全等同于教育。成长是不能跨越的。作为老师,当面对学生毫不理解、稚嫩无邪的眼神时,我们总会欣然摸着他们的头对他们说:"你还小,现在还不懂。"同样,当面对教师队伍中的不同声音,管理者也要敢于坚持原则、当机立断、顾全大局,即使不被人理解,也要以宽容之心待人,展现教育工作者的宽广胸怀。

二、教育管理者要具有扎实的管理技能

(一) 科学决断,远见卓识

只有品德而缺少能力同样无法实施有效的管理。特别在管理从经验走向科学的今天,管理者的知识储备与个人能力成了影响管理质量的重要因素。管理就是决策。一个好的管理者首先应该具有科学决策的能力,管理者的决断力绝不是高高在上的傲慢与权威,而是保持一种开阔的工作思路,通过冷静、客观、长远地思考,在科学分析、调查研究的基础上,对学校、教师、学生未来的发展做出战略性的决断。

(二) 勤于实践,专业过硬

这里的"专业"不仅仅是指精通管理方面的学问,更是要求管理者洞悉教

育教学的发展和变化。好的管理者首先是一位好教师。课堂教学是教育的核心,管理者要坚持深入课堂,在课堂教学中理解和把握教育教学改革的方向,只有做一个懂教学、懂教师的管理者,才能在不断变革的教育浪潮中找准自己的方向。

(三) 懂法守法,民主管理

科学的管理离不开制度的保障。学校管理者要强化法律意识,学习、掌握与教育有关的法律法规,紧密联系学校实际,制定相关的学校管理制度,同时还要重视民主治校,进一步完善教职工大会制度,健全教职工工会组织,充分发挥他们的积极作用,切实保障教职工参与学校民主管理和民主监督的权利,保证教职工对学校章程的建立、评优评模的制度、职称评定的方法等重大事项决策的知情权和民主参与权。

三、教育管理者具备良好的个人素养

(一) 发挥表率,持之以恒

表率作用体现在面对具体问题时管理者本人是否有责任心,必要的时候是否首当其冲并持之以恒。管理者应在各个方面为教师和学生做出表率,以此来树立威信,这是顺利实施管理的前提。为此,要不断加强道德修养和业务进修;要胸怀学校,以校为家,在处理学校事务中要充满热情;要胸襟旷达,在与教师利益有冲突时,有自我牺牲和奉献精神。

(二) 善于沟通,注重细节

善于沟通是另一个管理者必须具备的能力。许多工作中的问题需要管理者良好的沟通能力去解决。人与人的相处,第一印象非常重要。除了在交流前认真做好各项准备以外,与人交流时要特别注意自己的语音是否亲切,语调是否舒服,还要配合一些非语言的感染,比如站姿、手势等。这些看似不起眼的细节恰恰是留给对方良好印象的关键。

(三)内修品格,外塑形象

除了内在的品德,外在的礼仪和形象也十分重要。礼仪是塑造管理者形象的一种重要的非权力影响力。通过学习礼仪规范,提高自身修养、培养良好的气质风度,在日常生活中规范自己的言行,以良好的道德风范、高尚的人格魅力产生强大的感召力量,从而凝聚教职员工向着共同的目标迈进。

教学论稿

培养学习习惯　提升学习品质
—— 写作习惯的培养

◎ 徐敏婷

很多学生对写作文很头疼。究其原因,主要是缺乏素材的积累,也就是没有内容可写,冥思苦想却不知从何写起;其次是写不具体,无语言文字的积累,作文苍白无力,平铺直叙;还有就是许多学生害怕写作,懒于动笔。

根据这些情况,我着手从三个方面来培养学生的习惯,尽量做到"对症下药"。

一、培养学生积累写作素材的习惯

方法:观察生活,人手一本素材本

古人曰:"巧妇难为无米之炊。"作文的"米"从哪里来? 叶圣陶先生指出:"写作材料的来源普遍来自整个生活里,整个生活时时在那里向上发展,写作材料就会滔滔汩汩地无穷无尽地流出来。"这句精辟的名言指出了生活是写作的源泉。因此,教师不仅要丰富学生的生活,还要指导学生学会生活,积累生活中的"米"。我平时会引导学生观察生活,把耳闻目睹、亲身经历的大事小事都记录下来。我让学生准备一本"素材本",用一两句话把这些大事小事记录下来,作为日后写作的题材。

记录在素材本中的内容有四大类,包括学校活动、突发事件、生活片段和社会见闻。每个素材只需一两句话来记录就行了,例如:

学校活动——11月9日,我们全校师生进行了消防演习。警铃响起,大家用手帕捂住鼻子,有秩序地跑到操场,还观看了灭火演练。

生活片段——今天,我第一次挣脱妈妈的手,独自穿过校门口那条车辆川流不息的马路。

社会见闻——今天,我在上学路上看到一个人乱穿马路,被协管员阻止,于是就……

学校活动——今天,学校接待了来自英国的代表团,我作为校舞蹈队的一员参加了舞蹈表演,内心激动又兴奋。

根据学生素材本中的素材,我指导学生完成了一篇篇生活小练笔,如:

学校活动——《语文考试》《体检》《广播操比赛》《秋游》《踢毽运动会》……

突发事件——《一只马蜂飞进教室后》《楼上掉下一本本子后》《一阵风吹来》……

生活片段——《一节语文课》《起床后》《午餐时》《排队》《回家路上》……

社会见闻——《营业员》《交通协管员》《食堂师傅们》……

这些生活中的"米"成了学生写作的素材,他们在面对作文题目时就不会脑中一片空白,思考好久都犹豫不决了。

例如《考验》一文,一个学生就选择了素材本中的素材,写了第一次独自过马路的经过。她说她接受了考验,明白了"宝剑锋从磨砺出,梅花香自苦寒来"的道理。

再如,在作文《晨曲》中,有两篇习作都很有生活气息:一篇写早晨家庭中忙碌的景象,很生活化;另一篇写上学路上看见公园里的老人们跳舞、练剑的情景,写了现代的老人人老心不老,表现老年人晚年生活的丰富多彩。

　　还有练笔《等待》,其中有一篇是具体写等待妈妈的焦急心情,另一篇是写在放学的校车上观察自己的父母,体会到了爸爸妈妈在等待晚归的女儿时流露出的父爱与母爱。这些具有生活气息的作文材料都来自学生们的素材本,来自学生观察生活的积累。所以,让学生学会观察生活是培养他们积累作文素材的好习惯。

二、培养学生积累语言文字的习惯

　　方法:背诵好段,人手一本好段本

　　学生们没有语言文字上的积累,所以作文苍白无力,平铺直叙。我想,把一件事写具体就是把事件中的人物的外貌、语言、动作、神态、心理描写具体。于是,我阶段性地指导学生进行好段背诵。一开始,我挑选一些关于人物外貌的好段,每天早上利用教室的多媒体,让学生抄写并背诵,还会适当地挑选一些好段放在上课时进行听记训练。一段时间后,我再选择人物心理描写(欣喜、悲愁、愤怒、惊惧、愧疚、失望、焦急等)好段让学生背诵,随后还有动作描写(校园生活、劳动描写、参观旅游等)。总之,分类摘抄、背诵了一段时间后,学生的语言文字素材就丰富多了。

三、培养学生勤于动笔的习惯

　　方法:有材料就写,写出学生们的喜怒哀乐

(一) 生活练笔

　　学生学会了观察生活,有了"素材本",我就可以抓住学校活动、突发事件、社会见闻、生活片段让学生进行练笔。

(二) 随文练笔

随文练笔是学生写作训练的重要途径。

1. 抓住课文中的空白之处展开想象

说话练习既是对学生表达能力、思维能力的一种培养,也是对课文内容的一种理解。因为课文内容比较简单,学生容易读懂,所以关注课文背后的内容就很有必要。

例如,《精卫填海》是一则神话故事,中心是学习精卫鸟坚韧不拔的意志。我请学生们扩写这个故事,用现代文的形式写《精卫填海》,主要是把"常衔西山之木石,以堙于东海"这句话扩写具体,通过语言、动作、神态、心理的描写来具体描写精卫鸟坚韧不拔的意志。

……于是,女娃化成了精卫鸟,不惜千里迢迢到西山……每天坚持不懈地去填海,有时遇到了强风,她顶着狂风向前飞翔;有时遇到暴雨,被雨淋湿而坠落,等到天晴,晾干翅膀,衔起石子,振翅再次向东海飞去……

它用嘴衔起石子和树枝,一路上,她拼命地拍打着翅膀,咬紧牙关,一口气飞到东海,又千里迢迢飞回西山。嘴被石子磨破了,可她依靠坚韧不拔的精神,继续衔起,飞翔,衔起,飞翔……当她累了,它便飞到地面上稍作休息,随后便理了理羽毛,振翅向东海飞去。当她饿了,它便随意啄了些野菜充饥,然后抿抿嘴,又重新衔起小石头,飞向东海。

2. 结合课后"语言直播厅"进行练笔

新教材的许多课文后面都有"语言直播厅"这个环节,我觉得有些练习更适合写作。例如,《去年的树》课后的"语言直播厅":"第二年春天,小鸟又飞回来了,它看到了怎样的景象? 会怎么想,怎么说?"在学生说话练习后,我再进行写作指导,让学生抓住图片中人们的动作、神态,想象他们的语言和心理活动,进行具体描写,从而得出中心——保护绿化,爱护小鸟,拯救地球。

3. 抓住课文和课外佳作的中心,发表感想

我记得《祖父教我读书》中有一句话是"不动笔墨不读书",这句话的意思是读书需要圈圈、点点、划划,而我更喜欢把这句话理解为动笔写写。写什么? 写自己的感受。从一开始的三两句到后来的举例论证,再到现在的围绕中心通过事实论据和理论论据两方面来谈感受。例如,学完《视死如归》后围绕"爱国"来写感想;学完《麻雀》后围绕"母爱"来写感想;学完《秋雨蒙蒙》后围绕"孝敬"来写感想;学完《鸟的天堂》后围绕"保护生态环境"来写感想;学完《战胜命运的孩子》后围绕"不向命运屈服"来写感想;学完《失约》后围绕"宽容"来写感想;学完《选择》后围绕"诚信"来写感想;学完《消防员》后围绕"耕耘与收获"来写感想。

同时,我还结合我班学生背诵的名言,时常选择一句名言,围绕一个中心,让他们发表感想,要求必须举例,他们就会饶有兴趣地查找古今中外的事例来补充感想内容,如议"自立""感恩""理想""友谊""时间""美"等。

"位卑未敢忘忧国",在茫茫中华国土上,生活繁衍着一个优秀的民族。中华民族是一个伟大的民族,长城绵延万里,气势雄壮,国土如一只雄鸡,高亢啼鸣,坚定地向前看着……——《爱国》

……他先天下之忧而忧,后天下之乐而乐,把一生献给了爱国兴学,献给了救亡大业,献给了振兴中华,如像一团燃烧的火,一轮滚烫的太阳,为太阳,为祖国发出了光与热,让我们感动,值得我们爱戴。——《爱国》

无论是家人轻声细语的叮咛,还是老师意味深长的教诲,无论是体贴入微的挚爱,还是默默无言的呵护,都给我们以温馨的慰藉,你一定能够体会到——关怀,那是我们生活中最令人心醉的风景。——读《妈妈的吻》后感

让·克雷蒂安相貌丑陋、口吃,但他还是为了加拿大第一次连任两届的总统;海伦·凯勒又盲又聋,却成了知名人物;伊莎多拉·邓肯通过努力,成

了现代舞之母;亨利·福特在双手冻得发紫的情况下发明了引擎,创办了闻名于世的福特汽车工业;邓亚萍这个身高只有 1.49 米的女子也从乒乓女皇走到了剑桥博士……一分耕耘,一分收获的精神便是支持他们成功的动力……——读《消防员》后感

当然,要培养学生喜欢动笔写作的习惯不是一朝一夕的事,除了时间之外,还要给孩子们创设一个舞台,一个展示他们写作才华的舞台,虽然是小荷才露尖尖角,也要给他们鼓励与肯定。我让同学们经常在班中进行交流,一起接受点评,还把优秀的文章以及修改补充后的文章发到学校网站上,让同学、老师、家人、亲戚、无论是认识还是不认识的人都可以读到自己的文章,这对于一个学生来讲是无比光荣的事。有了动力,他们就乐于写作;勤于写作,他们就不断进步。就这样,学生慢慢养成了勤于动笔、乐于动笔的习惯。

在培养这些习惯的过程中,老师要注意评价的方法,不要把所有的作文都与班中最好学生的作文进行对比,而要与学生们的过去水平、与我们的教学要求进行纵向比较。经过长时间的训练,学生学会了观察生活,从生活中捕捉写作的题材,而且能清楚又较具体地叙述一件事。这些变化说明有了好习惯,写作就不再困难重重了,同时也验证了一句话"梅花香自苦寒来"。

"小学版画教学基础知识技能与教学实践"课程感悟

◎ 李　梦

2012 年 10 月 25 日,我参加了由张梅凤老师引领的青浦中小学美术学科教师研修基地中的专题培训——由重固小学孙晓波老师负责的"小学版画教学基础知识技能与教学实践"培训课程。

在第一次的培训课程中,孙晓波老师向我们介绍了版画的种类、制作工具以及基本制作方法,并以作品的形式生动地呈现了版画制作的趣味性——用不同的方法制作会产生不同的效果。孙老师着重讲解了石膏版画的做法:在石膏板上画出图案,用雕刻刀进行不同刀法的刻制,将版画油墨用橡皮滚筒均匀地涂在石膏板上,最后用宣纸覆盖、压印,得到一张完整的石膏版画。在后来的制作过程中,我们每个老师都用心体验,做出了较好的作品(见图 1)。

2012 年 11 月 8 日,我提前接到通知,需要上一节三年级的版画课程。当

图1

时的我对于接到这个通知感到又惊又喜：喜的是得到这样一个好的锻炼自己的机会；惊的是我校三年级的学生还根本没有接触过版画制作，我对他们的表现根本无法预计。当我带着准备好的教案去参加"刻刻印印学版画"这一课的集体讨论备课活动时，还是对课程的流程没有一个清晰的思路。在我们共同学习的过程中，张梅凤老师先向我们介绍了本次活动的形式，然后我们分组对教案各个流程进行分析和设计，最后由各小组派出代表总结发言。大家集思广益制定出了一个比较清晰明确的课程流程。这次活动让我积极参与讨论，听取其他老师好的建议，更加明确这节课的重难点以及课程的设计思路，最后决定本课制作一幅以植物为主题的单色吹塑版画。

在我信心满满地开始准备这节课的时候却发现，其实还有许多问题：

（1）三年级的学生根本没有接触过版画，对版画缺乏了解，制作过程对他们有一定的难度；

（2）吹塑版画制作的工具和材料还没有确定，在确定后还要在学生制作过程中进行可行性试验；

（3）上课的整个流程既要新颖有趣又要脚踏实地；既要让学生对吹塑版画产生浓厚的兴趣，又要让学生抓住吹塑版画制作的精髓，学习并且能完整地呈现作品。

接下来，我先从这节课的制作工具和材料入手。一开始，我准备用水粉颜料、底纹笔、吹塑板和宣纸来制作。在实验过程中，我发现吹塑板上有一层胶质，用底纹笔调和水粉颜料后刷在上面会呈现气泡，刷不均匀（见图2），而且用宣纸压印的时候，因为水分很难控制，导致吹塑板上的线条压印出来几乎看不到。后来，我向负责此次版画课程的

图2

孙晓波老师请教,经过反复的实验和制作,确定了用版画颜料、橡皮滚筒、吹塑板和宣纸来进行制作。

经过一周的准备,11 月 16 日,教研员张梅凤老师和顾毓弘老师来听了我试讲的一节课,课后给我了很多的指导和帮助:

(1) 明确制作一幅以植物为主题的单色吹塑版画;

(2) 以魔术揭秘导入,激发学生学习版画的兴趣;

(3) 在老师示范的过程中,用纠错法让学生了解制作版画时要将版画油墨滚动、压印均匀,用比较法让学生了解植物的外轮廓要用粗的线条表现,植物内部细节用细的线条表现;

(4) 老师及时纠正学生制作过程中发现的问题;

(5) 通过回顾的方法,使学生自主揭示课题;

(6) 拓展介绍青浦区的特色版画,开阔学生视野,为下节课做准备铺垫。

2012 年 11 月 22 日这一天在我的紧张准备和期盼当中终于来临了。上课的过程中,我根据清晰的思路向学生传授了单色吹塑版画的制作方法。学生们学习和制作的过程也比较顺利,大多数同学都能够按照老师讲述的方法制作出压印均匀的单色吹塑版画(见图 3、图 4)。在小组比赛展示的过程中,同学们也都积极制作作品,为自己的小组增添光彩,最后呈现的作品效果也达

图 3

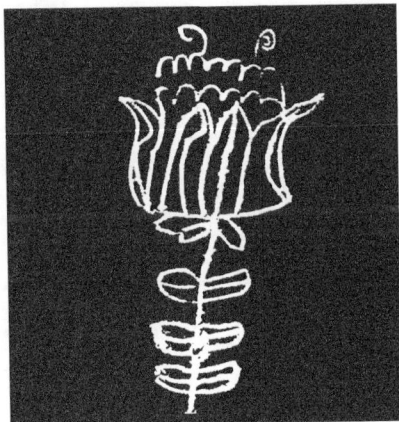

图 4

到了预期目标。课后,前来听课的老师们都给予了我中肯的建议,也提出了问题,都对我今后的教学有很大的指导意义。

虽然这是三年级学生第一次接触和制作版画,但是他们在课堂中的表现都可圈可点。看着孩子们可爱的面庞,看着他们对新鲜事物的好奇和兴趣,我也感到由衷的欢喜。一节课 35 分钟的时间,对于对版画充满热情的孩子们来说是远远不够的。他们的作品让我觉得这 14 天的准备,两次试教,一次正式讲课,150 人份的版画教具的准备,那日日夜夜的裁剪吹塑板、彩纸、宣纸,在电脑面前一次次的修改熟悉教案、PPT,和老师们一起讨论课程的细节、方式,实验确定制作吹塑版画的具体工具,一遍遍压印吹塑版画作品比较……这一切的一切都没有白费。这些努力和辛苦,在孩子们完成作品的

一刹那,我觉得值了。

在这次活动中,我体会和收获了很多,对于课堂的热情、讲课的方式方法都有了更加清晰的认识和进步。这是每一个参与的老师给予我的指导,每一位学生给予我的肯定,也是我今后每一天在日常教学中要进步和完善的。相信在越来越多这样的集体活动中,我们都能在大家的互相帮助下从青涩走向成熟,取长补短,集思广益,提升自身的能力,更好地为学生讲好课。

从古诗文的学习到探索学生的主动性

◎ 陆　超

中国古典诗词博大精深,千百年来成为滋养中华民族优秀传统的宝贵精神营养。它以生动凝练的语言、优美的韵味、广袤深邃的意境成为小学生接触祖国优秀文化遗产的好教材。

可是,如今古诗文的学习对孩子们来说似乎成了一个负担。因为学习古诗就意味着要背诵,要熟记,更要应付考试。如果孩子想要在一场考试中取得不错的成绩,古诗的背诵与默写可是一点都马虎不得。分数的压力使孩子们对古诗文的学习成为一种毫无兴趣的任务式的死记硬背,已完全索然无味,更无任何快乐可言。作为一名小学语文教师,面对这样的现状,我总想着有什么办法能让孩子们主动喜欢上学习古诗,于是就有了我这个小小的探索。

五(3)班是我从三年级一路陪伴至毕业的班级。之所以选择这个年龄段,也并非一时兴起。因为要做这个小探索的想法早在初登三尺讲台后不久便已经埋在了我的心里,只等待时机生根发芽。与孩子们在一起两年,与他们打成一片,在古诗文教学上我也更愿意花更多时间,都是为了给这次的实验打下坚实的基石。终于,在我任教五年级讲解第一单元古诗之时,我突然向孩子们宣布:"请大家认真听老师这次是如何教你们古诗的,因为接下来五年级所有的古诗篇目都将由你们中的一员来讲课。我也相信,通过前两年的积淀,你们能有模有样地模仿老师的古诗讲课了。"

这个实验的第一步我走得有些许艰难。为什么呢?虽然五年级的孩子有些能力已经很强,但是这个年龄段的孩子最大的特点就是对任何事情都不再有那么大的兴趣,也有了害羞之心。所以刚开始愿意毛遂自荐,敢于挑战"上课"任务的同学寥寥无几。这时,教师一定要给孩子更多的鼓励,并且相信只要你坚持下去,每次孩子们上好课后点评讲解,你会发现,到最后连班级里最调皮抑或是最不爱讲话的孩子都有可能争着想"上课"!

孩子们第一次的讲课过程十分重要,收获也是最多的。

语文课本每个单元有两首古诗。在尝试之初,我分别让两位学生讲一首,这样就有四个孩子可以上讲台讲。

当孩子们得到教学任务后,我选择不做任何指导,不做任何提示。可是,等到孩子们完成他们第一次讲课任务后,我惊喜地发现:讲课的每个孩子都找到了很多相关的资料,每位听课的孩子都比平时更认真。当然,这些"小老师"的不足之处也是显而易见的:每一位讲课的孩子讲课所花的时间非常短,一首古诗短短 5 分钟就讲解完毕了。有些孩子都只顾将自己收集到的资料结合古诗笼统而又迅速地讲完,甚至没有带领全班孩子朗读就结束了。此时,我对每位孩子的点评就显得尤为重要了! 我认为,首先必须是鼓励! 因为主动搜集资料的孩子也好,认真听课的孩子也好,不都是我们老师去追求,想要看到的美好场面吗? 当然,点评缺点也是必要的,我让讲完课的孩子好好联想老师平时是如何教授古诗,除了讲述所有的知识点外,必要的提问、朗读,甚至和底下的同学互动都是不可或缺的……这样,孩子们不仅得到了最大的鼓励,还能从点评中结合自己的上课表现学习到更多。其实,我也从孩子们那里了解到,在课下他们没有少准备提问和朗读,可是一站在三尺讲台上便紧张得把所有步骤、想法都给忘了。这不禁让我想到自己刚刚成为教师的时候,不也常常会发生这样的状况吗? 所以,我们一定要时时鼓励孩子。

当第一次的讲课结束,孩子们听完老师的点评后,他们或许会感到自己上得十分失败。但同时,得到了我针对性的评讲,他们都会发现,"哦,原来只要用上这个小技巧,我的课就可以上得更好,时间也自然能持续得更久"! 此时,他们又会从失败的阴影中跳出,迫不及待地想尝试第二次教学。这个时候,当你再问"同学们,下次的古诗,谁有兴趣呀?"这个问题时,一定会有好多同学开始竞相举手,而在教授这节实践课时有挫败感但又有些"瘾头"的孩子也会继续举手想再次尝试。在我看来,这就好比孩子们打游戏,屡遭失败后突然发现了通关的秘诀,他们怎么会不心里痒痒再次尝试呢?而旁边观看的孩子觉得这个游戏原来挺有意思的,怎么会不手痒痒也想尝试玩玩呢?这样,无人举手的窘境自然也被"争先恐后"的情况所替代。慢慢地,我发现只有轮不到上课而沮丧的孩子,没有了请不到孩子上课的尴尬场面!这样的良性循环会让你惊奇地发现,此时我可以和部分孩子讲条件了:"你接下来表现好了我才把上课的机会让给你。"

接下来,我慢慢发现四个孩子讲两首古诗再加上我的点评反馈,一节课的时间已经远远不够。这个时候,我们必须舍得放出更多的时间给他们——两节课!因为他们正在慢慢成长,慢慢学会如何掌握、把控自己的课堂。许多孩子甚至学会了在讲课过程中讲冷笑话来抓住听课同学的注意力。当一年尝试下来后,我更惊喜地发现,每一位孩子几乎都参与过课堂,甚至平时所谓的后进生都完全出于自愿来尝试讲课并且有不俗的表现。通过这样的自主性学习,我观察到孩子们在平日里背诵古诗文的效率大大提高了,对学习古诗的热情也高涨了许多,往往会发现古诗篇目上都是孩子满满的预习笔记。不仅如此,孩子在学习其他语文课文时效率也提高了!

我并不敢说这样的实验到底有多大的用处,抑或者到底有没有用处。但是,在我和这群毕业的孩子的交流中,我惊喜地发现,他们似乎比其他同学更有胆量在初中的学习生活中毛遂自荐,主动承担许多事情。在一些类似承担模拟上课的任务中更是有不俗的表现。有一天,我突然接到王菁同学的电话,在电话的那头,她兴奋地对我说:"老师老师,我的诗歌登上了《当代学生》杂志。我好开心呢!是你让我对诗歌产生了浓厚的兴趣……"我并不知道这些是否真的与这样的小小课堂有关联,但是我愿意相信这一点。这也总是振奋我,使之成了我的一种教学风格,延续到了我所接手的所有班级。

自主学习是与传统的被动学习相对应的一种现代化学习方式。以学生作为学习的主体,通过学生独立的分析、探索、实践、质疑、创造等方法来实现学习目标。我们经常说,培养自主学习能力是社会发展的需要面对新世纪的挑战,一个人仅仅靠在学校学的知识已远远不够,每个人都必须终身学习。终身学习能力成为一个人必须具备的基本素质。在未来发展中,我们的学生是否具有竞争力,是否具有巨大潜力,是否具有在信息时代轻车熟路地驾驭知识的本领,从根本上讲,都取决于学生是否具有终身学习的能力。使学生在基础教育阶段学会学习已经成为当今世界诸多国家都十分重视的一个问题。正如联合国教科文组织出版的《学会生存》一书中所讲的:"未来的文盲不是不识字的人,而是没有学会怎样学习的人。"终身学习一般不在学校里进行,也没有教师陪伴在身边,全靠一个人的自主学习能力。可见,自主学习能力已成为21世纪人类生存的基本能力。

托尔斯泰说:"成功的教学所需要的不是强制,而是激发学生的兴趣。"兴趣是学习最好的老师。心理学研究表明,学习兴趣的水平对学习效果能产生很大影响。学生学习兴趣浓厚,情绪高涨,就会深入地、兴致勃勃地学习相关方面的知识,并且广泛地涉猎与之有关的知识,遇到困难时表现出顽强的钻研精神。否则,他只会表面地、形式地去掌握所学的知识,遇到困难时往往丧失信心,不能坚持学习。所谓"强扭的瓜不甜",说的也就是这个道理。因此,要促进学生主动学习,就必须激发和培养学生的学习兴趣。

我相信,通过这个小小的体验教学,不仅能让孩子们主动去爱上学古诗,更能让孩子们的表达能力和胆量得到足够的锻炼!我认为,古诗文虽说十分精深,但也确实简短,是激发学生自主学习的一个可利用的途径。只要利用孩子们的好奇心、好胜心,我们也能将古诗变成孩子们玩乐的工具,让孩子们在"玩中学,学中茁壮成长"。

浅谈低年级识字与可持续发展教学

◎ 姚敏婕

在我国目前的教育之中，识字向来是启蒙教育阶段的重中之重。识字教学是一切学习的开端，只有完成了识字教学，才能进行更深层次的语文教学。其实，在低年级的语文教学中，识字教学是非常重要的。如今关注文本，而忽略了识字教学，其实是不可取的。由于拥有一定的理论知识和几年的教学经验，我再次对识字教学的重要意义和识字与可持续发展的关系重新进行审视和深思熟虑，对低年级识字教学作出了准确定位，也对这短短几年来识字教学的现状进行了深刻反思。

现在存在一种观点，即低年级"以识字为重点"其实一定程度上阻碍了可持续发展教学。真正意义上的书面语言的学习不是从识字而是从阅读开始，那些规范、优美的书面语材料才是学生们获取书面语言营养的最重要的源泉，尽早进行大量阅读是发展语言的最重要的有效途径。真的如他们所说的这样吗？没有拼音以及生字的帮助，如何来了解课文真正要传达的思想？没有识字教学，学生如何把词语的深意了解透彻呢？正如低年级段的拼音识字"a、o、e、i、u"到了高年级也是不可或缺的。所以，在低段教学之中，首先要把最基础的拼音教扎实了，往后的学习也就轻松了。由于小学阶段的课程标准在阅读量方面提出了明确的高要求，但是小学阶段的识字量毕竟有限，这就需要拼音的辅助。由于现在过于注重识字教学，导致学生们对阅读缺乏兴趣，特别是对于一大篇字都不认识几个的文章尤其感到讨厌。一、二年级的文章非常具有童趣,即使无法理解其深刻含义,只需了解浅显的内容,相信学生们也会爱不释手的。但是,由于现今的教学以课本为主,视"以识字为重点"的观点阻碍了语言的可持续发展,把识字与发展语言对立起来,绕过拦路虎——汉字直奔语言而去,眼前也许有一定成效,但是拦路虎只是被绕开,不会自行消除,终将成为制约语言进一步发展的瓶颈。从长远看,绕过汉字求语言发展无异于缘木求鱼,杀鸡取卵,得不偿失。语言的发展赖于词汇的增加,词汇量的多寡便成为语言水平高低的重要指标。因此,如果低年级突出识字教学这一重点,使之保质保量,语言的发展就能在高起点上步入快速高效的轨道。

　　总之,汉字是语言、思维发展的基础和工具,与人的精神发展密切相关。紧紧抓住低年级这一识字教学的关键时期,突出识字教学重点,有助于促进儿童语言、思维、精神意识在高起点上快速发展,从而为人的可持续发展奠定坚实的基础。课程标准提出识字是低年级"教学重点",对纠正一个时期以来识字教学中的偏差,加强识字教学,开创识字教学的新局面,促进学生全面的可持续发展具有重要意义。

浅谈信息科技学科教学方式的转变

◎ 范逸文

2011 年 10 月上海市教委颁布了《上海市中小学生学业质量绿色指标》，其中包括了学生学业水平指数、学生学习动力指数、学生学业负担指数、师生关系指数、教师教学方法指数等九大指数，对义务教育阶段教育教学质量进行综合评价。我校在 2012 年进行了上海市中小学生学业质量绿色指标的测试。测试显示我校在教育教学质量上存在薄弱环节，比如师生关系、教师教学方式等。基于"学生学业质量分析与绿色指标"凤溪小学学校报告，本文从信息科技学科教学方式的转变谈谈几点自己的看法。

一、教学方式的界定

教学方式是指教师在要求学生获取知识、提高能力、获取学习方法的过程中所采用的方式。教学方式主要从教学方法中体现出来，是老师在自有的教学理论指导下，为保证学生掌握知识和促进学生发展所运用的教学策略和手段，是解决教师怎样教，学生怎么学的问题，是教师引导学生掌握知识技能、获得身心发展而共同活动的方法，对于完成教学目的和任务，提高教学效率和质量，减轻学生过重的学习负担具有重要意义。教师选择合理的教学方式，能促进学生积极主动地获取知识，形成技能技巧，发展智力体力，并取得思想教育的良好效果。在不同的方法中可以利用同样的教学方式,相反,同一种方法在不同的教师那里可以包括不同的方式。

教学方式是教学方法的上位概念,两者之间类似战略与战术的关系:教学方式相对稳定,教学方法相对灵活;教学方式不仅包括相对的教学方法及其关系,而且涉及教学习惯、教学意识、教学态度、教学品质等心理因素和心灵力量。所以,教学方式的转变,对于学生学习方式的转变,促进学生发展更具战略意义。

二、转变教学方式的意义

(一) 课程改革的重要任务

确立新的教育观念是课程改革的重要任务。然而,先进的教育观念要通过先进的教育方式体现出来,两者是相辅相成的。观念不转变,方式转变就没有了方向,没有了基础;方式不转变,观念转变就失去了归宿,失去了落脚点。

绿色指标的试行引导我们再次学习课标,研读课标,把握课标,在课程标准要求的基础上解读教材,明确每一堂课的知识目标,在达成知识目标的基础上注重培养学生的学习习惯,教会一定的学习方法。

(二) 转变教学方式,提高课堂效率

传统的教学方式主要以教师的讲授为主。这种方式往往出现"教"大于"学",教师教的知识学生无法全部吸收,只能掌握其中的一部分。对于一些学困生,还可能会出现有"教"无"学"。这种片面强调知识与技能的培养,忽视学生的主体性、能动性、自主性,不利于学生学习方式的培养,造成师生负担过重,课堂教学效率不高。因此,要转变教学方式,充分调动学生参与教学

的积极性,提高课堂教学效益,使广大师生从繁重的劳动中解放出来。

三、信息科技学科教学方式的转变

(一)任务驱动模式

在现行的信息技术课教学中,任务驱动式的教学方式已经深入各位信息技术教师的课堂中。"任务驱动"是一种建立在建构主义学习理论基础上的教学法,学生的学习活动必须与任务或问题相结合,让学生带着真实的任务学习,通过设定各种不同的学习任务对教学内容进行组织与整合,让学生在解决问题的学习活动中了解并掌握信息技术的各种知识、技能,达到培养和提高信息及时素养的目的。这为每一位学生的思考、探索、发现和创新提供了开放的空间,使课堂氛围真正活跃起来。

在刚开始的信息科技教学中,我运用的是知识技能传授的方法进行教学。将信息科技书本上的方法传授给学生。比如"认识多边形"一课,按照步骤教授三角形的画法是"拖曳—单击—双击"。四边形的画法是"拖曳—单击—单击—双击"。学生们学得很到位,都把多边形画出来了。可是,在拓展环节中真正出现不规则的多边形之后,学生就会出现错误的情况,他们不知道什么时候需要双击。

通过听课以及经验教师的指导,我认识了"任务驱动"这四个字。在同样的"认识多边形"的教学中,我就选择了任务驱动模式进行教学,把教学环节分为创设情境、布置任务、学生体验、提出问题、教师引导、解决问题、师生总结。学生通过我布置的任务进行自主尝与学习,遇到问题教师再进行引导,最后师生一起总结方法。这样学生就能在体验中感知到学习的方式——习得知识技能。一个个任务使得课堂节奏非常紧凑,提高了课堂的效率。

在任务驱动模式下的信息技术课中,信息技术的教学以任务驱动为教学内容设计的中心思想,在这样的思想指导下,我发现用好任务驱动模式的教学是一种高效的教学模式。

(二) 学习任务单

1. 学习任务单的概念及其功能

在任务驱动教学模式下,如何更准确有效地交代学生的学习任务是一个关键,因为在信息技术能力方面,学生的层次差异很大,老师们很容易发现,只是口头的交代任务,或者板书任务难于照顾到全体学生,这时候很容易想到的一个方法就是把学习任务打印出来,发给学生,这就形成了最初的学习任务单。

随着老师们教学经验的提升,学习任务单被赋予了更多的功能,设计也更多样化,对信息技术教学的帮助也越来越大。比如,在任务单中加入评价的模块,让学生学会自我评价与评价他人,在任务单中加入思考题,让学有余力的同学有更多的发展空间,在任务单中加入操作提示,为后进的同学更好地化解操作难点。

2. 学习任务单的设计原理

(1) 教师可以把课堂教学目标分解为一个个“任务”,而且这“任务”要具有可操作性。

(2) 任务单的设计要符合学生的认知水平,学习任务单的设计要简单明了,要让学生能够很轻松的看懂任务单。

(3) 设计任务单要分层次,要有基础任务,考虑中后段学生的能力,保证他们能够在规定的时间内完成任务;也要有提高任务,让层次好的学生能有提高的空间,让他们在完成基础任务后有事可做。

(4) 学习任务单的设计要有评价,评价能让学生重视自己的学习过程,更重要的是有助于老师了解学生的学习程度,更好地改进教学。评价可以是自我评价、小组评价或者老师评价。

(5) 学习任务单要有助于“学生的自主学习”和“任务驱动”的教学。学习任务单不是我们平常所见的练习册或者实验手册,它应该是学生自主学习的指引,是体现信息技术课“任务驱动”教学模式的一种教学策略。

(三) 学习任务单应用中存在的问题及反思

1. 教师对学生的了解程度问题

信息技术课程在小学阶段每周只开设两节课,老师们任课的班级有可能达到3～4个,这给我了解学生造成了很大的困难。在不太可能全面了解学生的情况下设计课堂的学习任务单就有可能出现偏差,不能照顾到全体的学生。这里建议老师们多找机会走入学生当中,对大部分学生的水平做到心中有数,课堂中可以采用小组合作、小老师辅导等方式解决后进生的问题,如发现大多数同学难于完成任务,要对任务作出及时的调整。

2. 纸质任务单与电子任务单的纠结

学习任务单可以分为纸质任务单和电子任务单两种。纸质任务单直接由学校印刷室印制给学生,电子任务单是通过网络发送到学生面前的一份电子文档。应该说两种任务单各有利弊。纸质任务单可以提前发给学生,方便学生预习,也方便学生在上面做课堂笔记和课后的系统复习。电子任务单更加环保,效率更高,回收也方便,更能控制学生在课堂内完成而不会占用学生更多的课外时间。但低年级学生对电脑的掌握程度较低,对电子任务单的使用可能会有困难。老师要灵活掌握,根据具体情况,选择合适的方式制作任务单。

四、绿色指标为指引实现学科育人价值

真正把学生视作有个性、有思想、有潜质的成长中的生命体,就会不仅关注学科的知识世界,而且关注学生的生活世界和心灵世界,把学科教学过程设计为一个不断"对话"的过程,让学生与教材对话,与同伴对话,与教师对话,与自己对话,在对话中了解学生的生活世界和心灵世界,并建构学生的知识世界。只有架构起学生生活世界、心灵世界与知识世界的桥梁,才能有效提高教学质量,促进学生素养的全面发展,让教学回归教书育人的本原。

换个方式弹"老调"

——也谈二年级写话指导

◎ 朱莉君

　　小学生习作教学是语文教学的重要组成部分,是提高学生语文水平与语文素养的重要手段,是对学生语文综合能力检验的有力形式。在全面贯彻素质教育,推进新课程改革的今天,农村小学由于受地理环境、经济状况、师资力量、办学条件等多方面的影响和制约,作文教学存在着这样或那样的问题和矛盾。而二年级学生习作教学是启蒙阶段,是对中高年级作文水平的提高起着不可或缺的铺垫作用。

　　可是,现在的小学生普遍不喜欢作文,甚至害怕写话,对写话缺乏兴趣。很多学生谈"写"色变,每当老师布置完作文作业时,教室里总会出现一片哀叹声。是什么原因呢? 经过观察,我发现学生对于写话缺乏兴趣,主要是学生缺少发现的眼睛,在提笔时不知从何下笔,生活积累较少,还有就是每次指导老师都会给出详细的写作要求,但缺少具体的指导,使学生浮于表面文章,而缺少实质性的东西。

　　那么什么样的指导是有效的呢?

一、从模仿开始,建立信心

　　《语文课程标准》把第一学段的作文称为"写话",目的是为了降低难度,激发兴趣。由于低年级学生的年龄特征及识字量的限制,写话训练的要求不能过高,无论写得好坏,只要通顺就可以了。刚开始可以只写一两句话,不会写的字用拼音代替,在班上展示,这样能消除畏难情绪,树立自信心。

比如,写《春天的画》就可以让学生模仿课文《初冬》的片断来写。可以让学生联系实际说说远处有什么,近处又有什么。有的学生想了想就说:"春天来了,远处的油菜花开了,一片黄澄澄的颜色,还引来了一群群小蜜蜂呢!"有学生是这样说的:"春天到了,操场上同学们脱掉了大衣和棉袄,在快乐的游戏。"

这样的说话练习并不难,每个孩子都能说上一两句,说完再写就容易多了。同时,这样针对性的模仿可以建立学生写景作文由远到近的条理,为以后的写景作文做好铺垫。

二、给一把梯子,让学生能够摘到果实

二年级的学生刚刚开始接触写话,有时候会无从下手。这时候老师可以给出一些词语、句式来帮学生一把。

比如,在作文《葡萄》中就可以给出"晶莹透明""圆润可爱""圆溜溜""酸甜可口"和"……就像……"的句式。

看到这样的词语,有同学就说:"葡萄晶莹透明的,像一颗颗绿宝石。"有同学说:"那葡萄像一颗颗珍珠,圆润可爱。"还有同学说:"那圆溜溜的葡萄,酸甜可口,让人馋得直流口水。"

这样的指导可以让学生能够及时完成写话任务,让学生体会到写作文原来这并不难,从而从内心里建立起我肯定能写好作文的念头,达到事半功倍的效果。

三、切身体会，写出真情实感

写作文我们提倡写真话，切忌些空话套话，这是在二年级学生刚开始接触写作时就应该建立的原则。

比如，《大扫除》这篇作文，在写作之前可以让学生进行一次大扫除，完了之后可以让学生说说刚刚在大扫除中做了什么，是怎么做的，做完之后感觉怎么样。

有学生就说："我刚刚擦黑板了，我是从左往右一点一点擦的，擦不到的地方我就踮起脚尖，再擦不到的我就站在凳子上擦。最后黑板擦得干干净净，我心里很高兴。"还有学生说："我刚刚扫地了，我是从后面往前面一点一点扫的，然后把垃圾归作一堆，扫进垃圾篓里的。我扫得满头大汗。"就这样，学生们你一言我一语，都说得非常好。因为有了切身体验，学生们说的就是自己做的，他们有话可写了，而且还能写具体，写出真情实感。

四、谈心式评语走进学生的心

任何一个学生在他的内心深处都有渴望成功的欲望。教师评价的艺术真谛就是敏锐地发现和真诚地肯定他们的点滴成功，小心地呵护他们的学习欲望，保护他们的自信心。教师精妙的评语往往能唤起学生写作兴趣，点燃学生的写作热情，激活学生的创造思维，而低年级的小学生更在意教师的评价。一句赞扬，一句鼓励会使他们心花怒放，信心十足。因此，每次对写话的批改，我都仔细地阅读，认真地批改，找出他们的每一点进步，发现每一个闪光点，写上他们能读懂的话语，犹如面对面的亲切交谈，根据学生的年龄特点和个性差异，有针对性地写出富有个性的批语，委婉而又明确地指出学生作文中的不足，这样我相信所有的学生都会喜欢阅读教师写的贴近心灵的评语的，比如"你写的春天真美，让我感受到了春天的气息。""你笔下的葡萄可真诱人，我的口水都流下来了。如果是我，我会这样写……，你觉得呢?"这样根据学生的年龄特点和个性差异，有针对性地写出富有个性的批语，委婉而又明确地指出学生作文中的不足，我相信所有的学生都会喜欢阅读教师写得贴近心灵的评语的。

低年级的写话应让学生多看多想多说，才能写得生动具体，富有个性。在教学中，我深深感到初学写作要从小处着眼，千万不能贪大贪长。"不积跬步，无以至千里;不积小流，无以成江河。"只有扎扎实实地练好基本功，才会收到事半功倍的效果。

建立阅读档案　提升小学生习作能力

◎ 胡　叶

一、建立阅读档案的意义

怕写作文是当前小学生的一种普遍心理,作为一名语文教师,我时常会接到学生家长打电话或到校询问,怎样帮助孩子提高写作水平,培养写作兴趣,也听到过家长有这样的抱怨:"每一次老师只要布置写作文的作业,我就头疼。看着孩子咬着笔头,咬半天写不出一个字,我也跟着着急。"那么,为什么会出现这种情况,学生怕写作文的原因究竟是什么呢? 其实,原因可以归纳为不知道怎么写和不知道写什么。不知道怎么写是缺乏把口头语言转换成书面语言的能力;不知道写什么是学生对生活的观察不细,缺乏素材的积累。如何改变这一现状呢? 我思前想后,决定在班级里尝试建立"阅读档案"的活动,把书籍作为写作的跳板,让学生在边阅读边积累的过程中,提高习作能力。

二、阅读档案建立的具体操作

(一) 激发学生建档的兴趣

首先要让学生明白建立阅读档案是怎么一回事。学生只有了解了,才会懂得如何去做,才能激发出他们的兴趣。我特意用一堂课的时间在班级里举办了一次读书交流会,让学生说说从一年级起共读过多少本课外书,回答时要说出明确的数字。在学生说出自己最喜欢的书后,再让他们说说书的大致内容,回忆书中最喜欢的那句话。这些问题很少有学生能清楚回答。此时,我不失时机地说:"老师知道大家或多或少都读过课外书,但是,随着时间的流逝,它们给你留下的印象也慢慢淡忘了,就像从未读过一样,这多可惜呀!你们想不想让它们永远保留下来呢?"同学们都回答:"想!""老师想通过建立阅读档案的方法,让同学们将自己的阅读成果保留下来。"一石激起千层浪,大家对阅读档案充满了兴趣。

(二) 指导学生建立阅读档案

1. 准备建档材料:一个文件夹、16K 的阅读档案单若干张

2. 明确阅读档案单内容

阅读档案单其实就是对阅读的书籍所做的记录,记录内容包括阅读时间、书名、作者、简要概述书的内容、最喜欢的句子、最喜欢的词语、读后感。

```
                          阅读档案单                    编号(    )
读者:_____        阅读时间:_____
书名:_____        作者:_____
本书主要内容:
_____
_____
_____

我最喜欢的句子:
_____
_____

喜欢的理由:
_____
_____

我最欣赏的词语:
_____

读后感:
_____
_____
_____
```

3. 阅读内容的选择

小学生年龄小,阅历浅,无法正确地为自己找到合适的阅读书籍。此时,教师应当有意识地指导学生选择,不应让学生瞎子摸象,横冲直撞,什么书都看,而要让他们有选择性地阅读,阅读大量的好书,提升阅读档案单的质量。首先,学生的性别、性格不同,其阅读兴趣也会不同,因此要针对不同的学生推荐不同的书籍。其次,由于儿童社会经验不够丰富,接触的知识面较窄,再加上阅读经验不够丰富,理解能力不强,有些书看了也是似懂非懂。比如文学名著,由于作者用词方式与现代汉语有较大的出入,儿童没有足够的阅读经验,读起来会比较困难。所以,暂时不要给儿童读类似的书,而要推荐与学生生活相关的书籍,越接近学生的生活,就越能引起学生的情感共鸣,越能够吸引学生的眼球。最后,也可推荐《课程标准》的附录篇目,其中包括童话、寓言、故事、诗歌散文作品等,类型众多,给学生提供了很广泛的选择余地。但是,对儿童即使是感兴趣的内容也容易产生厌倦感,因此应该选择的阅读材料要短而精。例如小小说、小故事、寓言、成语故事等。尽量使孩子能够精神饱满地读完一篇文章,而不要一篇文章分几次读完,这会影响孩子的成就感。

4. 建立评价激励制度

激励就是利用某种外部诱因来调动学生的积极性,使其产生一股内在的动力,自觉自愿地向所期望目标前进。阅读档案是一个长期积累的过程,如何让学生持之以恒,不丧失兴趣呢? 合适的激励制度是必不可少的。每个月对阅读档案袋进行一次评比,优秀的学生给予一定的物质奖励。在半个学期的家长会上,对优秀的阅读档案进行展示。学期结束时,评选出最优秀的阅读档案打印成册,塑封成书,作为班级读物展示。

三、实 践 体 悟

(一) 阅读档案单,充实了学生的习作内容

古人云:"读书破万卷,下笔如有神。"这句话有力地证实了阅读与写作的

关系。《语文课程标准》上写道："阅读是收集信息，认识世界，发展思维，获得审美体验的重要途径；写作是运用语言文字进行表达和交流的重要方式，是认识世界，认识自我，进行创造性表述的过程。"可以说，没有阅读就没有写作，阅读是写作的基础，而写作的素材往往又来源于阅读中的间接感受。因此，学生在填写阅读档案单建立阅读档案的同时，将"阅读"长期植根于"写作"的沃土中，使学生更好地从"阅读"中学"写作"以利于其写作水平的不断提高。俗话说："浩瀚的海洋来自涓涓细流，广博的知识在于日积月累。"广泛阅读是积累知识的一个重要途径。阅读档案单，促使学生在习作时才思不竭。

（二）阅读档案单，使学生的习作思想鲜活，个性鲜明

有时候，教师在批改作文时发现学生的习作内容大同小异、千篇一律，没有什么新意和出彩的地方。阅读档案单的建立改善了这一现象，因为它让学生归纳一本书的要点或者是一篇文章的亮点，摘录书中优美的语句，让学生学会读书要吸取精华，并且让学生在阅读后写下自己喜欢的理由和读后的感受，促使阅读档案单的内容有一定的开放性，鼓励学生按自己喜欢的方式读出文章的个性，读出各自不同的理解，读出自己的韵味和思考，力争读出文章的精彩，从而让他们个性得到张扬，心灵得到放飞，充分享受文章的精彩，享受阅读的快乐。阅读档案激发了学生的阅读兴趣，使学生乐于读书。只有这样的阅读才会有用武之地，才能让学生写出精彩，写出新意！

纵向激励促发展

——小学语文过程性评价的实践对策探析

◎ 金晓敏

　　法国教育家第斯多惠曾说过:"教学艺术的本质不在于传授,而在于激励、唤醒和鼓舞。"但是传统小学语文评价注重终结性的评价,使语文的学习变成对知识的认知,而非语文各方面素养的积淀。上海"绿色指标"春风吹来,改变传统的以分数为单一内容的评价,基于标准的包括学习成就、幸福指数、身心健康、学业负担、教学方式等在内的,使得评价真正成为学生健康成长的助推器。近几年来,我致力于探索小学生过程性评价的实践,目的在于重视学习过程,我实践着、求索着。小学语文教育评价应该抛开共性化的对比,尊重学生个体差异性,因材施教,采取纵向激励的方法唤醒、鼓舞学生的内在学习动力与潜力,从而使教学评价具有长远性、现实性,针对学生个体的全面发展而非分数的"发展"。

一、过程性评价在语文课堂评价上的应用

　　课堂是小学语文学习的第一阵地,将纵向激励应用于小学生语文课堂的过程性评价,要求在课堂中尽量去激励学生与以往的自己作比较,旨在促进学生潜能、个性、创造性的发挥,使每个学生具有自信心和持续发展的能力。大多数教师过分强调共性的教学,忽视了情感、创新、技能等综合能力的培

养。那些能力培养更多只能依赖于教师对学生单个体的引导、激励,这是学生个人发展过程中的收获。教师要善于赞扬学生在某时期取得的进步,及时地表扬和建议,会激起学生的不断求知欲望;教师也不能囿于课文的标准答案,在思考探讨问题上,要鼓励学生突破自己,敢于创新,哪怕不同于课本标准答案。作为教师,在课堂评价过程中,要时常肯定学生长时间知识的积累,肯定他们取得的进步,多给他们展示自己的机会,回答问题时多一点赞扬与鼓励,会带动学生课堂的积极性。这无疑可以减轻学生的学习压力,化被动学习为主动学习。多运用激励性的语言,在学生回答问题时,给予肯定,可以充分调动学生学习思考问题的积极性。

例如,学习《手术台就是阵地》这篇课文时,我提出问题,让学生思考"为什么说手术台就是阵地"。有一位学生平常很少举手回答问题,但这次他举手回答"因为手术台对于医生跟病人都是分秒必争的地方,就像战场一样,分分钟性命攸关"。我立刻赞扬了他,说他回答问题很大胆积极,并且回答得不错,有很大的进步。这位学生第一次听到有教师这样表扬他,感到很高兴,往后在语文课上就经常大胆举手回答,并且进步明显。很多时候,教师简单的一些话就可以改变学生的一生。善于激励学生,让学生产生源源不断的动力。当然,这位学生的回答并不是最好的,但我特别表扬了她。因为,我针对的是每个学生个体,尊重差异,对于他来说,这样的回答已经是进步很大了。而有些同学回答错了,我会鼓励他说,"没关系,你虽然没有回答得很完善,但是你大胆回答问题,很好!"实践证明,这种激励性的评价使课堂的学习氛围十分浓郁。每个学生都有其特性,教师要结合学生实际,纵向去比较。

二、过程性在语文作业评价上的应用

作业这一板块是对教学成果的验收与巩固,教师也能从中获得反馈情况及拓展知识。教师对作业的评价将直接影响到学生对于学科的态度及兴趣。

在作业中,通过跟以往的对比可以分析出学生对于作业的认真程度。如果学生每次交上的作业最后都只是得到一个字母或数字,学生如何能够有足够的动力完成一次又一次的作业。对于差生,教师若把他们和优秀学生作业相比较而批评他们,显然他们会对作业产生抗拒,甚至害怕每次的作业;而优秀的学生理所当然地获得表扬,又可能会失去更进一层楼的动力,无法取得进步。因此,对于作业,教师针对学生个体差异去作出评价跟建议,学生写得较以往认真,教师就不必吝啬赞扬的话语。而且教师要善于从中发现学生的潜能,有的学生有较强的联想能力或是丰沛真实的情感或是严密的逻辑分析,鼓励并帮助学生了解自己的潜能,发展完善自我。给学生灌输这个理念,每一次做作业都是为了进步,为了胜过以前的自己。

在一次语文作文中,以"同学之间"为话题,一位学生的语言表达不佳,甚至出现很多的错别字,但是情感表达真挚,我对其作出的评价是"情感真挚,很有感染力,写得不错,但要注意一下错别字跟一些表达"。这位学生以往作文总是只有一个分数的评价,而且分数很低,这次看到我的建议与评价,感到很开心,自己竟然有了这么大的进步,于是往后每次作文都会非常的认真。后来他对我说他最喜欢就是作文作业了。由此可见,评价学生作业时,采取纵向激励方法是十分有必要的。教师对学生重视,才会引起学生对学习的重视,才能调动学生的兴趣。试想,永远拿着不及格的分数,都要感觉麻木了,怎么会对作业提得起兴趣?善于从学生作业中发现闪光点,能引起学生情感态度学习方式的改变。学生觉得每次把作业交上去就算完事了,所以草草写完就算了。教师不能让学生感觉作业是一种负担,应该让他们感觉作业是教师跟学生之间的交流,激励他们认真对待作业,去取得更多的进步。

三、过程性评价在语文课外实践评价上的应用

课堂与作业是教师容易观察到的,容易作出评价,但在学习过程中,课外

学习实践对于学习有重要的作用,毕竟自主学习的时间比集体学习的时间要长得多。课外实践重视的是过程,是需要慢慢的积累,很难一下子就评价好坏。课外实践包括课外阅读、课外口语能力表达的锻炼等学生成长过程中有益于语文能力发展的活动。但是这些东西是无形的,是量的质变。教师对学生学习的评价,应该贯穿于整个学习的过程,包括对于课外的积累。有些学生在课堂上可能不太会表现自己,但在课外是花了比其他人更多时间去完善自己。小学生正是处于积累的好时光,将来才能厚积薄发。教师要激励学生自觉积累,渐渐提高语文多方面素养。我认为,要让学生看到自身在课外实践中取得的成果,乐于跟以前的自己作比对,以此激励引导学生积累更多方面的知识。

比如说,让学生拥有自己的课外积累本,把课外阅读积累的知识,及其他方面学到的技能内容都记录下来,写在积累本上"我的劳动成果"板块中,而另一板块则有"评价之窗",组成学生的"成长册"。例如,我最近阅读了《格林童话》,那我就可以把自己对那些童话故事的感悟,点点滴滴记录下来。通过这样学生容易从日益变厚的积累本中,开拓见闻,并获得自豪感,容易受到激励去不断学习积累。而通过"评价之窗"这部分,教师对学生一段时间内积累作出点评和建议,给学生送去改进的动力和宝贵的意见。一段时间后,学生通过多方面的积累,发展并不断完善自身,真正达到了"绿色指标"中对于知识、情感、身心健康等多方面的发展要求,让教学评价真正回到了"人本"的目的,而非类似于选拔和挑选。

总之,小学语文过程性评价最终的目的是培养全面发展的学生,评价并不仅限于课程教材里面的知识。学习最强调的是能动性跟主动性,我们应该用发展的目光看待学生,立足学生长远的发展,纵向地分析学生的进步或不足,激励学生在课堂上、课外作业及生活积累上,自觉地不断完善、发展自己。

柳暗花明又一村

——浅谈小学语文词语分层教学

◎ 杨　玲

　　学生学习语文,就是借助文中一个个鲜活生动的词语,与文本对话,与生活对话,在词语学习的过程中学习语言,发展语言。那么怎样的词语教学才是有效的呢? 苏霍姆林斯基说过:"学习言语,要让词深入到儿童的精神生活里,使词在儿童的头脑和心灵里成为一种积极的力量,成为他们意识中带有深刻内涵的东西。"这就是告诉我们,词语教学不是语文教学的点缀,而是语文教学的重要组成部分,应贯穿于语文教学的全过程。

　　在词语教学中,既有语文作为工具的使用,又有语文中人文因素的发掘。同时,词语也是一个个具有生命力的鲜活的个体,我们应该立体地看。而灵动的多层次的词语教学可以使语言和精神到达水乳交融的程度。现就自己曾执教的一篇二年级课文《喜鹊》和三年级课文《智烧敌舰》为例,谈谈自己如何在阅读教学中进行词语的分层教学,实现词语教学工具性与人文性的统一。

一、词语教学与多种方法有效渗透

　　在教学《喜鹊》这篇课文前,我深入研读教材,发现本课的词句理解是关键,课文中的"预兆""洁白无瑕""轻盈优美""俊俏"等词语理解更能起到以词带句、以点带面、深刻体会作者情感的作用。因此,我在备课及教学中主要着力研究如何分层理解课文中的关键词语。

如在学习"洁白无瑕"时,我采用重点突破法:先理解"瑕"的意思,知道瑕是玉上的斑点,再分析"瑕"的形旁,把握字形,将字形和字义紧密联系起来。接着出示"喜鹊羽毛"的图片,进行直观的理解,并让他们说说哪些东西可以用"洁白无瑕"来形容。这样利用课件创设情境,通过教师的进一步引导,让学生在具体的语言环境中,理解其意思,借以指导学生运用。如此赋予过程以情趣性,学生于语境中,不仅理解了词语的意思,还训练了语言的迁移与运用能力。在学习"俊俏"一词时,我首先采用换词法,学生很快说"好看"。这时,我适时提问"联系上下文,找找体现喜鹊俊俏的句子"。学生通过联系上下文,找到"头、颈、背部的羽毛是黑色的,闪着油亮的紫色光泽""双肩和腹部的羽毛洁白无瑕"等句子。学生对喜鹊羽毛、颜色漂亮容易理解,但是对"长尾巴使它显得更加好看"这一句觉得有点抽象。此时,图片的出示就显得很有必要了。我适时出示了两张图片,一张是长尾巴喜鹊,一张是短尾巴喜鹊(经过处理)。学生通过图片,形象直观地进行了比较,对"长尾巴使它显得更加好看"的理解就不言自明了。通过这样的层层递进,充分调动学生多种感官参与关键词语的感悟、理解和运用,使词语教学鲜活起来。我想学生对喜鹊"俊俏"的理解就水到渠成了。

再如学习"轻盈优美"。刚开始,通过学生的朗读,提醒他们注意"盈"是后鼻音。字词教学是低年级教学的重点,虽然已到了二年级下学期,但读音的准确性依然要把好关。其次,"轻盈优美"这个词是说明动作轻巧、飘逸、好看。我舍弃了以往播放欣赏"跳芭蕾舞"的视频,改为播放"喜鹊在空中飞翔"的近景视频。观看跳芭蕾舞的视频,欣赏演员们翩翩起舞的样子,固然也能较好地理解轻盈优美的状态,但是这篇课文的重点是喜鹊,是感受喜鹊的优美姿态,体现作者对它的喜爱。因此当学生看到画面中喜鹊张开自己扇子似的翅膀,随着长长的尾巴在空中自由自在翱翔时,我想对喜鹊的喜爱之情一定会激荡在孩子们的心中。这种借助画面进行形象化的理解,由"形"到"意"

再到"境"的方法有利于培养学生的想象力和对语言文字的感知、领悟和积累。词语所表示的意思、意境直观地再现在学生眼前,可以起到变静态为动态,化抽象为形象的作用,便于学生准确生动地理解词语,完成教学。接下来,让学生转换角色,以喜鹊的口吻介绍自己的体态"轻盈优美"。这样逐层分级,达到以学定教,对文本进行细化。

在学习"预兆"一词时,通过查字典,知道"预兆"有两种解释:预先显露出来的迹象;(某种迹象)预示将要发生某种事情,再联系课文中第一小节的句子"喜鹊能预兆吉祥"。学生通过比较联系,大体能理解到预兆就是"预示"的意思。但是我觉得刚开始教学时不宜多展开,我在学完整篇课文后,才让学生对照板书说说"为什么说喜鹊能预兆吉祥"。这个问题如果放在教学开始时提出,学生可能回答不出,但在对文本进行感悟、领会之后,学生表达起来就顺畅多了。首先,它外形俊俏,让人看来心生愉悦。另外,它的叫声清脆,春天听到,仿佛预兆着我们将迎来一个春光明媚的好时节;冬天听到它的叫声,仿佛预兆着这个冬天不会太冷,让人顿时倍感亲切与温暖;在田野里看到它的身影,仿佛预兆着来年将会是一个丰收年。这样的字词教学,由浅入深,螺旋上升,体现出了理解的层次性。学生对"预兆"的理解是深刻的,感悟是珍贵的。其实,在我们平时的语文教学活动中可以运用的词语教学方式还有很多,只要找准切入点,形成词语教学工具性与人文性的统一,就是为构建高效的语文教学课堂服务。

二、词语教学与阅读感悟有机结合

词语理解是三年级的教学重点。《语文新课程标准》关于中年级的阅读要求有这样一段表述:"能联系上下文,理解词句的意思,体会课文中关键词句在表情达意方面的作用。能借助字典、词典和生活积累,理解生词的意义。"可见词语教学在中年段尤为重要,是帮助学生理解文章内容,体会文章情感的关键之所在。本年段,字词教学更偏重于在阅读情境中,引导学生学习并掌握理解字词的方法,进而积累字词,为高年段能独立运用各种方式理解词语并恰当地运用词语打下基础。同时,字词教学应避免孤立、机械,应与阅读情境有机融合,即通过文章内容的理解促进对词语意思的理解,或通过词语意思的准确把握带动对阅读内容理解、感悟。例如在教《智烧敌舰》一文时,在了解事情的起因时,我引导学生找到关键句"有一年,罗马帝国乘虚而入,派军舰侵略希腊",进而抓住关键词"乘虚而入"进行教学:第一步——反馈预习,让学生说说"虚"和"入"的字面意思。此处,我有意识地引导学生联系上下文,准确把握这里的"入"解释为"入侵"更确切,这也是一种学法的指导:理解字词不能单单借助工具书,还应放入具体的语境中。第二步——运用词素合成法,说说"乘虚而入"的意思。第三步——在理解词语的字面意思的基础上,再结合课文内容,引导学生理解希腊"虚"在哪里,罗马"入"侵后希腊人民的表现又是怎样的。如此一来,借助一个词,就将文中两小节的内容有机地联系在一起,既深化了学生对于"乘虚而入"这个词语的理解,又逐步渗透了一种阅读策略:作者是如何围绕一句话、一个词将事情的起因写具体的。这一版块的设计既让学生读懂了文本,又让学生收获了一定的写作方法,即怎样围绕一个意思将内容写具体。

　　当然,不管以何种方式进行词语教学,都决不能脱离文本。这有两层意思,一层意思是词语的教学不可以与句、段的理解割裂开来,所谓"词不离句,句不离段"。另一层意思是词语(句子)的理解要符合文本所蕴含的情感基调。如果没有深层次的词语教学,没有与文本有效融合的词语教学,必然会使词语缺乏自身的魅力,也会导致语文课堂的沉闷。所以学生学习词语,不是只停留在"理解"的层面,而是指向于"言语表现",有特定的话语情境进行言语实践活动。文章中的词语经过了学生的大脑,进行重新的组合,从词语中获得"画面、深度和张力",最后将词语作为言语表现的鲜活元素,来表达自己的新的思想情感,最终实现词语教学从积累走向运用的过程。

魅力英语　快乐教学

◎ 李　菁

　　只要用心去挖掘,我们就会发现英语的无穷魅力,只要用心去思考,我们就会在教学中找到快乐! 本次教学节之前,我们凤溪小学有幸邀请到了杨建中老师来为我们本校张老师执教 M4U1 *The Natural World* 的第三课时进行点评。在杨老师的点评下,我们各位青年教师都受益匪浅,也让我做了回有心人。下面,我就来谈谈我在此次学习中学到的东西。

　　首先,杨老师就对张老师整节课的目标设定提出了自己的看法。他提到:"学生的输出能力决定了这堂课的目标设定。"张老师教授了单词"wing""feeler""legs"等描述蝴蝶部位的单词,以及功能句型"It can use ... to ...",看得出学生对新内容还是很感兴趣的,但在教授过程中,学生对新授单词读错、不会读的情况时常出现,对蝴蝶各部位功能的描述更是疙疙瘩瘩,看得出学生对昆虫的详细习性并不熟悉。仔细想来,该校的学生有部分是外来务工者的子女,家长很少会有时间和兴趣带子女出去玩,去发现大自然昆虫的特点,因此对于蝴蝶详细的身体部位及功能没有相关的体验,这对学生的理解及运用造成了一定的障碍。教师在设计教学时没有考虑到学生原有的语言认知和生活认知,没有顾及学生在学习新知时的体验与感受,同样的问题在本节课的后面部分也有出现。这点正好说明了张老师的目标设定没有顾及学生,他的输入并没有大于输出,反而是输入与输出相等了。教学目标设计应以学生已有的认知基础为依据,利用旧知的复现来导入、理解和操练新知,实现知识的滚雪球效应。此外每次的活动都有明确的目的与要求,并能够安排在一定的语境和情境中进行,这样才能突出对学生能够用英语进行交流的能力的培养,体现了交际语言教学的思想。

其次,杨老师又提出"整堂课,老师缺乏学生的输出关注"。在对整节课回顾中,杨老师特别关注张老师在旧知的复现与检测和新知的理解与运用中是如何引导学生的,觉得看下来老师对于学生的学习感受的关注度比较缺乏,主要表现在教师对语言的处理还是仅限于学读,对是否理解,能用语言表达到何种程度关注得还不够,因此造成学习的时效性不强,学生只能获得短期的强化记忆。

杨老师还提出了在教授新词的时候可以培养学生的音义、音形构建能力。什么叫音形构建能力?就是指学生能听到音,写出形,建形发音,对于直接听音拼不出的,可以用旧单词带新词。杨老师也运用了这个方法来教授"wing"。总之,语音是小学英语教学的出发点,在听说能力越来越重要的今天,语音的重要性愈发不容忽视,这就需要我们教师根据小学生的心理及年龄特征,不断改进教学手段,采用合适的教学方法,使学生在愉快的气氛中不知不觉地掌握正确的语音,自然而然地应用它,达到润物无声的目的。

此外,杨老师的点评让我更加清楚了任务驱动的内涵。小学英语的主要目标是激发和培养学生的学习兴趣,使学生掌握一定的语言基础知识和基本技能,培养学生初步运用英语进行交际能力以及发展学生的智力和个性。以"任务驱动"为核心的小学英语课堂教学就是建立在这种思想上的,以促进学生主动发展为宗旨的新型教学形式。任务型教学充分体现了以学生为中心和以人的发展为本的教育理念。它可以根据学生的不同水平设计不同的任务活动,让学生互助合作完成任务,从而最大限度地调动和发挥学生的内在潜力,培养学生学以致用的意识和进行语言实践的能力。每个任务驱动的目的在于学生能够在此驱动下培养他们的语用功能,让学生能够在生活实践中去运用。我对于为什么小学英语需要文本再构,文本再构的文本具体如何划分有了详细的了解。文本再构是因为真实性情境不够。文本可分为输入文本和输出文本,输出文本需要我们根据教学基本要求和教材内容来规定。输入文本分为主文本和辅助文本,而辅助文本又可以分为情感提升型文本、资源型文本和导入文本。这对于我今后进行文本再构有着非常大的帮助。另外,我还学到在教学活动中,要注意自己角色的转换与控制,在启发与示范后能够把足够的时间留给学生,让学生努力实践与展示自己,活动安排张弛有度,稳而不乱;同时,要能根据学生的接受能力和表现状况适时调整活动安排与教学要求,这样才能体现以学生为主体,教师为指导的教学原则。

最后,让我印象最为深刻的是杨老师提出了语义功能的输出,即通过板书让学生理解、复述、举一反三。老师在一节课上要讲授的内容很多,不可能全都写在黑板上,而且写得太多,学生也无法分清主次,这就要求老师研究教材,精通教学内容,板书内容不必面面俱到,应讲求精当,以简明扼要的形式展现在学生面前。板书的作用是不可小觑的,板书犹如一个微型教案,好的板书能反映教学的重点与难点,反映教师的教学思路和教学风格,帮助学生更快更好地理解与掌握教学内容,提高教学效率。独具匠心的板书既能更好地传播知识、激发学生的兴趣,又能发展学生的智力,活跃学生的思维。

教材不是万能的。区域发展的不均衡性和家庭环境的不同使校际差异、班级差异和学生之间的差异非常显著。任何一本教材都不能满足所有城市各个学校的同年级学生的需要,因此教师需要对教材进行处理,开发适合自己学生的适切教学资源,为学生量身定做教学内容,以满足自己学生不同的学习要求,保证在全体学生"吃得饱"时,部分学生能"吃得好"。而经过杨老师的点评与自己以往的经验,我们教师在进行文本的再构过程中要秉承这样几个原则:

(1) 话题内容要基于教材的主题,进行单元统整设计;

(2) 语言难易度要基于学生的语言基础;

(3) 语境设计要基于学生生活;

(4) 语言表述要基于文化的背景内涵;

(5) 教学内容的设计应以学生的生活实际相结合,以兴趣为出发点。

　　总之,通过本次学习,使我深刻认识到作为一名教师,要精心设计课堂,充分吸取优秀教师的精华部分,尝试运用到以后的课堂教学过程中,要多学习新课改理念,认真钻研教材,挖掘教材,积极参加教科研活动,提高自己的业务水平,提高和完善自己的课堂教学,争取在教学上有所突破。我还深深地感到在教学工作中,我们应一切从有利于学生的发展出发,以敬畏之心对待教学工作,并且永不停步、不断挑战和超越自我。

浅谈如何开发低年级口语交际教学资源

◎ 叶　苑

　　语文课程不仅要关注学生的"学得",更应该关注学生的"习得",学得知识,习得能力,学、习二者不可割裂开来,这也正是符合素质教育的理念。口语交际教学更着眼于培养学生的综合素质,在使学生的听、说能力协同发展的同时,对他们健康的情感、恰当的行为表现、良好的合作意识以及社会适应性的培养等都有一定的促进作用,充分体现了语文学科工具性和人文性的有机统一。

　　在新课程的实践过程中,相较于阅读教学和作文教学,尤其是相较于阅读教学,小学语文口语交际教学的现状不容乐观。听、说、读、写四大能力的培养在语文教学中缺一不可,我们要改变以前重读写、轻听说的局面。

　　很多低年级学生在进行口语交际时"无话可说",究其原因,一是教材选取没有从学情出发,脱离实际;二是低年级学生口语交际基础差,不善于观察;三是生活内容不丰富,体验积累少。所以,教师要教会学生捕捉灵动的现实生活情景,拓宽学习的渠道,积累口语交际的生活素材,丰富口语交际训练的内容。

一、结合课外活动

　　课堂是口语交际教学的主阵地,但是因为对象和时空的限制,学生总会受到约束,所以更广阔的舞台应该是在课外。教师可以借助丰富多彩的课外活动来培养学生的口语交际能力。下面列举一些课外活动可以设计的口语交际话题:

　　新生入学:《自我介绍会》《我的名字》《我的爱好》等。
　　春游秋游:《走进春天》《春天的歌声》《秋天的果实》《秋天的诗》等。
　　突发事件:《小小评论会》《我错了》《如何做好朋友》等。
　　班级活动:《我们的图书角》《诗歌朗诵会》《一次有趣的比赛》《小小展览会》等。

　　这些课外活动就是真实的生活情境,学生始终处于不同的口语交际情境中,不仅能激发学生对口语交际的兴趣,也使他们获得了充分进行口语交际训练的机会。

二、结合语文课堂

　　口语交际课在语文教材中一般所占比例很少,以上海二期课改的语文低年级教材为例,每学期只有6课左右。如果语文教师只凭借口语交际专项训练来发展学生的口语交际能力,短时间内学生很难得到实质性的提高。教师应当将口语交际教学意识渗透在语文教学的全过程中,通过长期不懈的感染和熏陶,潜移默化地提高学生口语交际的能力。如何将口语交际教学与语文课堂有机地结合起来呢?

(一) 结合课本剧表演

　　在低年级的语文课堂中,课本剧表演是非常受学生喜欢的。表演课本剧不仅可以再现课文中的情景内容,加深学生对课文的理解,还可以有效地提高学生口语表达能力。如果课文中对话多而且情节生动,就可以采用这种形式让学生对课文进行复述。比如低年级语文教材中的童话单元和故事单元就非常适合采取这种形式,《狼和小羊》《丑小鸭》《称赞》等都是学生非常喜欢表演的课文。

为了使这类表演获得成功,教师可以先引导学生仔细分析课文中各种人物的思想感情和语言,然后再进行扮演角色的朗读。在朗读时,学生表达的只是对话,而教师可以以旁白的形式简单地介绍故事的背景和发展线索。戏剧中的人物有评议、有行动,教师可以明确规定情景以及人物的个性及表现、人物之间的关系,影响他们选择语言的各个方面以及他们的语言表达和行动。学生表演时也可以根据课文说明创造角色,通过课文内容来考虑角色的语言和行动。

(二) 结合教材资源

在语文教学中,学生对于课文的理解是一个十分个性化的过程,学生独具个性的观点,都要依赖于师生、生生之间通过口语交际进行沟通和交流,这样才能使不同的观点相互碰撞,认识不断提高。除了口语交际课内容外,语文教材中的许多资源也是教师指导学生进行口语交际的好素材。因此,充分利用语文教材对学生进行口语交际训练是十分重要的。我们可以采取以下方式:

一是利用课文插图。低年级的课文插图色彩鲜艳、生动有趣,能引起学生观察、想象和说话的兴趣。因此,低年级阅读教学中,教师不仅要发挥插图的作用,引导学生掌握一定的观察方法,进行必要的思维训练,还要借助插图进行口语交际训练。进行口语交际时,可以引导学生仔细观察画面,然后按照一定的顺序介绍画面内容;也可以借助插图帮助学生有条理地复述课文;还可以根据课文内容,凭借插图,展开想象,说说课文中没有写到的插图内容。如,教学二年级上册《荷花》里"我忽然觉得自己仿佛就是一朵荷花"时,教师可以指导学生观察插图,进行口语交际:"对啊,想象你自己就是一朵荷花,穿着雪白的衣裙,就站在阳光下翩翩起舞。你想到了什么? 你看见了什么?"借助插图,让学生打开思维的闸门,张开想象的翅膀,积极地进行口语交际训练。

二是利用课后练习。在低年级语文教材中,每课课后都有一个"说"的练习,有些教师认为这又不是语文考试的内容,往往为了节约时间就忽略掉了,其实这不仅仅能训练学生的思维能力,也是一个锻炼学生口语交际能力的拓展材料。教师可以组织学生展开讨论,发挥想象,激起学生说话的欲望和兴趣,如"展开想象,说说小松鼠的尾巴还要能有什么作用""白鲸得救后,回到了自己的故乡,见到了亲人,它会说些什么? 先自己说一说,再和几个同学一起分角色演一演"。这些练习依托于语文课文,学生因为对课文有了理解,所以更加有话可说,而讨论交流的过程,对学生的口语交际能的提高也有很大帮助。

(三) 结合写话教学

低年级中的作文训练基本上以看图写话为主,很多国家在进行书面作文之前都会进行口头作文。这是作文教学自身规律的反映,也是提高学生说话能力的需要。一般会要求学生在教师的指导下,当然这种指导也就是在对学生进行听话训练,然后在有限的时间内确定自己表达的中心,选好材料,排好顺序,并运用恰当的语句表达出来。在看图写话中,学生根据图片,展开想象,根据写话要求进行有中心、有条理的即时口头表达,不仅锻炼了学生的思维,对学生的口语表达能力和书面表达能力也有很好的促进作用。可以采取的方式有很多,比如先说后写、小组讨论、交流修改等,写话过程不仅仅是单一的培养学生习作能力的过程,同时也是学生主动运用口语进行人际交往的过程。但要注意的是,口语交际训练在这里并不是写话的附庸,两者也不是因果关系,应该是互相促进,互为补充的。

(四) 结合家庭生活

家庭是学生的第一所学校,父母是他们的第一任教师。鲁迅先生曾经说过:"小孩子往往喜欢听人谈天,更喜欢陪客,他的目的,固然在于一同吃点心,但也为了爱热闹,尤其是在研究别人的言语,看有什么对于自己有关系——能懂、该问,或可取的。"在入学前,孩子基本上是在家进行口语交际活动的,家庭生活是孩子形成口语交际能力的重要土壤,孩子在家中进行口语活动时更加自然、随性和真实。因此,如果教师能指导家长在家中适时地和孩子一起开展一些口语交际活动,对口语交际教学是大有裨益的。

首先,要注意营造一个自然和谐的口语交际氛围,愿意花时间去倾听孩子的表达,鼓励孩子多多表达;其次,要有意识地通过不同的载体来培养孩子的口语交际能力,低年级的孩子可以采取让他们复述故事和节目内容或转述口信;最后家长要注意在口语交际活动中培养孩子良好的文明礼貌和交往姿态。现在的孩子大多是独生子女,有一些自私骄横的性格特征,家长要及时纠正交往中的不当语言和行为,要求他们从小养成讲文明、懂礼貌的口语交际礼仪。还有一点需要注意的是,很多家长在家里和孩子交流时不使用普通话,影响了孩子的口语交际能力的提高,所以家长应该以身作则支持配合学校教育,使学生养成说普通话的良好习惯。

语文是母语教育课程,学习资源和实践机会无处不在,无时不有。新课程倡导"用教材教,而不是教教材"。"用教材教"的理念要求教师在进行教学设计时不要被教材所束缚,因地、因人、因时制宜,活用教材,实现课程资源的有机整合,适应学生发展的需要,符合学生学习方式转变的要求。教师可以沟通课堂内外,充分利用学校、家庭和社会的教育资源,开展综合性学习活动,拓宽学生的学习空间,增加学生口语交际实践的机会,锻炼学生在多种教学活动以及日常生活中的口语交际能力。

深入品读文本　实现有效阅读
——浅谈关键词句的重要性

◎ 王　斌

　　语文课程博大精深,魅力无穷。如何让学生们感受到这其中的魅力呢? 这的确是一个值得思考并要解决的问题。著名的教育家叶圣陶对教育曾提出过这样的理念:"应当教给学生学习的方法,而不是长期详细的灌输书本知识。"教是为了不教,教育就是培养习惯,语文教学应崇尚语文的本色,弘扬学生主体,激发浓郁情趣,让学生们在自主、合作和探究的学习中培养良好的学习习惯,从而让语文成为最受学生喜爱的课程。

　　语文课程吸收了国内外优秀的文化精华,有着丰富的人内涵。因此,要让教师和学生在课堂教学中一起走进文本,实现教师、学生、文本这三者之间的互相沟通与交流。我们要引导学生对课文文本进行细细品读,读课文是理解课文内容和作者思想感情的重要方式。所谓"书读百遍,其义自见"。叶圣陶也十分强调通过反复朗读来体会文章的意蕴。叶老认为,朗读与研究课文同等重要,只有"反复吟诵,才能做到对课文有亲切的体会。"

　　文本朗读是必不可少的,但在此基础上,我们还需要寻找进入文本的"切入点"。这些"切入点"就是我们教学中经常提到的关键词句,在理解关键词句的基础上,进而抓住文本的根基,感受并把握文章整体之美,从而真正把握文本的真谛,挖掘出文本的核心价值。语文有着独特的魅力,关键词句是精练体现语文作品内容和主题的核心部分,抓住关键词句细读文本,对文本进行解析,这就好比寻找到一把打开成功大门的钥匙,牵一发而动全身,能有效提高学生解读文本的效率,使高效阅读成为可能,增强学生们的学习兴趣和信心。

当前,概括或复述课文段篇大意是学生头疼的问题,甚至有点抵触。要改变这种情况,我们得激发学生们的学习积极性,运用正确合适的学习方法。抓住文章中的关键词句有助于对文本的品读,能有效地帮助学生把握课文的脉络,准确地理解整篇课文的内容。同时,要注重学生主体作用的发挥,并能够尊重学生之间的个别差异,让学生用抓住关键词句进行自由表达,使每个学生的个性得到充分的发展,做到会学会用,提高他们的进取精神。

如《杏儿熟了》这篇课文,通过抓住"扶""揉""拿""打""分"这几个动词,将奶奶"分杏儿"写具体了,同时也体现了她与人分享的美好心灵。在课堂教学中,教师要帮助学生梳理思路:先找到事情的起因,一个小淘气偷摘杏儿,从树上掉下来,接着品读"我"和奶奶截然不同的表现,这一环节可以分步进行:第一,对于杏儿成熟了,小伙伴偷偷地来摘我家的杏子,"我"的态度是怎样的? 找到有关句子,读出语气。抓住"我没好气地说:'你们这些小馋猫,摔了活该!'"和"我心里不高兴了,暗暗怪奶奶偏向他们"并体会这两句话中的关键词句,感受"我"很不高兴。第二,对于这种情况,奶奶又是怎么做怎么说的呢? 对于奶奶做的事,我们可以抓住动作板书(扶、揉、拿、打、分),并尝试着说一说,为完整复述做铺垫。此外,通过引出奶奶说的话,让学生明白做人的道理,好东西与人分享才快乐,体会"有酒大家喝才香,有果子大家吃才甜",这是奶奶美好心灵的集中体现。最后,指导学生根据提示,完整地复述"分杏儿"这一件事情。这样既能让学生培养抓关键词的学习方法,又能激发学生对文本的品读的学习兴趣。

同样,《威尼斯小艇》一文要引导学生抓住关键词威尼斯小艇的独特之处:从小艇的长、窄、深联想到了"独木船";船头船艄的向上翘联想到了"新月的样子";行动起来轻松、灵活想到了"仿佛一条蛇"。在介绍船夫驾驶技术的这部分内容,作者运用先概括后具体的写法,围绕"操作自如"这一关键词描写了三种特殊情况下船夫的驾驶情况,突出船夫的娴熟驾驶技术。抓住"操作自如"这个词,这一节的大意也就很容易概括出来了。此外,在《爬山虎的脚》这篇课文中,找出时间的词"刚长出来、不几天"、颜色的词"嫩红"到"嫩绿"。抓住这些关键词就能清楚地概括出叶子的生长过程。在介绍爬山虎的脚时,通过"触""巴""拉""贴"等动词准确地写出了爬山虎的脚是怎样一步步往上爬的。通过抓住关键词句,学生对文本就能有更深入的理解和领悟,对课文的概括和复述也就水到渠成。

引导学生在朗读的基础上抓住关键词句,教会他们通过联系上下文和联系生活实际,联系文章的时代背景及作者当时的思想感情来理解句子。每一篇文章,都有要表达的思想感情,而这种情感往往都是从字里行间流露出来的。在教学中要多引导学生理解重点词句,帮助学生能归纳出段篇的大意,并从中深刻领会文章的思想感情,让学生们在实践中提高自己的整体把握能力,激发学生对语文学习的兴趣,让学生身心健康成长。

在学生身心健康发展的同时,我们还要激发学生的好奇心,让学生在求知中学习,在自主阅读和自由表达中培养他们的语感,发展他们的思维,引导学生抓住关键词句进行提问,并通过合作和探究来解决疑惑,激发他们的问题意识和进取精神。语文教材中关键句子主要有两类。第一类是富有深刻原理的句子,通常作者在并没有非常直白的表达自己的意思,需要靠学生们联系上下文自己理解这句话内在的含义,结合语境领悟出其真正的意思。第二类是富有表现力的句子,通常作者通过这些生动的句子,在学生们充分朗读的基础上,引导学生准确找出文中的关键句子,领会其突出或揭示文章的内涵和中心的作用。

在引导学生自主找到文本中的关键句子后,首先我们可以让学生们找出这些句子中的一些关键词语。其次,通过抓住课文前后的矛盾提出问题。而恰恰这些矛盾处,正是文章前后呼应的地方,往往一些前后矛盾的句子是文章中的一些关键句,理解了这些看似矛盾实则并不矛盾的句子,就能真正读懂文章的主旨。

如《他从火里跑出来》这篇课文,本课课文重点描写了诺贝尔实验过程中的表现,在教学时,可先找到描写诺贝尔表现的句子,再引导学生抓住"凝神注视""血迹斑斑""狂呼"等关键词语或针对句子中的矛盾处提出问题,如"为了看清实验过程,他双眼紧紧盯着火星,凝神注视着……难道诺贝尔不害怕吗?""'血迹斑斑的诺贝尔挣扎着从火里跑出来,一边奔跑,一边狂呼'这句话中诺贝尔已经受伤了,可为什么他不是呼救而是狂呼成功呢?"等。对于这些问题,通过引导学生通过品词读句,逐一解决,关键是让学生感受诺贝尔实验过程中遇到危险之大,体会他只在乎实验成功与否,为进行科学研究不惜献身的精神。

同时,《秘密》这篇课文是一篇描写人物表现的文章,找到描写莱伊恩坚持自己想法和心理矛盾最后被迫妥协的句子,引导学生关注"固执"和"弄虚作假"这两个词语,让学生思考并提出自己的问题,如"固执"和"弄虚作假"是什么意思? 为什么这两个词语要加上引号? 为什么莱伊恩"固执""弄虚作假",但是作者却赞美他非常伟大呢? 看上去貌似存在着矛盾,其实这些并不矛盾。从理解词语的本意入手,"固执"的原来意思是坚持自己错误的想法或做法,一意孤行。接着通过联系上下文我们了解到,"莱伊恩自信只用一根坚固的柱子能保证大厅安全"这一"固执"的表现,以及他"固执"的原因——工程力学知识与自身实践。这样,学生们也就非常清楚地从"固执"中看到莱伊恩坚持相信科学的执著。而莱伊恩的"弄虚作假"恰恰是为了坚持自己的主见和恪守自己的为人原则。理解了这一些关键词句,学生们能更好地理解文章内涵,从而把握了课文中人物的形象。

除此之外,我们还可以根据课题进行质疑。课题其实本身就是一个关键词语,是对文章内容的集中表现。根据课题,联系课文内容进行质疑,能够让学生们把握文章的板块,了解文章选材的特点,理清行文间的思路,我们教师应该对此予以充分的关注。如《带刺的朋友》描写的是刺猬,可课题却没有直接用"刺猬"为题,而是用"带刺的朋友"作为课题。课题给我们带来了思考,可以抓住课题中的"朋友"一词,引导学生对课题进行质疑:为什么说刺猬是带刺的朋友？在初读课文后，继续对课题质疑：刺猬偷的是谁家的枣，刺的是谁家的狗？既然偷的是小作者家的枣，刺的也是小作者家的狗，按理说，小作者应该很讨厌它呀，为什么还要称它作"朋友"？通过从前后的矛盾处质疑，提高了学生对刺猬偷枣和用刺击退大黑狗这两件事的学习欲望，激发学生学习兴趣和学习动力。

通过引导学生针对课文中的关键词句，抓住矛盾处，从课题出发，思考并提出问题，然后通过对文本的细读，在感悟朗读和联系课文内容的基础上解决疑问，使学生更好地理解课文的内容，把握课文的真正内涵。我们教师要通过抓住关键词句，让学生疑惑解惑，培养他们善于思考，积极发现问题，从而提高他们解决问题的能力，并逐渐形成一种良好的学习习惯。

爱因斯坦曾说过："教育应当使提供的东西让学生作为一种宝贵的礼物来接受，而不是作为一种艰苦的任务要他去负担。"我们教师要让每一次的学习实践都成为学生成长的生长点，让每一次学习实践都能使每个学生有或多或少的启发、获得，让学生真正的从要我学转变为我要学，让学生们在自主、合作、探究中养成良好的学习习惯，激发他们对语文学习的热爱，为孩子们创造轻松、幸福和快乐的明天。

情满课堂　　以情促悟

——浅谈小学语文课堂中情感的投入

◎ 宗　杨

　　苏联教育学家苏霍姆林斯基曾说过："学校里的学习不是毫无热情地把知识从一个头脑里装进另一个头脑里，而是师生之间每时每刻都在进行心灵的接触。"教学是一种双边教育活动，它不仅是师生之间智慧的碰撞，更是师生之间情感的交流。课堂上，教师的情绪总是感染着学生，不同的情绪会产生不同的教学效果。尤其对于处在小学阶段的学生，他们的各种高级情感或社会性情感在初步发展，极易受到外部环境的带动和影响。因此在课堂中，教师想要把文本中所要传达的情感传递给学生，自己首先必须有情。正如罗曼·罗兰指出："要播撒阳光到别人心中，总得自己心中先有。"讲课不能是一种简单的灌输，而应该建立在心理相容和情感共鸣的基础上，真正做到理中蕴情，通情达理。

　　一堂优质的语文课，不仅仅是教师的娓娓道来，它更应当展现出一首诗、一幅画的意境，给学生以美的享受和熏陶，同时愉悦他们的身心，激发他们的学习兴趣，引发学生展开想象，从而有利于学生创造思维的培养。教师还要善于创设情境，以形象为手段，以美育为突破口，以情感为纽带，激生情，启其疑，引其思，使学生心理处在兴奋状态，提高学习效率。同时教师在教学中，还应该有目的、有计划、有步骤地控制教材中的情感教育素材，对学生进行思想品德、审美创新教育，促使学生健康成长。要达到这一目的，教师的情感投入是关键一环。那么怎样在语文教学中投入情感，让学生在教师情感的流露下感悟文本的真谛呢?

一、以对文本的深入分析把握文章的基本风格情调

在课堂中教师的倾情投入既不是故弄玄虚,也不是无病呻吟,而是源于对课文的深刻理解与深切感受。这就需要语文教师在备课的过程中,深钻教材,细心揣摩和体会作者在文字中流露出来的真情实感。教师自己首先要能被课文的人情美、言辞美所感动。没有这种情感的积聚也就不可能倾情,情不动则辞难发。纵然言于声也非出于心,不是伪饰,就是矫情。正如于漪在《语文教学谈艺录》中所说:"要使学生真正在思想、品格、情操等方面受到陶冶,教师自己要进入角色披文以入情。"

小学语文教材选编了大量优秀文章,这些文章不但文体不一样,而且风格情调迥异,有豪放激昂型的,慷慨悲壮型的,清丽婉约型的,轻松活泼型的,这就需要教师不仅要把握好文章的情调,而且要把握好讲课时的情感基调,如若只是千篇一律地讲课,不管文章分析得多么精辟详尽,都不能引起学生听课的兴趣,激发不出他们内心的感受,自然也就不可能有好的课堂效果。教师在课堂教学中情感基调的奠定和准确把握来源于对教材的深入分析以及文章底蕴的触及。教师把课文中的一景一物乃至一个艺术形象鲜活地呈现在学生面前的过程,实际上是教师对文本的再创造过程。在这一过程中,如若没有深层次的分析,不管教师多么津津乐道,学生也只是仅有所知而不可能领略作品更深的意境。

二、以情感丰富的语言触动学生的心弦

声情并茂、富有浓浓情感的课堂是让学生走进文本,感悟作品内涵最直

观的方式。因此语文教师的语言应当规范、鲜明、洗练、准确、形象、生动、流畅,合乎逻辑,饶有情趣,寓庄于谐。能化抽象为具体,化深奥为浅显,化枯燥为风趣,使学生如见其人,如闻其声,如临其境,受其感染,受美熏陶。只有语文教师自己有较好的语言基本功和广阔的求知兴趣,才能通过多种途径影响和激起学生的求知欲,引发学习兴趣,强化学习动机,消除教学中师生的疲劳,改善课堂气氛,启发学生的心智活动,促使学生深入钻研问题,并使课堂气氛趣而不庸,活而不乱,严而不死。

在教学过程中,教师的语言都渗透着自己对文本的理解与体悟,此时教师如若把自己的情感完完全全融入语言文字之中,情动辞发,让学生与之产生情感的共振,对文本中的美好事物产生向往和追求,为文本中人物的崇高品质、坚贞节操而感慨赞叹,为主人公凄惨遭遇而伤感泣下,对凶恶现象、残暴行为产生憎恶和愤怒。这样教师富有丰富情感的语言就会像一股磁力吸引着学生。教师通过语言把对文本的感悟以及由此而流露出的情绪保留下来,成为教学过程中的一种潜在力量,那么讲课时就容易"情动于中而形于外"。

例如《小珊迪》一课,可以用这样语言导入:一个冬天的早上,雪花纷飞(带领学生进入一种意境),饱受饥寒的小珊迪被马车轧断了两条腿,躺在一张破床上,他就要死了(凄苍的情节像一阵风轻轻地吹过学生的心海)。临死前,他念念不忘的是:可怜的小利比,我的好弟弟。我死了他怎么办呢? 谁来照顾他呢? 老师即将夺眶而出的泪水,哽咽的话语,使学生的心海漾起了波浪。(教室里弥漫着一股悲痛之情。)这样的导入,用语言触动学生的情感领域,学生伴随着内心的情感初读课文,为领会小珊迪的诚实、善良奠定了感情基础。当然,在语文课堂上,只有一个富有深情的导语设计是远远不够的。教师要在整个教学过程中始终注意调控课堂情绪氛围,方有可能使学生随课文的情境变化而或喜或怒,或哀或愤,从而达到课堂教学的最佳境界。无论是导语、过渡语言还是评价语言,都应饱含着深厚、真切的情感,这对学生的领悟起着推波助澜的作用。

三、以情绪饱满的示范性朗读再现作者的内心感受

一个好的语文教师必须会带着感情示范读文,并且能引导学生在读中体会文章的情感。俗话说:"三分文章七分读。"示范读课文实际上是将文字表达的情感变成易于理解的具有情感的声音,这种转化是感受作者情感的过程。每一篇课文的字里行间都处处流露着作者的态度情感,所以在范读之前,教师必须先要在理解、感受中深入开掘,然后将自己的态度感情融化在作品内容中进行范读。范读时教师要进入角色,抑扬顿挫,移情动容。激昂处,还它个激昂;委婉处,还它个委婉。

《十里长街送总理》一课是一篇催人泪下的文章,凡是经历过那个年代的人每每读来无不为之垂泪,浮想联翩。然而对现在的学生来说则感到比较陌生。因此让他们了解作者的感情,进入作者所创造的意境,有一定难度。怎样让学生身临其境而能与作者产生共鸣呢? 在范读时,可配用录音播放哀乐。当读到"多少回……多少回……多少回……"时配以电视屏幕播出画面,深沉偏低的声调,声情并茂。如果执教者全身心地融入作者情感之中,就会为之而哽咽,这样,学生被教师的范读带到了作者创设的意境之中,拨动了孩子们的心扉。

四、把真诚的评价以及恰当的体态传达给学生

真诚的教学评价以及丰富的面部表情是教师传递情感,表达内心感受的另一种方式。真诚的情感是打动一切的泉源。教师的评价,无论是高明抑或很纯朴,只要真挚诚恳,都能让学生获得一种幸福感和成就感。小学阶段,学生年龄小,但在他们幼小的心灵上,却总是和大人一样,也期盼一种真挚诚恳的交流和表达,希望自己被对方认可。教师尤其要注意的是不能挖苦讽刺学

生。讽刺挖苦没有任何真挚诚恳,它带给学生的往往是一种长期并沉重的心理伤害。赞可夫认为:"教学法一旦触及学生的情绪和意志,触及学生的心理需要,这种教学就会变得高度有效。"巴特尔说:"爱和信任是一种伟大而神神奇的力量。"真挚诚恳的交流,热情亲和的信任,会有效激发学生的兴趣。与此同时,课堂上教师还要注重手势、眼神、动作、面部表情有情体态效应,让每个学生都产生强烈的感情:老师是关心我的,他关注着我的一举一动,从而使认知和情感交融渗透,调动学生学习的自主性、积极性。让学生在愉悦的气氛中学习、交流,体验成功的喜悦。让积极的情感充满整个课堂。

五、针对学生实际以多元化的
教学方式活跃课堂气氛

在吃透教材内容以及饱满情绪投入的基础上,教师还应充分尊重学生的主体性地位,针对学生的实际水平来精心设计教学中的每一个环节步骤,寓教于乐、寓学于乐,充分发挥学生的非智力因素在课堂教学中的作用。教学实践告诉我们:语文课堂上,学生的情绪和对文本的感悟不是单向地被动接收来自教师发出的知识信息。在课堂上,教师可以把有些知识的学习主动权全部交给学生自己,而将自己置于旁观者的位置。知识信息的传递可以在学生与学生之间,也可以发生在学生与学习内容之间。在课前充分准备的基础上,以竞赛、抢答、表演、朗诵等方式来调动学生学习的主动性和积极性,活跃课堂气氛。学生在愉快中既掌握了知识,还锻炼了各方面的能力。

问渠那得清如许?为有源头活水来。精彩的课堂教学,其活水定是源自学生的生活实践。从学生的实际出发,沿着问题的阶梯,充分展现思维的智慧,定能发现真理。师生产生了情感的共鸣,不仅使学生获得真知,而且能够内化为一种自觉行动,在此,老师给予学生的不仅是知识,更是一种人生观、价值观的引导。

情感是教学艺术的核心,情感是教学艺术的生命。语文是情感的,语文呼唤高情感。高情感体验的课堂,需要师生共同走进文本,通过语言来领略文本的内在情感。情感教学就是从激发学生的情感入手,以积极的情感为动力,促进学生认知水平的不断提高。把教师自己的情感传递给学生,变单向的情感投入为双向投入,学生一旦进入角色,便能达到"登山则情满于山,观海则情溢于海"的境界。

遵循英语学科素养
提高农村学校学生的英语口语能力

◎ 沈莉景

　　英语作为一门语言学科,学会它就是拥有了一件工具。提高英语的口语能力,是提高运用英语能力的需要。但对于农村学校的学生来说,一方面胆子比较小,存在着一定的自卑心理,另一方面平时开口说英语的机会比较少,实践机会不多,光靠课堂上老师教,学生读,枯燥的"填鸭式"的英语学习方式使学生的积极性和参与度都不高,英语单词的发音规律不能熟练掌握,从而达不到正确发音的标准,甚至有些会跟语文汉语拼音混淆,这给英语口语能力的提高造成了很大的困难。所以有些学校会聘请外教,这对学生的英语口语表达能力是有很大帮助的,在每天的交流中潜移默化的提高英语口语水平,而在农村学校是不可能做到这一点的,听不到纯正的英语,导致了地方英语口语的差异性。因此,提高农村学校学生的英语口语能力就成了一大难点。

　　首先,农村学校学生使用方言或普通话的机会较多,其自身对英语兴趣也不高,一部分学生甚至不喜欢英语,有些喜欢英语的也不太爱表达或者害怕表达。比如,上课时老师提了一个问题,有些学生知道问题的答案,但就是不举手,也许是怕说错了被同学取笑,也许是怕说错了会被老师批评,也许是不爱表达,还有一些学生会大胆地在课堂上表达,但是发音不准,句子不完整或不连贯,存在语法错误等。久而久之,学生对英语学习兴趣越来越淡,只会一味地做题,这样英语口语能力越来越差,自己也越来越害怕表达,这一恶性循环存在于很多学生中。

其次,农村学校的学生家长文化水平有限,不懂英语的较多,更别提重视英语口语了。近年来,农村学校学生家长忙于工作,整日加班者居多,把孩子留在家里交给爷爷奶奶照顾,他们平时在家里与孩子都是用方言来交流,用普通话交流的也较少,练习简单的英语口语更是无稽之谈了。同时,老人对孩子宠爱有加,在不重视教育的情况下甚至溺爱孩子,导致孩子学习习惯差,不重视老师布置的口头作业。曾经有一个学生家长在跟我沟通中说道:"老师,我和我老婆每天晚上要加班,平时都是爷爷奶奶照顾他。"然后我就问:"那你们回去给孩子检查作业吗?"这位家长说:"我们回家都已经很晚了,孩子都已经睡了,只能靠他自觉了。"我听到这些话也无奈,想着这些家长为了生计也很不易,还怎么去要求他们呢?但理智地来讲,这些家长没有培养孩子良好的学习习惯,对孩子作业不闻不问,导致孩子笔头作业经常不做、漏做,拖拉现象严重,更谈不上口头作业了,听、读、说都很薄弱,还谈何英语口语能力的提高呢?

再次,农村学校学生除了在课堂上会用英语交流,在课堂外耳濡目染的都是方言、普通话等,有些即使在课堂上也因胆子小而不愿大胆表达,这导致学生没有良好的说英语的环境。

如何提高农村学校学生英语口语能力呢? 下面结合本人的教学实际,谈几点可行的实施方法:

1. 课堂上采用激励机制,培养学生的自信心

提高英语口语能力,是社会发展的需要。小学阶段是学习英语口语的开始和关键期。农村学校学生在小学阶段也应打下良好的英语口语基础,因此,在课堂上我应尽量避免用汉语进行教学,尽量给学生创造说英语的机会,可以用递加词的方法练习听重音、语调,从简到难,从简单的单词开始,到有难度的单词,到词组,到句子,重视学生自信心的培养,如单词:

back

go back

go back from work

Mum goes back from work.

Mum goes back from work at half past four.

照此经常练习重音、语调,并且带着情感练习重音、语调,学生不仅不会感到英语学习的枯燥,还会对其产生兴趣,提高学习的积极性。另外,读 chant、绕口令等都能大大提高学生的口语能力。

在学生大胆说的时候,都要给予鼓励和表扬,如"Wonderful""Good""Excellent""Super"等。在我班学生一二年级时,不管难易问题,只要大胆说了,就给予小苹果或笑脸的贴纸,学期结束在班级里比一比谁的小苹果或笑脸最多,最后给予一定的小奖品等。

2. 创设良好的说英语环境,激发学生说英语的欲望

农村学校学生在校外运用英语的机会不会很多,因此,在课堂上,我利用好每一分钟,努力为学生营造轻松愉快的英语学习氛围。在课前两分钟,可以进行"Daily Talk",问一些日常英语,让学生回答,如"What's the date today?""How is the weather today?""Do you like sports? How many persons are there in your family?"等,也可以让同桌两位同学自由发挥进行问答。进入新授教学时,避免采用枯燥乏味的教学方法,可以形象生动地利用单词本身的意思来教学,如:教授 2A M2U1 *I can Swim* 中的单词"swim"时,我避免了跟我读、齐读、听录音读等传统而枯燥教学方法,我让学生跟着做游泳的动作或观看鱼在水里游泳的图片等,这样,不仅使学生一目了然地理解这个单词的意思,也增加了课堂的趣味性。久而久之,学生可能会对英语这门学科感兴趣了,也会愿意大胆地表达,提高了英语口语的能力。但这种教学方法只适用于低年级学生,不怕难为情的特点让学生很喜欢做动作,但在中高年级,学生开始害羞做动作了,那怎么办呢? 同样以教授单词"swim"为例,我播放了一段奥运冠军孙杨游泳的英语视频,根据这段视频,提

一些简单的问题,如"What's his name?""What is he good at?""What do you think of him?"等,在新授的同时也锻炼了学生的英语口语表达能力。再举一例,在教授 2BM2U3 *Animals I like* 中关于一些动物的单词时,低年级可以采用生动活泼的方法,我会给他们看一些颜色鲜艳、形象生动的动物,或模仿动物的叫声、给出几个关键词等,学生可以充分发挥他们的想象力、思维判断力和创造力进行口头描述,这是帮助学生练习英语口语再好不过的教学手段了。在中高年级,可以自编一个有趣的故事,比如在教授 4B M2U2 拓展故事 *The Rabbit and the Tortoise* 时,大家都知道的结局是因为"rabbit"骄傲而输了这场比赛,"tortoise"因为坚持而赢了这场比赛,但我在教学中,让学生自编结局,可能"rabbit"赢,可能"tortoise"赢,再让同桌有感情的表演出来,由于是他们自编自导自演的,学生热情高潮,积极参与,在趣味性教学中提高学生的英语口语能力。有时我会针对课文中的对话,在机械模仿的基础上有所创新,设计情景,让学生在真实的情景中联系自己实际进行口头对话,从而提高口语表达能力,做到真正会用英语。比如在教授 1A M3U3 Can I help you? May I have some...?...,please 时,我模拟了一个商店,把讲台作为买东西的柜台,两位学生分别做营业员和买东西的人,课前手工制作一些简单的商品,学生自然而然就融入购物这一情境中了,在真实的情境中教授和表演既能加深学生的印象,又能提高学生英语口语的能力。

　　不仅如此,游戏可以把枯燥的语言教学转变为学生乐于接受的生动有趣的学习形式,使学生在"玩中学,学中玩"。如在教授"Who is he/she?"句型时,我先说了班上某一个学生的特征:"She is a girl. She is short. She is beautiful. She can run fast. She likes eating apples. Who is she?"让学生来猜一猜,再让被猜的学生用同样的句型随机描述班里某一个同学的特征,让其余同学继续猜。还可以以小组比赛的形式开展各种活动,小组间强烈的竞争让学生情绪高涨,踊跃尝试,不断地挑战自我,超越别人,随着次数的增多,成就感越来越大,大胆开口说英语的兴趣和积极性也自然而然地提高了。例如,复习时间的表达方式时,我在黑板上随机写了几个时间,以小组为单位抢答,抢答最多且正确率高的则获胜,学生纷纷踊跃举手,连平时从不举手的同学也为了小组荣誉而举起手来。

3. 开展形式多样的英语活动,为学生口语表达提供机会

农村学校学生学习英语最大的问题就是缺少英语环境,学到的英语知识没有实践和运用的机会和场所,也没有其他途径可以进一步巩固其学到的英语技能,仅靠课堂上的学习,要想让他们讲一口流利的英语,这是远远不够的,所以我在学校里不失时机地为学生创造更多用英语交流的机会,如在班级里开展英语角、每天中午10分钟说英语、英语拼单词竞赛、英语小品表演等活动来锻炼他们口语交际的能力,养成想说、愿意说的良好口语习惯。比如,我每天利用中午10分钟时间,每个人都开口说英语,用英语,从简单的"Thank you""You're welcome""Sorry""OK"开始,大胆地与老师、同学交流。在中高年级,我采用以小组为单位,学生自己编排小品的方式,可以是根据课文改变的,也可以是课外的,最后在课堂上表演出来,这不仅加深了师生、生生之间的情谊,拉近了师生、生生之间的距离,也赋予英语口语多样化的形式,提高了学生的英语口语能力。

4. 使用委婉的语气及时纠错,建立良好的师生关系

在绿色指标和新课标的引领下,因材施教、注重启发引导、培养听、说、读的能力已经成为大多数教育工作者的共识。但是,农村学校学生英语基础相对较差,口语能力就更差了,所以在学生表达英语时,老师要启发诱导,给他们自己改正的机会。我通过重复学生的错误之处,或者让学生自己重复,暗示学生此处有错误,让学生自己思考以改正自己的错误,加深印象,避免再犯类似错误。其次,学生发言中正确的地方要我会及时给予肯定,鼓励其继续努力,敢于表达。指出学生的错误时,语言委婉,表情和蔼,让学生觉得犯错是正常的,不要让学生无地自容。例如,学生说"She is a boy",我会笑着重复"She is a boy"这句话,学生很快就意识到了自己的错误并纠正过来。但是,要提高学生的英语口语能力单靠纠错是不够的,关键还是要从错误的根源上着手。在积累一定的经验后,老师对于一些易出错的口语表达进行分析,提

醒学生,引起他们注意。有位教育名师曾经说过:"如果你不从心的深处热爱着你的学生,你便教不好你的学生。"因此,要使学生大胆地用英语交流,还要用心为他们创造一个和谐轻松的环境,拉近与学生之间的距离,建立良好的师生关系。"教学不是单纯的认知过程,是师生之间、生生之间,相互启迪、相互激励的过程,是情绪情感相互感染的过程,是人格、思想、精神相互贯通的过程。"由此可见,师生之间的关系是课堂气氛和谐的关键,也是学生提高英语学习兴趣的重要保证,直接影响着学生英语口语能力的提高。

5. 老师加强自身学习,提高自身素质

在现代教学模式下,对老师的素质也提出了很高的要求,英语教师应由传统的知识传授者与灌输者转变为学生学习的指导者、组织者和促进者,学生学习英语口语的示范者和帮助者,其素质的高低直接影响着学生学习质量的高低。在农村小学,很多英语教师常常为了应付考试而忽略了英语口语的教学。"填鸭式"的教育让学生在口语能力上有所欠缺,自然不能把学生口语教好了。还有些老师把大量的时间花在词汇、句型和课文的讲解上,对口语不重视,也不知道在课堂上怎么练口语。可见,学生口语表达能力如何,在一定程度上受到老师素质的制约。因此,平时我要多听课,多反思,多研究,积极参加各类培训,多看英语原版电视或电影,多用英语聊天,多听英语材料等,及时纠正自己的口语发音,"取其精华,去其糟粕"。我曾听过帮习近平主席和李克强总理做翻译的孙宁操着一口标准的英式英语,语速平缓,口齿清晰,翻译准确,得到了大家的一致好评,我试着模仿他的语音语调,提高自身素养。只有自身素养提高了,才能提高学生的英语口语能力。

6. 加强家校互动,巩固口语教学

作业是课堂的延伸。每天在家听、说、读英语就是对英语课堂教学的巩固和延伸。因此,创造家庭说英语的环境对巩固和延伸英语口语有很好的效果。农村学校学生往往没有条件参加各类培训班或请家教等,这时,家长的配合很关键。我曾经在家长会上这样建议过家长,睡前给孩子讲一个小故事,每天都涉及一个或几个新单词,让孩子在无意识中牢记这些单词,再让孩子尝试着复述这个故事,反复使用,不断重现。还可以让孩子在玩乐、吃饭等时候播放一些英语歌曲或英语材料,潜移默化中培养孩子的英语口语能力和英语语感。或者有一定英语基础的家长可以用简单的英语同孩子交流,如"good morning""brush your teeth""wash your face""have breakfast""go to school""have a good time""have lunch""let's go""have dinner""it's time for bed""good night"等,天天涉及这些日常用语,时间长了就自然而然成为学生自己的语言了。

　　总之教无定法,英语口语教学没有一个固定的模式和方法,要提高学生口语能力,尤其是农村学校学生的英语口语能力,让他们敢说、会说、愿意说,就要帮助他们成为英语的学习者,鼓励他们将英语当成沟通的工具来学习,增强信心,品尝到学习英语的乐趣,老师也要为学生创造适时的英语学习氛围,开展各类活动,构建和谐的师生关系,提高自身素质,从而达到最好的教学效果。

使用多样化的数学课堂评价语言
让农村孩子爱上数学课

◎ 曹　宇

　　在平时的数学课堂上，面对学生纷繁复杂的回答，我们数学教师经常会穷于应付，无奈之下只好用些语气词"嗯""哦"来应付学生的回答，发现学生回答得不够完整或不够深刻时也只会说"请坐"或者"来，谁还会回答?"或者"这样啊，下一个——"或者"太棒了，太好了"。这些评价其实根本没有真正评价学生，学生无法从老师的评价语言中获得肯定或否定。即使像"太棒了，太好了"这样肯定的评价语言，看似在肯定学生的回答，但因为学生不知道自己好在哪里，所以最终无法肯定自己。因此，这样的评价对学生来说是无效的，有些甚至可能是负效的。

　　《数学课程标准》中明确指出，教师要善于运用不不同的尺子来评价学生，适时适度地把握激励与否定的结合，在适度的时机做出适度的评价，以达到提高教育教学效果的目的。从教七年的我，在不断的听课、学习、总结和实践之后，对自己在数学教学中如何正确地使用评价语言有了些许实践，发现并找到了一些适合我、适合我们农村学生特点的数学课堂评价语言。

一、课堂上要善用丰富多彩的评价语言

（一）善用儿童化的语言

数学课乏味枯燥，而我们的教育对象本来就是一个鲜活的个体，死气沉沉的氛围只能淹没他们的天性。他们应该在充满激情和趣味的课堂中学习，因此我们有必要经常使用一些儿童化的语言，这样教师的个性也可渗透数学课堂，和学生打成一片，使整个课堂充满活力。

如在教学"妈妈一共买了 8 个苹果，小明吃了 2 个，还剩几个苹果"一题时，一个学生列式计算"8＋2＝10"，他还振振有词地说："题中有'一共'就是用加法嘛！"我没有立刻用"对"或"错"来做出判断，而是先表扬他听讲专心，记住了"一共"是表示求总数的意思，接着问："妈妈一共买了 8 个苹果，吃了 2 个变成 10，反而增多了，那老师买来几个苹果请大家都来吃，明天老师就变成卖苹果的了，为什么呀？因为老师的苹果越吃越多呀！"学生们哈哈大笑，回答的这个学生自己忍不住也笑了起来，并随即修改了结果。在以后的学习中，类似的问题也难不倒他了。有时候老师一句善意风趣的话语犹如沁人心脾的春风，既达到了指正的目的，学生也不会反感，从而收到了意想不到的教学效果，可谓两全其美。

（二）善用赏识鼓励的语言

莎士比亚说："赞赏是照在人心灵上的阳光。"现实生活中，每一棵小草、每一朵花、每个人的内心都渴望得到阳光，每一个人都渴望得到别人的赞赏。就如我们的学生一样，不管提出问题或回答问题后，总是希望得到教师的赞扬与肯定。因此，教师在评价学生时要尽可能多一些赞赏与鼓励，只有这样，才能调动学生学习的积极性、主动性，让学生有被认可的满足感与成就感。

为了让全体学生品尝到学习的快乐和成功的喜悦，教师在评价时要竭力睁大眼睛寻找学生的闪光点,哪怕学生的发言中只有一个用得好的词,只有一句说得好的话,也要立即给予热情的鼓励。例如,我任教的班级有一个学困生,在一节数学课上,我见他有几次想举手又不敢的样子,就点名要他回答问题。当他回答正确后,便立刻表扬他"你的答案非常正确!老师真希望能再次听到你完整的答案"。如此几次之后,这位学生在课堂上回答问题时就变得又大方又积极了。而对回答不完整或回答错误的学生,为人师者千万不能说"你答错了!""不对!""真笨!"等贬义语言。而应改变语气,换一种说法,可鼓励他"你虽然只做对了一半,但已经非常不容易了。以后只要继续努力,老师相信你一定能赶上来!""你的答案虽然和正确答案有点不一样,不过没关系。你能勇敢站起来回答问题,已经很了不起了"这样的语言真切、感人,让学生深受鼓舞,觉得自己能行,从而树立起上进的自信心。同时营造出轻松愉快的教学氛围,利用孩子们亲其师信其道的心理,让他们喜欢上数学。我还见过有的老师会这样评价学生的发言:"你的发言触动了我的思维,震撼了我的心灵!""你理解透彻,语言精当,表达流畅且自信满怀,我非常欣赏你!""你懂得比老师还要多!""你说得比老师还要棒!"

如在教学一年级上学期《数墙》一课时,我提出问题:"谁发现小蚂蚁是怎么造数墙的?"由于有众多听课教师的参与,让入学时间还不长的学生怯场了。我请一位学生回答后,及时评价说:"这位同学能第一个回答问题,真勇敢!"一下子呼啦啦举起了一大片,当学生回答正确时,教师评价说:"你的小眼睛可真亮啊!发现了小蚂蚁造数墙的秘密,而且还把这个秘密告诉了我们其他小朋友,谢谢你!"就这样的几句话激励了学生,接下来的课堂教学气氛非常活跃!在随后造数墙的小组比赛中,落后的小组还能认真完成,我表扬说:"虽然其他小组都已完成任务,但你们还能坚持把它做完,这组同学很有毅力!"

(三)善用启发性的评价语言

启发、引导性评价语言是教师主导地位决定的,如果教师的语言不能引导学生思维,这样的课必然是无味的。

如在教学一年级下学期《交换》一课中,我让学生观察一组加法算式有什么规律时,学生的回答虽五花八门却不尽人意,于是我一边指了指第一加数一边问:"请你们仔细观察第一加数发生了什么变化?"又指了指第二加数:"那么第二加数呢?"随后又指了和:"和呢?"通过这一系列的引导性的问题,学生的思维一下被启发了,引导思考、比较,很快就得到了我所需要的结果。

如在试教一年级下学期《上中下左中右》一课时,新授部分出示楼层图这个环节,我提问:"你看到了什么?"一个学生回答:"我看到小巧在写字。"另一个学生回答:"我看到小胖在看电视。"无一学生回答到点上,我很是着急,但越是着急越是离我目标远。第二次试教时,我调整了问题:"请看,这幢楼有几层?每一层又有几间房间?"不仅得到了我预期的答案,而且还节约了很多时间。

有时候一节课的重、难点的突破不是教师告诉的,是学生在教师的启发下探究发现的,这样的学习才是有意义的。

(四) 善用诙谐与幽默的评价语言

数学课堂经常用上一些幽默、诙谐的评价语言,数学课堂也可以充满激情和趣味。如数学课上在有学生讲话时,我就会说:"今天孩子们真安静啊!看哪,第一小组保持得最久。"若发现有学生东张西望,我就会提醒他:"小心啊!眼珠要掉下来了!"如此一来,课堂气氛马上就活跃了,学生的注意力自然也就集中了。老师达到了批评的目的,学生又不会反感,可谓两全其美。

如课堂中出现突发事件,教师也可以通过幽默化的评价语,能使原来濒临"崩溃"的课堂"起死回生"。有一次课上,有一学生由于坐姿不端正摔了个四脚朝天,学生们纷纷大叫。幸好我立刻反应过来,及时说:"看到没有,坐不端正就会摔跤,这还不是大问题。长大以后开车时如果这样心不在焉的话,那就完蛋了,搞不好会'翻车'哦!"学生笑了,但这是善意的笑、愿意继续学习的笑。

孩子们都喜欢幽默的老师,这样的老师能给学生以亲切、平易近人的感觉,如果老师把幽默恰如其分地用到课堂中去,会拉近老师与学生间的距离,形成良好的课堂气氛。

（五）善用肢体语言

在重视语言性评价的同时，更应该重视非语言式评价，如一个真诚的微笑，一个夸奖的手势，一个肯定的眼神，一个轻轻的抚摸等，这些都会使学生在举手投足间感到亲切，拉近师生间的距离。例如，有一次，在课堂上当我发现一个平时好动的孩子很守纪律时，我摸摸他的头，朝他笑一笑，以示鼓励，这个时候，这位学生的上课精神会很好。课堂上师生之间的学习交流常常靠眼睛来联系，都是用和蔼亲切的目光去捕捉学生的视线，让眼光洒遍教室的每个角落，使每个学生都感到老师在注意自己，这样无形中就起到了控制课堂的作用。教师也可以用严肃和警告的目光去批评课堂中的违纪同学，当小朋友精彩的回答出乎我的意料之外时，我会情不自禁地与他握握手；当学生认识到自己的回答不够正确，不够完整，并随即改正时，我会轻轻地点点头，报以一个会心的微笑，一个赞许的眼神……这些无声的评价是发自内心的，牵动了学生的心，这是一种评级方式可以起到"此时无声胜有声"的效果。

（六）善用各种语句、语气

评价语言的句式主要有陈述句、疑问句、感叹句。试想一节课都是一个调子，学生的兴趣会很快消磨殆尽。如果我们学会用不一样的语句、语气，学生一会儿在紧张的思考环境中，一会儿在松弛的聆听环境中，一会儿又在惊讶、惊喜、惊奇的兴奋中，这一节课一定是会很吸引学生，那么课堂效果也会事半功倍。

二、课堂上的评价建议

（一）多一点耐心

不要急着给予评价，要给学生们思考和作出判断的时间。在课堂上，若不提供给学生们充分的时间去思考,那么他们就不能作出真正的回答和判断,其实就是在间接地鼓励他们养成迅速的但却仓促浅薄的回答问题的习惯。

(二)认真倾听学生的想法并捕捉价值

当学生的想法和教师不一致的时候,首先要尊重,不要随意打断学生的想法;其次就是要捕捉学生想法中的价值,教师不应只是对学生的回答进行简单的"对错判断",更重要的是作出"价值判断",判断学生的想法是否有意义、是否有价值。

(三)在学生出现困难时提供有效的帮助

实际上,学生的困难或错误也是一个非常有重要的资源,如果我们能关注,并在课堂中巧妙利用,同样会对学生的数学学习起到推动和深化作用。

对待学习困难的有益做法有等待、善待、期待。首先是保护学生的自信心,由纯粹的否定转而采取更为理解的态度,力图去发现其中的积极成分,真正把困难当成资源来利用;其次是允许学生解释并改正,学生阐述自己的想法的过程也是自我反思,引发其他学生思考的过程;最后是教师为学生营造安全的心理环境,使学生能真实地暴露自己的想法。

在平时的教学中,教师一句表扬性的语言,可能激励一位学生,从而改变他的一生;也可能因为一句不恰当的评价伤害学生的自尊心,导致失去自信心。因此,在进行数学教学评价时,我们一定要尊重学生的个体差异,多一些耐心,多一些鼓励,多一些引导,运用正确、科学的评价方法,营造轻松和谐气氛,让我们这些农村孩子无形之中爱上数学课,从而全面提高课堂教学效益,提高他们的数学素养。

论语文阅读教学中的高层次思维能力训练

◎ 夏春丽

学习认知具有不同层次，思维亦有不同层次。高层次思维能力主要包括知识迁移与综合运用能力，预测、观察和解释能力，推理能力，问题解决能力，批判型思维和创造性思维能力等。

《语文课程标准》中指出，让学生"具备独立阅读的能力，注重情感体验，有较丰富的积累，形成良好的语感"。语文教学要培养学生听、说、读、写和语感素养的能力，语言训练的最终目的是使学生具备语言运用的能力，因此要重视学生对语言直觉感受的丰富性与多元性，设计出科学合理、能发展学生思维的语言练习，使语感能力成为在教师正确引导之下以直觉思维活动为媒介、以培养语感为目的的语言训练。语文教学，尤其是阅读教学的最终目的，就是培养学生不同层次的思维能力，使不同层次的思维形成一个思维整体。

什么是阅读教学？就是指语文教师指导学生通过视觉认识书写的文字符号，从中获得阅读技能和思想的程序。其实质就是对书面信息进行理解的复杂过程。阅读是思维的过程，阅读教学就是训练、发展思维的过程。

那么，如何在语文阅读教学中进行有效的思维能力训练呢？我认为做法有以下几点。

一、创设情境，激活思维

所谓教学情境是教师依据教材有意识地创设典型场景。我们在课堂教学中可以以生活展现情境，以实物演示情境，以图画再现情境，以音乐渲染情境，以表演体会情境，以语言描绘情境，让学生在如诗如画的情境中进行个性化阅读。

首先，创设情境有助于学生对语言表层意思的理解，而且产生合理想象，缩短学生与文本之间的时空距离，强化学生的感悟。所谓感悟就是让学生知有所获，情有所感。比如，在《天鹅的故事》一课，通过多媒体动画手段，创设"老天鹅英勇破冰"的情境，透过画面直观展现在学生面前，让学生的心灵产生震撼，帮助学生去体验求感受，去进入文本。其次，我们在教学中也要创设情境，培养学生自觉积累的意识、能力和习惯。有了自觉积累的意识，学会积累的方法，学生才有个性化的自主阅读。在学习《令人向往的日内瓦》一文中，重点品读文中写景的句子，比如"湖的形状略像一弯新月，水色湛蓝，犹如翡翠铺成""湖的南岸，高耸的雪峰上，白雪皑皑"。先让学生进行有感情朗读，再让学生联系生活实际，仿写句子，让学生得到句型的训练和积累。再次，阅读教学不但要让学生善于积累语言，还要加强语言的实践，适当地进行运用迁移的训练。学以致用，才能到达到教学目的。在《爬山虎的脚》一课中，我尝试在课堂中创设模拟生活情境：让学生拿着已经画好爬山虎的脚的简笔画，试着给大家介绍一下爬山虎的脚，可以试着抓住爬山虎的脚的位置、样子、颜色，也可以从爬山虎如何爬的这一角度来介绍。这一环节不但深化了课文内容，也培养了学生的实践能力，让学生在特定情境的口语训练中提高语言的交际能力，也拓展了思维，学会了运用。

二、设疑问难，强化思维

培养思维能力总是从问题产生开始的。在语文阅读教学中，教师要根据学生已有的认知结构和思维层次,有意识地设疑问难,强化学生的思维。

首先,教师要注意设计的问题必须合乎学生的实际,由浅入深,循序渐进。语文阅读教学中的提问应该有合理的程序,把学生的思维一步一个台阶引向新的高度。教师如果未经铺设就把重点问题抛给学生,让学生一时不知从何下手来分析解决问题。如学习《饭钱》一课中,我先设计了简单的问题:"文中写到哪几个人?"学生能够轻易找到答案。在此基础上,让学生用上这些人物,说说课文写了阿凡提的一件什么事。最后,教师顺势提出"阿凡提是怎样帮助穷人付饭钱的",再说说阿凡提是怎样的一个人。在这样的引导下,环环相扣,学生对重点难点的解决就更容易解决了。

其次,在阅读教学上要善于诱导学生质疑,尤其是启发他们从无疑中生疑。教师精心设计的问题,可以激发学生强烈的求知欲和浓厚的学习兴趣,从而充分调动学生思考问题和回答问题的积极性。学习者对学习内容充满兴趣、疑问,其思维才会处于积极主动的活跃状态。在学习《"神童"的秘诀》时,我介绍了课文背景资料之后,引导学生对课题进行质疑,学生们的思维一下子被激活,提出了"人们为什么叫陈毅'神童'""神童一词为什么要打上引号""什么叫秘诀""神童的秘诀是什么"等问题。在实践的过程中,通过不断地启发、诱导,学生疑点的思考价值会越来越高,学生的思维就会有一定的广泛性和创造性,学生的质疑能力就会逐步得到培养。

当然,阅读教学还有一个弊病。教师往往把课堂设计得井然有序,学生无法跳出老师的"框架"来完成事先设计好的教学目标。这样的教学限制了学生创造性思维的发展。创造性思维的核心是发散思维,要求学生多角度去思考问题,求得多种设想和答案。语文教材中有许多空白处,教师抓住了就能引导学生去探究,培养发散性思维。比如课文《燕子专列》的语言直播厅,要求学生想想对救助燕子的当地居民有什么话说。可以是对他们的赞扬,也可以表达对他们的关心。这样的设计具有开放性特点,充分体现了儿童的天性,开发了学生的发散性思维,培养了学生的创新能力。

三、评价判断,求异思维

阅读教学的目的不仅在于知道课文写什么,为什么这样写,还要知道写得好不好。阅读者对阅读材料表现的思想给予主观评价。这样的评价阅读对思维能力的要求显然更高,是要求阅读者跳出阅读材料之外对阅读材料各方面进行冷静思考,让学生把握阅读材料的脉络和思路,进行整合归纳,再发表独立见解的思维过程。比如学习《葡萄是酸的》一文,三位作者的写法各有特点,教学时我鼓励学生根据自己读文的感觉和自己个人的喜好来谈谈比较喜欢哪位作家写的语言。这是一个开放度很大的话题,鼓励学生大胆发表意见,展开评论乃至争辩。比较理性的学生会喜欢《伊索寓言》的写法,简单明了,干脆利落,感性的学生会更喜欢克雷洛夫的风格。只要学生在阅读中比较、思考,并能清楚表达自己的观点,这节课的阅读教学目的就达到了。这样不但培养了学生在阅读中比较、分析,从而产生自己的个性解读,也从多方面了解同一个事物,逐步培养学生求异思维能力。通过求异思维的培养,可以拓宽学生的思路,提高评价判断能力。

求异思维的天地是非常广阔的,关键在于教师在阅读教学中指导得当。

随着新课程改革的不断推进,阅读教学的形式越来越多样化。教师要善于挖掘阅读材料中的不同因素,创设真实有效的阅读情境,鼓励学生质疑,引导学生追求个性解读,从而实现在阅读教学中培养学生高层次思维能力的理解。

小标点　大智慧

——小学标点符号教学指导

◎ 范露璐

郭沫若曾说过："言而无标点，在现今是等于人而无眉目。"这足以阐明了标点在文中占有举足轻重的地位，有了标点符号，文章才能眉目清爽，易于理解。但在日常教学中，时常发现一些学生或不重视标点符号，或不懂得正确运用标点符号，不管是写话、写片段还是写作，都不能恰如其分地使用标点符号。标点符号使用"飘忽"不定，错误百出，标点符号教学虚无缥缈，成了新课标要求中的"盲区"。那么，如何让学生真正了解标点符号，规范使用标点符号成了眼下必须解决的问题。

一、激发兴趣，认识标点符号的重要作用

标点很重要，但学生未必明白，这就要求我们根据学生的年龄特点，采用合适的方式方法让学生明白，而进行有关标点符号的趣味小练习不失为一种好办法。例如，让学生为"下雨天留客天留我不留"这句话添上标点符号。在一番思考之后，学生们给出了五花八门的答案："下雨天，留客天。留我不？留！""下雨天留客，天留我不留。""下雨天，留客天。留我？不留。""下雨天，留客天，留我不留？"第一种用法，写出了按照仁义道德、人之常情，下雨留客

是天经地义的事,反映出客人想待在主人家。第二种用法是写出了主人毫不客气,向客人下了逐客令,表现出主人不愿施舍帮助于人。第三种用法写出了无论是主人要留,还是天要留,都坚决要走的决心,表现出客人直爽、倔强、不愿麻烦别人的性格。第四种写出客人直接问主人能留否,表现出客人直率的性格。短短 10 个字,加上标点后的四种句式,表达出不同的语意,反映了不同的思想感情,显然这是标点符号的奇妙之处。又如,有一位教授写了一句话,我同样让学生为这句句子添上标点符号。结果,所有的女生的答案是"女人如果没有了,男人就恐慌了!",而所有的男生的答案是"女人如果没有了男人,就恐慌了!"。

通过此类的练习,学生在开怀大笑之余,真正认识到标点符号的重要性。果真这样,必能为日后学习和正确运用标点符号打下良好的基础。

二、加强记忆,明确标点符号的基本用法

作为一线小学教师,我们必须告诉学生,小学阶段要学习许多种标点符号:顿号、逗号、句号、分号、冒号、问号、感叹号、省略号、双引号、单引号、破折号、书名号等,并且告知标点符号的基本用法。对于基本用法,一方面可根据小学生记忆力强的特点,直接让其背诵积累;另一方面可以采用游戏、儿歌等一些学生喜闻乐见的方式加强记忆。如标点符号儿歌:"标点符号真重要,我们不能小瞧它。七种标点最常用,逗顿分冒用中间,句叹省略用句末。主谓停顿用逗号,词语并列用顿号,分句并列用分号,提示下文用冒号。陈述完整用句号,感情强烈用叹号,意犹未尽省略号,疑问设问和反问,句末都用大问号。"

三、结合教学,理解标点符号的表达功能

标点符号如果一个标点一个标点地教,必定单一枯燥,学生自然无兴趣

可言,将学习标点和理解课文内容紧密结合起来,和指导学生实际运用结合起来则是一种行之有效的方式。

(一) 和阅读教学紧密结合

《二泉映月》是一篇较为经典的小学生课外阅读文章,文中有一个留白处:"渐渐地,渐渐地,他似乎听到了深沉的叹息,伤心的哭泣,激愤的倾诉,倔强的呐喊……"此处,省略号意蕴深刻,省略的内容是主人公阿炳复杂的心情和情感。为了让学生更好地走进阿炳的内心世界,感受阿炳的苦,感受阿炳的泪,在讲解时,我借用省略号对此处进行了如下设计。

师:阿炳听到了深沉的叹息,伤心的哭泣,激愤的倾诉,倔强的呐喊,但是阿炳仅仅只是听到了这些吗?

生:不是。

师:哦,你是从哪里知道的?

生:我是从这段话最后的省略号中知道的。

生:这里的省略号省略了阿炳很多很多听到的内容,这里作者没有一一写出来。

师:是呀,这里还有太多太多不为人知的情感,这里的省略号,省去了太多太多的东西。同学们,此时此刻,我相信你们也听到了阿炳深沉的叹息,伤心的哭泣,阿炳激愤的倾诉,倔强的呐喊,现在就请你拿起手中的笔,写下阿炳,还听到了什么?

于是一石激起千层浪,学生的思维火花一下子被点燃了,写作欲望也被激发了,孩子们的笔下流淌出了一句句精彩的话语。如此一来,学生很快地和阿炳的情感相融相通了,而此处省略号的作用,就不言而喻了,学生对标点符号的认识也更深刻了。

（二）借助习作修正标点符号

哪怕是最常用的逗号和句号,初学习作的三年级学生,甚至升至四五年级个别学生,都不能完全掌握并正确使用。常见的现象有一段话见不着一个标点,只在最后加一个句号;通篇只有逗号,最后加一个句号;双引号只有前引号,不见后引号。针对这三种错误,我用下面的方法加以纠正。

1. 让学生在朗读中发现错误

对于上述第一种情况,我选择两三篇学生的习作,请作者上台大声朗读。他们在朗读时一旦出现停顿,我便在旁边吆喝:"不能停,不能停,这里没有标点。"坚持让学生按照自己的原文来读。往往一口气读不下去时,他们便喊:"知道了,知道了,没加逗号。"也有涨红了脸坚持着读的,读完便喊:"累死了,下次要加逗号了。"这样的朗读活动只需要进行一两次,学生便不会再犯同样的错误了。

2. 让学生在讨论中发现错误

针对第二种情况,我会先让学生根据《新华字典》中的提示讨论句号的作用。之后,我选择两三篇具有典型性的学生习作投影到屏幕上,让学生讨论"文中共有几个完整的意思,应该怎样加注标点"。最后,请作者本人修订符号。实践表明,学生们是有能力发现错误并修订正确的。

3. 让学生在表演中发现错误

针对第三种情况,我的做法是:指定三人分别扮演问号、冒号和双引号,在黑板的左侧书写"符号大王问",在黑板的中央书写"你说完了吗",再请扮演标点符号的学生到黑板前找合适的位置"填空"。由于扮演双引号的学生只有一位,他站的位置总是不到位。学生有的叫他站在冒号的后面,有的叫他站在问号的后面,他两边来回跑。我问学生问题出在哪里,他们都知道是少了一个引号。通过这个表演,学生知道了双引号不同于逗号、句号等单个的符号,它是要成对地出现的。

总之,标点符号教学,应作为读写教学的有机组成部分,贯穿到阅读、习作教学的全过程。语文老师也应重视此项教学,并把它作为一项基本的教学任务加以完成,学会整合课程资源,让学生通过读写实践,有意识地、熟练地掌握这一工具,使用这一工具,使之真正成为语文学习的好帮手。

以有效作业促进语文课堂活力

◎ 沈丽丽

通过近期学校陆续展开的绿色指标学习，我充分认识到了"学业质量绿色指标"的提出是基于"以人为本，以生为本"的理念，与以往的偏重学习成绩的质量标准相比，该指标体系内涵更为广阔。是而要让孩子们的学习真正"绿色"起来，我认为有效作业在其中起着不可磨灭的重要作用。

爱因斯坦曾说过："教育应当使提供的东西让学生作为一种宝贵的礼物来接受，而不是作为一种艰苦的任务要他去负担。"因此，我们在语文作业的设计上，充分发挥语言文字的"亲和"功能，让语文作业展示真挚、美丽而迷人的微笑，力求形式美，内容佳，让学生爱上作业，爱上语文。这样，它不仅是学习的内在动力，也是减轻学习负担的有效手段。

一、实施针对性作业

以往的语文作业常较为枯燥，尤其是我们低段的语文教学，字词作为教学关键，常以抄默为主，而这种机械性的抄默不仅不能激发学生的识字兴趣，甚至还会让孩子开始厌恶语文学习，对课堂丧失兴趣。因此，为了高效活力课堂的建立，在布置作业时，我认为要有针对性地进行训练。由此，在我班，我开设了"纠错本"的尝试，让学生将平时经常犯错的字词整理在本子上。这样,每次复习时就无须再大范围进行抄默,班中的后进生能根据学情做到针对性的加强训练,优秀生基本就只剩口头作业了。由此,不仅减少了学生学业负担,也是"以学定教",提高了作业效率。

二、开展活动式作业

活动式作业,突破传统作业的形式,彻底消除简单重复的弊端,由以往的单调、枯燥、乏味变得生动、活泼、有趣。作业从"写"的单一形式中走出来,听、说、读、写全面开花,与唱、画、游戏、制作、参观、访问等学生喜闻乐见的形式巧妙结合,把知识、技能的训练,创新能力的培养和智能的开发与活动联系起来,让作业富有趣味,吸引力。

(一) 找一找

克服语文作业的封闭性,让学生养成自主学习、自己查资料的好习惯。如学了《植物妈妈有办法》后,布置学生查找有关植物传播种子的知识资料,再记录下来,在课堂上介绍"植物妈妈是怎样传播种子的"。

(二) 查一查

引导儿童关注社会,参与社会实践,让作业与社会生活紧密结合。布置一些与学生生活或社会实践紧密结合的作业,让学生体会"学有所用"的乐趣。如让学生搜集有关本地特产的图片、资料,感受家乡特色;开展环抱调查,针对不足提出建议,调查社会用字情况等。

(三) 画一画

注重学科间横向联系,让学生把完成作业当成一种艺术享受。如学了《春雨沙沙》,让学生画一画课文中春天的景象,燕子衔着雨丝,清清的小溪,绵绵的春雨,农民在山坡下耕种,孩子在山坡上植树,就仿佛是一幅很美的风景画。

(四) 做一做

注重动手实践能力的培养,让语文作业与科学实践相结合,将学习中的感悟、思考借助动手实践外化,从而深入、科学地理解、验证。如学了《称象》,在课后作业中设计按课文揭示的步骤做个实验,一定能让学生在边动手边动脑中复习了课文知识。

(五) 问一问

开放五官,扩大视野,用"摸触、感受"的方式完成作业。鼓励儿童走出课堂,到街边、到田野、到公园、到展览馆,向农家、向花匠、向长辈,询问了解课外知识,拓宽了自己的知识面。

(六) 读一读

主张"多开放,少束缚",鼓励学生阅读他们所喜爱的各种健康的读物,让他们轻松愉快地经历阅读的过程,有效地引导学生积累好词佳句、名家名篇。

三、创设情境性作业

课文语言文字往往蕴涵着丰富的情感因素,这正是体现了语文学科的人文性。在教学中,充分调动学生以往的生活体验,在虚拟的情境中,透过语言文字让学生徜徉于课文意境中陶冶情操,从而完成趣味性较强的作业,为语文作业设计打下广阔的天地。这样的情境类作业,学生只有乐于参与的积极心态,而没有什么思想负担。可以让学生模仿商人推销产品,当家庭秘书、扮小记者、导演等。

如在课本剧《聪明的猴子》教学中,我就让学生在课后做一回小导演、小演员,让孩子在愉快的表演活动中,熟记课文内容,体会猴子的聪明及灰熊的忘恩负义,明白不能像善良的小羊一样轻信了恶人。这样的作业形式,广受我班孩子的欢迎,激发了学生对语文学习的热情。

总之,作业只是我们复习巩固知识,激发学生学习兴致的一种手段。作为教师,用好它,要让它更好地为我们的课堂服务,才是我们的最终目的,我们有必要依据新课改的要求,根据绿色指标的实施,重新全面认识作业的意义,赋予它新的价值,让它切实成为孩子巩固知识、快乐实践、创新的园地。

英语课堂教学活动设计的实践性和有效性

◎ 马丽莉

　　上海市教研室英语教研员朱浦老师编著的"与英语新课程同行"丛书中的三本"宝典"系统详尽地呈现了目前英语教学的理论研究,教学问题探讨和教学专题透析。尤其在看了《教学专题透析》这本书之后,我重新思考了英语课堂设计的概念、原则、实施要点以及设计流程。我对朱老师提到的课堂设计的原则印象深刻,特别是他阐述的"实践性"原则,他在书中提到:英语学习是实践性十分强的学科学习,只有通过大量的语言实践活动,学生才有可能熟练地掌握目标语。英语教师应以科学的英语教学理念来设计课堂教学,尤其要设计好语言活动,突出英语学习的实践性,并通过语言实践活动达到英语课程目标。我理解为:课堂教学要以活动为中心,以任务为主线,在设计语言活动时要注重活动的趣味性,学生的主体性,更加要注重活动的有效性。在设计英语活动时要活动以语言交际为目的,以生活实际为支点,以任务为驱动。

一、活动形式要与教学内容相关,要为教学目标服务

　　新课程倡导以活动为中心的教学理念,主张通过表演、唱歌、游戏、表演、猜谜语和画画等活动激发学生学习英语的兴趣,培养学生初步用英语进行听

说读写的能力。课堂活动应有利于学生获得语言知识和发展语言的技能。如果教学活动脱离了教学内容，偏离了教学目标，那么再有趣的教学活动也难以收到理想的教学效果。

例如，牛津英语1A Module 4 Unit 3 *Story Time: A boy and A Wolf*，也就是中国传统故事"狼来了"。我根据一年级学生爱说爱演的特点，设计了一个有三分之一学生参加的大型表演活动，分饰不同人物角色，几乎每个角色都有多人参与，包括绵羊和旁白。学生们积极性很高，一批又一批的轮回，一直玩不够，他们不但操练了所学的句型，并且都带着浓厚的感情色彩表演。对于这个有较多新句型的故事，学生们反倒在活动的过程中牢牢地记住了。这个游戏目的性简单明确，学生容易达成。可见，将教学内容融入教学活动之中，有助于学生语言知识的学习、语言技能的掌握和语言运用能力的提高。

二、活动形式要多而不乱，要有语言知识作支撑

兴趣是学生学习英语的动力，特别是面对低年级时，他们注意力集中的时间短，所以我会尝试用形式多样的教学活动来吸引学生的注意力。针对小学生的年龄、心理和生理特点，我经常组织"guessing game""role play""chant""songs and rhymes""missing game"等不同类型的活动，并力求使活动多而不乱。例如，在新授复数时设计了一个"missing game"，一个大篮子里有很多玩具，这些玩具的单词学生已经掌握，然后其中几件玩具突然消失，让学生说一说是哪些玩具消失了从而巩固复数的用法，同时引出"... and ..."的新授。然后开展了小组间的竞争，比一比哪些小组的反应快。这个小小的游戏不仅使学生在愉快的气氛中学习和运用了英语，同时还培养了他们合作及有益竞争意识。

三、活动设计要活而有序，要具有可操作性

新课程强调要创建一个和谐的、开放的和互动的课堂。为此，教师在组织课堂教学活动时，不要一味追求课堂的安静和学生的服从；要允许课堂稍稍"乱"些，让学生主动、积极地参与活动，这样才能使课堂迸发出活力。

另外，一堂课并不是活动的无序结合，而应是具有内在的联系的活动序列。这些活动相互强化和巩固，并向拟定的学习目标发展。因此，教师在设计活动时，既要考虑活动的多样性和灵活性，又要考虑其有序性。课堂活动不仅要富于变化，难度适中，而且要连贯、紧凑和循序渐进。

教师要发挥好组织、引导和调控的作用，只有这样才能保障教学过程的顺利进行。教师要合理分配活动的时间，随机调控课堂节奏；要考虑活动的注意事项，活动前提出具体的要求；要使活动便于操作，并要制定能客观评价活动效果的标准。

四、活动要尽量真实，要体现开放性

英语课程标准指出，活动要以学生的生活经验和兴趣为出发点，内容和方式要尽量真实；并应积极促进英语学科和其他学科间的相互渗透和联系，使学生的思维和想象力、审美情趣和艺术感受、协作和创新精神等综合素质得到发展。因此，教师应设计贴近学生实际生活的活动，以拓展学生的思维空间，使学生的自主学习、合作学习、探究学习以及创新能力都得到发展。

用牛津 1A Module 3 来举例，在学生学习完关于玩具的单词和"I have ..."的句型后，我让他们把自己心爱的玩具带到课堂上来介绍。书上的玩具可都是别人的，可是自己带来的都是他们生活中最喜欢的，他们介绍起来兴致更高了，有的学生还带了好几样，这样正好单复数一起操练，碰到有的

学生带来的玩具单词是书本上没有的,我就顺势把这些单词也教一下,很真实,有实物学生就更加记得住了。

　　总之,设计有效的英语课堂教学活动还应考虑活动的实践性、交际性、探究性和拓展性等多种因素。要遵循小学生学习语言的规律及其学生生理和心理发展的特点,依据所教知识的难易程度和学生的实际水平,精心设计和组织教学活动,做到适时适度,切实可行和富有成效。在英语课堂教学中,应努力倡导学生的积极参与,让学生在学习过程中不仅能建构知识、提高语言能力,而且通过感知、体验、实践、参与和合作探究等活动方式,完成任务和实现目标。在学习过程中调控情感态度和学习策略,以形成积极的学习态度,促进语言实际运用能力的提高。

阅读教学中问题的分类及解决

——课堂教学中问题式教学行为的研究

◎ 查自臻

　　浓密的绿荫底下，一个不衫不履的文人微声的咿唔着一部诗集，微风轻便的由他身旁呼的一声溜过去，他都不觉得。他受了感动，他受感动得自然而然的生了一种说不出的灵感，他在心底轻轻叹了一口气道："真好呀，太白这首诗！"

　　这是郑振铎先生对中国古人读书的一番描述，是中国古人读书生活的生动写照。在这里，虽然读书者没有提出问题、更不会去分析问题、解决问题，但这样的阅读，同样是深入的学习，有着对文本深入的体会与感悟。其实英国哲学家波兰尼也认为，人的大脑中存在默会知识，即不能言传、不能系统表述的知识。这些只能意会不能言传的东西，只能通过感悟、体验去认知。我们是否就因此在课堂上学习古人的做法，不去提出问题并解决问题，只让学生阅读感悟就完成学习任务了呢？

　　应该承认，我们以往教学中存在着重分析轻感悟的倾向。一节语文课，作者介绍、背景分析、划分段落、概括段落、总结中心思想等，这样一番分析后学习结束了，教师似乎讲了很多，学生似乎也学了很多，但一段时间后，对文章的内容的印象已经模糊了，手法也忘记了，更不记得其中优美、精彩的语段。这样的学习是失败的。

　　但不能由此走向另一个极端，即彻底否定分析的方法而只是单纯的通读与感悟,尤其我们的学生往往对所学的内容没有深入的理解。就像一个刚学走路的孩子,是需要成年人的帮助和引导的。当然你也可以整节课让学生自己读课文,读完了事,这样消极的课堂表面上"没有问题",实际上"问题"的性质就变了!没有充分的感悟就不可能有深入的理解,但如果学习文章只是阅读,这实在肤浅和粗疏。所以,在让学生充分阅读感悟课文的同时我们必须辅以必要的分析,帮助其深入理解文义,从而发现和解决问题。

我们不妨先把问题分为隐性的问题和显性的问题。读者在阅读时可能没有明确的问题,但这并不意味着他头脑里不存在问题。就像潜意识对于意识一样,虽然我们的感官不能察觉它的存在,或者我们没有意识到它的存在,但事实上他的确是存在的。既然阅读是人的主观的"视觉—思维"活动,这种主观视觉活动不像听觉活动是被动的,它是具有可选择性的。阅读的这种主观选择性决定读者在进行阅读时,必须对所阅读的内容作出判断:文章是有趣的还是无聊的,是积极的还是消极的,是让人愉悦的还是让人痛苦的。基于上述判断,读者会决定是否继续阅读。我们不妨把以上过程称为第一阶段。在这一阶段中读者经历了"认识—分析—判断"的思维过程,这一过程实际上就是在解决"这一作品是否要读下去"或"这一作品是否值得读"的问题。如果作者作出继续阅读的决定,就开始了阅读的第二阶段。在第二阶段里,读者会深深沉浸到作品中去,会发现、感悟作品的美妙,他甚至会忘掉自己的存在而化身到作品中去,他对喜欢的语段,喜欢的词句会反复吟诵,反复咀嚼。这一过程中,读者实际上也是在解决"作品哪些地方是优美感人的""哪些语段是能引起共鸣的"等问题。如果阅读完成了上述两个阶段,应该说是很成功的阅读了。但人类的天性不会让我们到此为止,人们需要表达的。"嗟叹之不足,咏歌之,咏歌之不足手之舞之足之蹈之。"许多人有在书上做眉批和旁批的习惯,名人如此,普通读书人也可以如此。这种表达就是阅读的第三个阶段的开始。这种表达应该是多向的、充分的、尽量不加约束的。表达之后还要有充分的交流和争鸣。

如果我们在阅读教学中坚持包含以上三个阶段的初级阅读,长时间后,学生必定会形成良好的阅读习惯,那时肯定不需要我们再啰嗦这些初级问题了。

显性的问题则指语文课堂上经常出现的师生的比较习惯指出的问题,比如对某个词语、段的理解、对文章情感的体味、对写作手法以及表达方式的认识与学习等,应该说相对前面的隐性问题这些问题相对深入一些、具体一些。如何解决这些问题? 完全可以用阅读加研讨的方法! 即经过不断地阅读,甚至达到成诵的地步,让读者浸淫其中,形成自己的初步见解,在经过师生、生生之间的交流研讨,最后水到渠成,把问题解决。这一过程当然也可以这样理解,这些问题只是为了把文章读深读透的一种方式。

隐性问题可以由教师提出,或者成为学生自觉的学习习惯;显性问题最好由学生提出,因为那样的问题本身就说明学生对文章有所深入,有所思考了。

以问题的提出者为划分依据,问题可以分为两类: 教师提出的问题和学生自己的问题。

因为教师是教学的实施者,有占有较多的教学资料,所以教师提出的问题往往是自己早已解决的问题,答案就在参考书上或写在教师课本的空白处。这有些与律师在法庭上的提问类似。我们不应该过多批评这是一种先入为主的做法,这对教师来说是一种设问,是一种想把课讲好讲精彩的修辞。但如果教师把一些和文章本身相去甚远的或过于政治化的观点,甚至把文章拿来当作某种工具去使用,这样的做法就必须加以批评和摒弃。比如教《詹天佑》一课时,没有必要把詹天佑与当时腐败的清朝政府以及他为清朝政府服务的动机联系起来。

学生是真正的学习者,他提出的问题依然是他心中真正的疑问。所以学生的问题是真实的问题,有其实在的意义。学生自己提出的问题对于教师来讲有时是不可以预知的,也可能是教师不能立即解决的,这很可能给教师带来尴尬,使课堂不能按原来的计划进行,从而影响教学目标的完成。新课程标准要求我们要以学生发展为本,并提倡研究性学习、创造性学习,这些都要求我们教室不断提高水平,应对新的教学问题。

不让学生自己提出问题,这样的课堂肯定没有意外,一切都按部就班、循规蹈矩地进行。这样的课堂的主人肯定不是学生,因为一切活动在教师的掌握之下。所以笔者认为让不让学生自己提出问题,学生自己提出问题充分与否是考察课堂是不是以学生为本,是不是倡导学生自主学习、自主探究的一条重要标准。

我们还可以把语文课上出现的问题按照内容性质分为三类:知识性问题、解读性问题、探究性问题。

知识性问题包括词语的音、形、义,包括文章的背景、作者的情况以及语法修辞等内容。这类问题最好解决,可以让学生发现并自行解决,教师可以提供帮助、指导,必要时点拨、讲解,和学生一道分析,并且应该设计一些练习,让学生加深印象、巩固记忆、学会运用。知识性问题的答案是客观的、唯一的。解决这类问题最直接的方法是教师把答案告诉学生,这样似乎效率是最高的,但人的大脑或者说人的心理有它自己的规律,即轻松、简单、被动地接受的知识是最容易遗忘的,没有人的主动积极参与的学习其实是效率最差的学习,这就是建构主义学习论,即认为学习是学习者建构自己的知识的过程,而不是被动地接受外界的信息。学生在学习意向的驱动下,利用自己已有的知识结构中的相关知识,与新学习的知识相互作用,从而同化新知识、扩展自己的知识结构。这就要求我们鼓励学生自主学习,帮助学生运用正确的学习方法,养成良好的学习习惯。教师的角色是帮助者和领导者,但学习的过程要有学生自己来完成,路还是要他们自己来走的。

解读性问题,是指在文章的解读过程中存在的问题,主要是关于文章内容及写法特色的理解。解读性问题首先应该让学生提出来,或者说我们在学习文章时必须给学生质疑文本的时间和机会。往往,学生限于自身经历、学识和年龄的特点不能提出一些深刻的、有价值的问题,甚至在阅读感悟中也不能发现、体会文章的深刻和优美,如果此时教师就此作罢,不再引导学生深入研究,这样的学习肯定是肤浅的、半途而废的。为了学生能深入理解文本,我们应该在学生充分质疑的前提下，提出一些引导性的问题。比如《詹天佑》一课，根据课题可以提出一些问题：詹天佑是一个怎样的人？文章主要写了他的哪些事？他是在什么环境下修筑京张铁路的？看到了哪些困难？是怎样克服的？青藏铁路的修筑成功有什么伟大意义？层层递进理解詹天佑的爱国思想以及推动文章情节发展的方法。

探究性问题，往往是指在对文章的解读基本明晰之后，学生对文章所表达的思想、观点的更深一层的认识与思考，或是对文章观点的共鸣，或是对其某些看法的质疑，或是基于文章内容的拓展与推论等。如果没有很好地解决前面的知识性问题和解读性问题，探究性问题是不会得到深入和深刻地解决的。换言之，如果学生没有深入文本，融会贯通，就根本谈不上对文章思想内容的探究与升华。

解决问题是一个较为复杂的过程。中国古人解决这一问题的方法就是读，"书读百遍，其意自见"，这是一种很有实效的方法，也是我们今天常常忽略的方法。庖丁之所以目无全牛，就是基于对牛的结构的充分认识，只有对事物有了充分的认知，解决问题才会游刃有余、得心应手。只有在深入挖掘文本，熟悉作者、熟悉作者写作环境的基础上，不断学习，深入思考才能形成自己的见解，这种问题才能得以解决。当然学生之间的合作也是解决这些问题的良好方法。但不能为合作而合作，合作的前提是充分独立的思考。

寻找问题的答案时，可能会出现这样三种情况：课堂上师生共同得出统一的答案、同一问题出现了许多合理答案、问题在课堂上没有得出最终答案。

第一种情况好说，这样的问题多为知识性的，或比较浅显的问题。这类问题在语文课上也不算很多。

第二种情况在现在语文课上也较为常见。这对于以往总是在课堂上寻找统一的答案，已经是一种进步。但新问题就出现了，教师对学生的答案缺少反馈和反馈不到位。学生说出自己的答案，往往是感性的、表面化的甚至是片面的，需要教师引导，将其升华为理性的、深入的、全面的观点。需要特别注意的是，一些教师对学生得出的错误答案往往不敢否定，担心一旦否定学生会被认为没有以学生为本，不鼓励学生发散思维、逆向思维，一味地"对对对、好好好"，没有批评，只有鼓励，没有否定，只有肯定。

第三种情况虽然不是很多，但这些问题往往需要教师放到课外解决。有的还需要学生在一段时间后，甚至可能是很长时间以后，在学生的知识、经历丰实积累之后才能解决；有的问题现在根本没有答案，是人类的未解之谜，更不能让学生解决。必须对每一个问题找到答案的做法往往使学生过于功利和短视，甚至会误导学生找到的是看似有理实则狭隘错误的答案。其实这个问题的意义在于启发学生对解决问题的渴望，一起探究问题的兴趣，养成研究问题的习惯，也许我们今天没有解决的问题会激励学生的一生，成为他们的追求奋斗的起点。当然我们也不能以现在没有现成答案为借口而不去努力解决，使那些在深入研究之后能够找到答案的问题因为懒惰和怯懦而束之高阁。在学生学习过程中，除了学习知识之外，还要培养他们的独立、深入研究的习惯，持之以恒、坚持不懈的良好意志品格。

抓住课外读物
培养农村高年级小学生阅读能力

◎ 徐　姣

　　《语文课程标准》提出："阅读是学生的个性化行为,应引导学生钻研文本,在主动积极的思维和情感活动中,加深理解和体验,有所感悟和思考,受到情感熏陶,获得思想启迪,享受审美乐趣。要珍视学生独特的感受、体验和理解。"

　　语文课外阅读是语文学习中不可缺少的重要组成部分,更是让学生语文学习和发展的一个重要途径。农村小学目前中高年级学生的普遍状况为课上回答语言简单,言不达意,语言组织能力欠佳,而且在写作方面问题尤其突出:错别字多,句子不连贯,不通顺,词不达意。面对这种情况,引发了我的深思:阅读是搜集处理信息、认识世界、发展思维、获得审美体验的重要途径,为了更好地实施素质教育,让学生在主动积极的思维和情感活动中,加深理解和体验,有所感悟和思考,受到情感熏陶,获得思想启迪,享受审美乐趣。教师可以借助课外读物,引导学生品味语言,培养学生的阅读能力。

一、寓 教 于 "趣"

　　孔子说:"知之者不如好之者,好之者不如乐之者。"兴趣是所有行为的原始能力,兴趣是孩子最好的老师,以兴趣这把钥匙打开儿童的心扉,引导学生自己走进知识宝库的大门。

提高阅读能力,首先便应该培养他对阅读的兴趣。在教学过程中教师可以有意识的旁征博引,使课堂充满情趣,激发学生求知的欲望,而教师也要善于留下悬念,巧借课文激发兴趣,当讲到《赤壁之战》时,教师不妨告诉学生,要想详细了解故事原委,可以读一下《三国演义》。

在课外时间,教师亦可经常与学生一起读书,一起诵读古诗,这对孩子是一种无声的教育。阅读时,教师所流露出的热情、趣味与欢乐之情,对孩子有着亲历的感染力,学生在浓浓的读书氛围中,体会到老师对阅读的重视,从而自觉地进行阅读活动。我还经常给学生将自己在小学阶段的学习情况,并推荐我所热爱的书籍,让他们知道阅读是非常有趣的,激励他们产生强烈的阅读兴趣。

在课堂上,教师随机树立典范,当学生说出一些精妙的语言、写出精彩的语段时,当有学生道出一些其他同学所不曾了解的科普知识时,教师马上激励表扬,营造了读书的氛围。

二、寓教于法

课外阅读是课堂教学的延伸和发展,课外阅读书籍种类不同,且题材丰富,文章的内容深浅不一,学生理解能力也高低有别,为了防止有的学生一味地追求故事情节,忽视文章中精彩的词语运用及语言描绘,教师应有意识地进行方法上的指导。

指导学生做好读书笔记。对于中高年级可以提高要求,如摘录运用得当及陌生的好词;运用多种修辞手法及突出表现人物的佳句、精彩片段或者名人名言等;在摘录时可以写下读后的感悟体会,养成"不动笔墨不读书"的良好阅读习惯。

指导学生用好读书方法。曾国藩曾指出读书之法："不同之书,区别对待。应读之书宜缓宜熟;应阅之书宜速宜多。阅书如攻城,轻骑剽悍,所向无前。"在三年级时学过的《"神童"的秘诀》中便很好地介绍了造就"神童"的读书方法:要一句一句地读,一句一句的理解,遇到不理解的地方要停下来,做上记号,以便查工具书或向人请教,弄懂了再继续读。用课内所学习到的知识运用到课外阅读,能更大地提高学生的上课兴趣及阅读兴趣。到五年级学习了《书的性格》,让学生意识到原来不同的书有着不同的性格,对于不同性格的书也要用不同的阅读方法……

指导学生进行仿句、仿段、仿篇的练习。在经过一系列的阅读之后,学生不仅积累了足够多的好词、好句、好段,还积累了足够多优美的写作手法。为了让他们学以致用,可以结合课文内容进行仿写练习,如学习了《家乡的桥》课文之后,可以让学生观察我们周围的桥,并模仿课文中的第三、第四节来写一写,向别人介绍我们家乡的桥;在学习了课文《穷人》后,合理想象渔夫看到帐子后面的两位孩子会说些什么,做些什么。有的孩子写道:"渔夫望着正在熟睡的两个孩子,对妻子说:'桑娜,你快看,他们多可爱呀! 不管怎么样,我们都得把这两个孩子养大。从明天起,我会再去找一份工作,家里的事就都要靠你了。'桑娜含着眼泪说:'好吧,也只能这样了。这两个孩子实在可怜,我们一定要好好照顾他们。'"在进行有效阅读之后,阅读能力提高之后,学生们所写出的文章质量明显上升,不再是按照自己主观意愿来随意胡写乱写,而是会根据课文内容进行合理想象。经过教师的点评表演,孩子们的阅读兴趣更广了,课间时随意打闹的现象也变少了,更多的是孩子们端坐在课桌前沉浸在知识的海洋里。

三、寓 教 于 活 动

每周四的午会课都会安排读书读报活动,让孩子们轮流上台,在讲台前交流课余时间阅读中摄取的语言材料,让大家或说一新闻,或讲一趣事,或背一故事,或得一好词佳句,或明一道理,让枯燥的读写变为有趣的乐事,学生兴趣盎然,视野开阔,预感增强,更令人欣喜的是学生从课外阅读中得到源头活水,逐步达到厚积薄发,说话妙语连珠,写文章也意到笔随。

一个好的提问比一个好的回答更有价值。在阅读的全过程中,鼓励学生相互之间质疑、交流、提问,让他们在阅读中运用扩展性阅读方法,进行直接地再造想象,体现个人的风格,让孩子们在阅读中发表自己的简介,提出自己的创见。

总之,教师要灵活地指导学生学习阅读方法,同时提供大量广阔的空间让他们在大量阅读后进行实践,努力培养学生良好的阅读习惯,激发学生阅读的兴趣,教会学生阅读的方法,提高学生的阅读能力。

自主识字

——抓住快乐的闪光点

◎ 顾　群

　　"人生识字聪明始",从这句话我们可以知道,汉字教学是学习能力的基础,又是创新能力的基础。因此,小学低年级识字教学显得十分的重要。怎样让学生主动识字,成为学习的主人呢?《语文课程标准》在"基本理念"部分指出,学生是学习和发展的主体。这就要求我们每一位教师在教学过程中充分运用多种生动形象的教学手段,积极挖掘教材所蕴涵的创新因素,把快乐引进课堂,通过学生积极的参与,让他们深刻体会到有趣游戏的快乐,创新思维的快乐,获得成功的快乐……使学生乐于学习,喜欢学习,有主动学习的意愿。引导学生在生活中主动识字,快乐识字,从而来培养他们的品德修养和审美情趣,形成良好的个性,促进他们德智体美全面发展。

一、激发兴趣,开创识字的快乐之源

　　爱因斯坦曾说过:"对于一切来说,只有兴趣才是最好的老师。"《语文课程标准》也把学生"喜欢学习汉字,有主动识字"的愿望列入教学的第一目标,可见,让学生对学习汉字充满兴趣是关键。对刚入学的一年级小朋友来说,新环境、新同学、新知识都充满了好奇心。所以我抓住学生刚入学的这个契机,开创识字教学的良好开端。如开学刚不久,我就和同学们玩了一个"猜猜我是谁"的游戏。我先准备了全班同学姓名的卡片,随机抽出一张,让他们猜猜这是谁的名字,同学们的反应十分热烈。"这是我好朋友的名字——×××。""我认识前面两个字,这肯定是×××的名字。"此时,整个教室掌声、笑声不断。游戏后,我在班中进行了小节:"同学们认识的字可真多呀! 一周后,我们再来玩这个游戏,我相信大家的表现比今天还好。"学生在游戏中体验了成功的喜悦,产生了主动识字的愿望。于是,课间总有一群同学围着讲台读读、指指、点点。我还发现,每次总有那么几个同学争着抢着发本子,体会认识同学姓名的快乐。一周后,再玩这个游戏,我惊叹,一年级学生的识字能力居然这么强! 一个简单的游戏开创了学生识字的快乐之源。于是,自主识字的愿望更加强烈。陶行知先生曾深刻地指出:"教育孩子的全部奥秘在于相信孩子,解放孩子。"的确,只有相信孩子,他们就能创造出奇迹。

二、以多种形式的识字方法,唤起
学生自主识字的愿望

在教学过程中,我喜欢创设情境,使学生在不知不觉中识字。快乐的教学情境使学习生动活泼,能唤起学生自主识字的愿望。因此我们教师必须充分利用课堂这个"阵地"采用"灵活多变"的"战术",方能顺利到达"目的地"。

(一) 创设情景,引人入胜

一节课的时间是有限的。我喜欢创设情景来吸引学生,就能提高学生学习的兴趣。例如,我在教学《部首歌》这一课时,我首先出示带有红笔标出的"鸟""日""口"字旁的字,让他们说说这些字有什么相同点。接下来区别独体字与部首的异同。对于容易错的字,要先强调,给学生一个先入为主的印象,对特容易错的字,我采用反复再反复的方法,以引起学生的注意。又如学习这个"聪"字时,我是这样设计教学的:大家想不想成为一个聪明的好孩子呀?随即边用不同颜色的粉笔板书边阐述:上课时,用(耳)认真听,用眼(八)仔细看,用(口)多答题,再把学到的知识牢记在(心),做到以上几点,你就能变成一个聪明的孩子。此时,学生们兴趣盎然很投入,使学习活动成为学生主动进行的快乐事情。

(二) 联想识字,来源生活

语言文字来源于生活,最终还是应该回归于生活。联系生活实际进行识字教学,不仅可以加深学生的识记效果,而且对于生字的实际应用也很有帮助。例如我在教学《小企鹅鹅和不妈妈》这一课时,有个要认识的"颜"字,由于学生还不认识"彦"和"页",在识记时遇到了困难,这时我适时地引导"生活中你们见过它吗?"一石激起千层浪,学生们举起只只小手,这个说:"我知道,这个颜是五颜六色的颜。"那个说:"我也知道,这是书中自有颜如玉的颜字。"学生们的回答都很精彩,看来,生活的资源果然是无穷的,充分利用生活资源对于识字的帮助是不可言喻的。

又如在教学"雨"字时,有学生说:"雨字的第一横就像雷电,一竖和横折钩就像一间房子,中间的一竖就是闪电,直穿房子,把房子打了个孔,然后房子就漏水了,那里面的四点就是漏进来的雨水。"又有学生说:"我是这样记住这个字的:千条线,万条线,落到水里都不见。"瞧!多形象呀!通过学生奇特的联想,原本呆板的文字,立刻充满了灵气。

(三) 比较联系,帮助区别

在学习生字的过程中,我比较注意引导学生发现规律。如"请"字可与清、晴、蜻字相联系比较,让他们通过观察、比较自己总结出这四个字的右边都有一个"青"字,但又各有不同:有三点水的与水有关,有虫字的与昆虫有关……比较它们的偏旁及其意义,便不会再混淆了。同时,在学生探究的基础上归纳出形声字"声旁多表音,形旁多表义"的特点。

（四）归纳识字，体现特点

识字教学不一定要按照课文中先后出现的顺序来进行，可按照一定的内容来归纳。如在学习《水妈妈的孩子》一课的生字时，我是这样设计教学的：出示本课的生字后，让学生观察今天所学的生字有什么特点，学生又快又准确的找出"雾、露、霜、雪"都是雨字头，它们表示的意思与自然界的气候有关，所以偏旁都是雨字头。然后再让学生用好办法区别这四个字的不同之处。类似的还如"抓、跑、拍、打"等都与手有关，"梅、柳、桃"等都与树木有关。这样学生不仅学得方便，记得简单，既渗透了汉字的构字特点，又拓宽了学生的知识面。

（五）趣味识字，快乐无穷

根据低年级学生形象思维强的思维特点，在教学中我特别注意选用生动的、直观的教学方法，充分发挥"兴趣"的作用，变"要学生学"为"学生要学"，使趣味识字达到事半功倍的效果，如形象识字（"小大"为尖）、猜谜语识字（一人走进门里来"闪"字）、编儿歌识字（方方正正一个"口"，一个十字在"田"头）、游戏巩固识字等。

事实证明，趣味识字，幽默风趣，寓教于乐，朗朗上口，易学好记，学生印象深刻，既能展现语文课的趣味性，活跃课堂气氛，又能提高识字效果，真正唤起学生自主识字的愿望。总之，小小汉字，奥妙无穷。我们只有因地制宜，灵活多变地选择恰当的识字方法，就能不断地激发学生学习的兴趣，不断地拓展识字教学的途径，才能使学生在愉快轻松的气氛中识字，在自主学习的过程中提高识记效率，让他们真正享受到语言文字带来的快乐，使他们更深切地盼望着下节课的开始。

巧设情景　激发学趣

◎ 贾庆国

　　今天在二(5)班上武术课。上课前我刚宣布本节课是继续学习《五步拳》后,下面的学生就开始抱怨了:"真没意思! 能不能做游戏啊?"这是学生上了三次武术课后的态度,和刚开始学五步拳时个个迫不及待想学的劲头成了鲜明的对比。

　　武术是一项既吸引人又较为枯燥无味的运动项目,同时也是一项对身体锻炼非常有好处的运动项目。每当学生听到学习武术都会产生较大的兴趣,特别是小学生。但是,学好武术就离不开基本功,武术的教学从项目特点看,易学难精。对身体的柔韧性和灵敏性的要求特别高。单个动作就要重复多次才可以领悟其中的奥妙,因此,悟性也是重要的因素。小学生的注意力比较容易转移,多次重复的基本功练习会让他们感到乏味枯燥。当多次重复学习后,学生就会出现不耐烦的情绪,所以在教学中出现易开展难有成才,因此我在上课前对他们讲解了武术学习对锻炼身体的种种好处,以及武术是我国优秀的传统文化,我们应当把武术继承和发扬光大,然后千篇一律地用传统教学方法来进行武术教学,其教学效果不是很好。我投入的进行教学,一遍遍地讲解动作要领和动作路线,但是学生不仅没有学习兴趣,而且课堂气氛沉闷,学生学习掌握的情况让我大失所望。武术课怎样才能调动学生学习的积极性呢? 这个问题一直困扰着我。

　　偶然我在和他们的一次聊天中发现,他们正在看功夫小子的电影,讲到电影里功夫小子闯关的情节他们热情很高,看得出武侠类电影对他们吸引力很大,那我能不能设计一个情景来提高他们的学习的兴趣呢? 于是我试着设计了一堂武术争章课,通过视频、照片等途径让他们了解武术的内涵,认识武术兵器,通过观看武术题材电影。激发学习武术的兴趣。在练习五步拳的环节,我首先把他们分别分为少林派、武当派、逍遥派、峨眉派四个小组,学生们一听到自己感兴趣的就兴奋起来,讨论哪个派别的武功高,我示意让同学们停止议论后继续说,首先同学们集体跟我复习五步拳再分组复习,然后每组推选出一位五步拳练得好且能带领本组同学共同提高的学生为本派掌门争夺武术盟主章,学生们听了这话个个摩拳擦掌,跃跃欲试。我接着说,由各派推选出来的掌门,参加武林大会,比出五步拳打得最好的人为我们班的武林盟主。学生们听完后都高兴得手舞足蹈起来,并且一齐嚷嚷着说:"老师赶快练习吧,我要当武林盟主。"

学生们有了学习的兴趣,就学得非常认真,不仅互相讨论,而且积极主动的询问。学习效果也不一样,个个动作路线正确清晰,动作做得有板有眼。有些同学少年拳套路打得神形兼备,有模有样。可贵的是同学们不但学习热情高涨,而且能够相互帮助,形成你追我赶共同提高的氛围。这节课同学们不仅学得认真,而且还理解了竞争与帮助的关系,懂得了习武与修德是紧密相连的道理。这一堂课的教学效果非常好,远远超出我的预期。

通过这堂课的教学,我深刻地体会到"兴趣是最好的老师"。学生有了学习的兴趣,在思想意识和行动上才能全身心地投入。如果我们改变思维定式,换一种教学方式,就会取得意想不到的教学效果。在武术教学中,优化课堂教学和培养学生学习兴趣的途径和方法很多,当然也很重要,并不是千篇一律的。关键是要以学生为主体,教师做好引导,找出学生对所练习内容缺乏兴趣的症结所在,对症下药,采用实际有效的方法,才能实现教学效果的最优化。利用下雨上室内课的时间为他们放映一些武侠片,如《少林寺》《陈氏太极》《武术之少年行》《功夫熊猫》等,并加以点评,吸引学生的兴趣;还向他们讲述一下武侠传奇人物,如霍元甲、李小龙、杨露禅等的故事。利用这些电影或者武侠人物弘扬民族精神,激发学生的学习热情。通过这些手段,就可以正确引导学生对武术课的兴趣,让学生对武术的认识达到一个新的层次,真正的理解上武术课的必要性。这样就提高了武术课的教学效果,达到了激发学生学习武术的动机,实现了学生意识上的转变。与此同时,在武术教学过程中,教师除了采用讲解示范法,还可以使用游戏法、竞赛法、语言激励法、学生展示等多种教学方法,在场地的安排上也可以作些文章,譬如情景创设,图案变换等,让学生从心理上产生新鲜感,乐于参与到武术学练中来。

基于课标的低年级学生口语交际能力培养的课例研究

◎ 曹　洁

　　市教委在"上海市小学'零起点'教学与等第制评价项目说明"会议上指出,上海教育已进入内涵发展阶段,为了回归教育本原,遵循孩子身心发展的规律,各校要办好让人民满意的教育,多措并举,让所有孩子获得公平而高质量的教育,让所有孩子拥有快乐童年。为了实现政府的要求,最大限度地实现学生个性健康、全面发展,全面提高学校教育教学质量,提升教师专业素养,我校与长宁适存小学成立了骨干教师项目合作小组。

　　在过去的一个学期中,适存小学刘老师、我校何老师和我以课题"基于新课程标准的小学低年段口语交际能力的研究"为依托,以教育科学理论为指导,积极开展两校低年段语文骨干教师的交流活动。我们一起深入学习小组合作的先进理念——以课堂教学为依托,探索培养一、二年级学生口语交际能力的方法途径;同时注重反思总结,开展培养学生口语交际能力的案例研究。下面以一个教学片断为例,说说现阶段我对这方面研究的感悟。

一 、片 断 来 源

　　《粽子》是沪教版第四册第 44 课,文章介绍了端午节吃粽子的习俗及其由来。第一节点明了每年端午节吃粽子的习俗。第二到四节分别从形状、颜色、味道三方面具体地描写了粽子。第五节是过渡段，引出了端午节吃粽子习俗的由来，是因为纪念古代爱国诗人屈原。第六节简要介绍了屈原的生平，以及人们怀念他、崇敬他，并以粽子祭奠他。

二、课 堂 实 录

【总结练习】

师：同学们，今天我们实实在在地体会认识了一下粽子，你喜欢它吗？为什么？

（出示：我喜欢粽子，因为_____。）

生：我喜欢粽子，因为粽子的形状很特别。

师：的确，粽子的形状既不是方的，又不是圆的。

生：我喜欢粽子，因为粽子的颜色很好看。我特别喜欢那翠绿的箬叶。

师：是啊！那洁白的米团里仿佛嵌着的深红油亮的玛瑙也很漂亮，你们觉得呢？

生：我喜欢粽子，因为粽子的味道美极了。它既是消暑开胃的美食，又是营养丰富的佳品。

师：真不错！你把喜欢粽子的原因说详细了，大家表扬她。（掌声）

生：我喜欢粽子，因为在端午节吃粽子可以怀念屈原。

师：传说，吃粽子时为了纪念古代爱国诗人屈原。

师：现在谁能根据黑板上的板书连起来说一说？

（出示：我喜欢粽子，因为_____，_____，_____，更因为_____。）

（注：加入"更因为"既可以把最后一个原因与前三种做区分，又可以无形地让学生感受到此处的情感升华，不仅仅是"形状、颜色和味道"，更是为了

"怀念屈原",所以我们在端午节吃粽子。)

说明：这一语言训练的设计由易到难,符合学生的逻辑思维规律。

附板书设计：

44　粽子

形状　　　　特别

颜色　　　　好看　　　　怀念屈原

味道　　　　美味

三、分　析

本单元的训练目标是"读课文摘录词句",由于本篇文章结构清晰,学生要圈划出描写粽子形状、颜色、味道的词句并不难。描写粽子颜色的第三小节语言生动,所以我将它作为朗读的重点指导段落。为了能让学生在有限的课堂教学里投入地朗读,能够循序渐进地提高朗读的水平,我在朗读中设置了坡度。比如,通过"以词带句",让学生先读表示颜色的词,再来读描写粽子颜色的句子,读出它颜色的特别。虽然学生对粽子并不陌生,但为了能激发学生朗读的兴趣,让学生能更好地感悟语言文字,在指导朗读的时候,我还是适时出示了粽子实物。

我节选的课堂实录是教学过程第四部分"总结练习",语言训练的设计由易到难,符合学生的逻辑思维规律。"我喜欢粽子,因为_____。"可以让学生选择自己印象最深刻的一个原因(它的形状特别、颜色好看、味道美味、吃粽子可以怀念屈原……)来说说。在这个过程中,前两个小朋友简要说了说自己喜欢粽子的原因,我在他们回答好之后进行了补充"的确,粽子的形状既不是方的,又不是圆的"和"是啊! 那洁白的米团里仿佛嵌着的深红油亮的玛瑙也很漂亮,你们觉得呢?"后面就有一个小朋友在说到"喜欢粽子是因为粽子的味道美极了"的时候,自己补了"它既是消暑开胃的美食,又是营养丰富的佳品"。在这个过程中学生们的口语交际水平就明显有了提升。

之后,我又进行了一个整合"喜欢粽子的原因"的说话训练——"我喜欢粽子,因为_____,_____,_____,更因为_____。"其中加入"更因为"(这是在我们小组听好课之后进行的修改),这样既可以把最后一个原因与前三种做区分,说起来也朗朗上口,又可以无形地让学生感受到此处的情感升华,不仅仅是"形状、颜色和味道",更是为了"怀念屈原",所以我们在端午节吃粽子。借助板书,孩子们都能连起来说说。

四、思　考

我们合作小组在课题研究中关注教材中安排的口语交际训练专题,并针对学生在口语交际中存在的问题,把后期的研究重点放在了破解三个难题:一是从激发学生参与口语交际的兴趣,重点解决"想说和放胆说"的问题;二是根据综合性学习的内容,组织学生去调查,走访、收集、整理口语交际材料,解决学生无话可说的问题;三是为口语专题训练奠定坚实基础。创设丰富多彩的口语交际情境,拓宽口语交际渠道,增强学生自信心,培养良好的心理素质。从刚才那个片段来看,本堂课已经解决了"想说和放胆说"的问题。而为了解决第二课问题,我们就本节课讨论的结果是在课后完成综合性练习:端午节吃粽子是我们中华民族特有的风俗,是为了纪念我国伟大的爱国诗人屈原而产生的。在我国,还有很多的传统节日和风俗习惯等待着我们去了解认识,同学们回去搜集一下资料,下节课交流。(注:根据课后习题可以结合书本上出示的图片,完成"我喜欢的节日食物是_____,因为_____,_____,还_____。")重视课内外训练的结合,让口语交际教学生活化,克服凤溪(农村)学生在家庭生活中氛围不足的问题。在研究中,课题组将研究的重点放在课堂,凭借教材,重点培养学生倾听能力、应对能力、表达沟通等交际素养。学生回答教师的提问,讨论学习中存在的问题、发表自己的观点、交流自己的看法。相信通过这课堂和课后的口语交际能力的提高,学生的自信心一定增强,心理素质也有所提升。

不积跬步,无以至千里;不积小流,无以成江海。在课题研究中,通过一次次的实践研讨,问题分析,课题组成员间形成了良好研讨氛围,教学能力和科研能力一定会有明显提升。课题组的老师们从自己的分工的研究的对象出发,教学设计和挖掘课程资源、开发口语交际素材的意识普遍增强,在课题组的例会上,开始针对自己的问题进行分析,以上就是在另外两位骨干教师的帮助下,我的一些积累沉淀,我会继续挖掘教学中潜在的资源,使自己的教科研意识得到了提升,自己的业务水平也有所提高。

关注学生的学习过程

◎ 汤德兴

一、存 在 现 象

2006 年高考扩招以后,学校教育以追求名校录取率如何,来衡量一所学校的办学质量。因为高等教育与高考生源的关系是供大于求! 2010 年以来大学生就业形势非常严峻,人们静下心来思考这是为什么?

以前我们为了提高学生的理解能力,进行各种题型的操练:课堂练习,课课练,课外辅导练习。学生苦不堪言,他们没有时间支配自己喜欢的事情,一直跟着老师的指挥棒进行训练。可结果没有提高学生的学习成绩,学生更没有实际能力可言。原因是我们一味求解、求答案,只重视答案的正确率,忽视了学生的实际解决问题能力培养。对于语文学习来说,就是缺少朗读训练,缺少梳理分析,缺少扎实的基本功训练。一句话,"理"仅仅是为了"解","解"是目的。只要目的达到,不管学生付出的时间、劳动、精力有多大! 也不管学生愿不愿意这样做! 更没有关注学生终身学习兴趣的培养!

"由于受到传统文化和现实市场竞争的影响,教育在一定程度上成为追逐功利的工具,单纯把学业成绩和升学率作为教育质量、评价校长和教师工作业绩的唯一标准,客观上造成了教育价值观的异化,给学生及家长带来了沉重的课业负担和心理负担。"这是上海市教委主任薛明扬的观点。

二、关注学习过程

我们凤溪小学第 14 届教学节主题"学生学业质量分析与绿色指标学校报告"在"绿色指标"下的教学方式改变，以学生终身学习为目的，提高学校的教学质量。

最重要的是观念上的转变和认识。学生的普通义务教育过程好比爬山的过程，难道每个孩子都要爬上山顶才算成功，爬到半山腰就算失败？爬山的人都知道爬山需要艰辛与坚忍，每个爬山的人都能享受到快乐与喜悦！教育是一个学习过程，它也不是商品，没有合格与不合格之分！只有学习成绩有合格与不合格。我们对待孩子太强调成绩如何，却没有关注孩子的学习过程。

我们一直重视学生理解能力的培养，这没有错！可是我们为了升学率，为了高考，为了学校的办学质量，一直重视学生学习分数，也就是重"解"轻"理"，只看重结果。我们老师把学生理解的过程忽视了，或者轻视了，而学生的能力培养就在理解的过程中，这就是问题的根源。所以我们要思考，要反思，要重视学生的理解过程。我们遵循学生的认知规律，把"理"做到实处，做到牢固。学生的"理"做好了，那么"解"也会顺理成章。

（一）课堂教学中要加强对教学内容梳理、分析和挖掘，让学生体验学习的过程，体验作品给学生的震感

五年级第一学期《月光曲》，这篇课文从课题上看，它是音乐作品的名称作为课题，课文的内容是音乐作品《月光曲》的创作过程，应该是属于记事类的文章。

师：德国音乐家贝多芬创作《月光曲》的时候，最重要的是什么？
生：是灵感。

师：灵感是怎样产生的？

生：是对周围事物产生的共鸣，就是触景生情。

……

所以，我们把课文的内容分为三个部分："触景生情——即兴表演——记录曲子"，也就是"故事的起因——经过——结果"，这符合记事文章的规律。

1. 触景生情

莱茵河边的小镇一片寂静，贝多芬在幽静的小路上散步，明亮的月光显得柔和而清幽。贝多芬听到茅屋里传出的钢琴声正是他的曲子，盲姑娘由于入场券太贵而发愁，她渴望亲自听一听贝多芬怎样弹的。

贝多芬走进茅屋，亲自给盲姑娘弹一首他刚才听到的曲子。盲姑娘听得入了神，心潮澎湃，无比激动："弹得多纯熟哇！感情多深哪！"贝多芬好像遇到了知音："您爱听吗？我再给您弹一首吧。"（这是贝多芬创作的灵感）

2. 即兴表演

贝多芬望了望站在身旁的穷兄妹俩，借着清幽的月光，按起琴键来：

"……面对着大海，月亮正从水天相接的地方升起来。微波粼粼的海面上，霎时间洒遍了银光。（祝福兄妹俩热爱生活，音乐语言：舒缓的节奏）

"月亮越升越高，穿过一缕一缕轻纱似的薄云。（祝福兄妹俩热爱音乐，音乐语言：轻快的节奏）

"忽然，海面上刮起了大风，卷起了巨浪。被月光照得雪亮的浪花，一个连一个朝着岸边涌过来。（祝福兄妹俩幸福的明天，音乐语言：高亢的节奏）

"……"（这是贝多芬创作的激情）

3. 记录曲子

贝多芬没有打扰兄妹俩对音乐的感受，飞奔客店，他花了一夜工夫——这是多长的时间啊，才把即兴表演的曲子记录下来。这是贝多芬对音乐语言的感受、体会、灵感，融入音乐创作中去，才会取得如此举世闻名的大作品。（这是贝多芬创作的态度）

可是,有的老师把《月光曲》看作记人的文章来教学,重点放在贝多芬和盲姑娘表现上,显然有失偏颇。这是对教材内容的解读、梳理缺乏整体考虑,这样的教学过程会影响学生的思维发展。

(二) 在学生作业过程中,让学生感受做作业的过程就是学习的快乐和满足

五年级学生"写字等级考试"情况也说明问题。这次我监考第十考场,原本考试时间为 60 分钟。可是学生写毛笔字用了 5 分钟左右,写钢笔字用了 10 分钟左右,结果大部分学生考试仅仅用了 20 来分钟。我看到只有个别学生超过半小时,而这些学生往往是写字比较优秀的。

大部分学生已经养成了重结果,轻过程的习惯。他们不知道,过程中可以享受快乐!毛笔字写得慢的学生,他每写一个就在总结、纠正、思考,怎样才能写得更好,这个过程中培养他的分析能力,思维能力,判断能力,当然这过程中也包含享受快乐的过程。

我们要思考:对于孩子少谈一些分数、竞赛,多关注孩子的天性、兴趣。在教育中尊重孩子的选择,并通过合理的方式提升、转化成志向,这样的教育才有希望。

浅谈小学数学学习习惯的培养

◎ 韩　静

　　我担任数学老师已经七年了,一直从事一、二年级的数学教育工作。这四年来,我一直听到家长跟我诉苦:"老师,我们孩子上课不认真听讲,总是做小动作,怎么办呀?""我们孩子考试错的题目在家都会做的,可是为什么一到考试他就做错,还要漏题?""我家孩子做作业每天都拖拖拉拉的,每天都弄到10点钟,老师有什么好办法吗?"每当听到这些问题,我总是和家长进行积极沟通。归根结底一句话:是学习习惯的问题。但我也没有立竿见影的解决类似问题的方法。坏习惯不是一天养成的,是日积月累形成的。坏习惯一旦形成就很难改过来,所以我深刻地感觉到,在小学阶段培养良好的学习习惯是多么的重要! 教育,用一句话说,就是养成良好的习惯。今天我就简单地谈谈如何培养小学生的数学学习习惯。

　　巴金曾经说过:"孩子成功教育从好习惯培养开始。"培根也说过:"习惯真正是一种顽强而巨大的力量,它可以主宰人的一生,因此,人从幼年起就应该通过教育培养一种良好的习惯。"可见培养良好的学习习惯是多么的重要,多么的迫切。专家研究表明,3~12岁是人形成良好行为的关键期,小学阶段正是培养良好习惯的黄金时段。习惯是什么? 习惯是一种看不见的力量,是在不知不觉当中养成的,学生学习成绩的好与坏,不仅与学生的智力有关,更重要的还是与学生的良好学习习惯有关。所以俗话说:"与其给孩子金山、银山,不如教给孩子好习惯。"因为良好的行为习惯是决定一个学生未来成功的基础和保障。

那么小学生应养成哪些良好的习惯？

一、学习认真、专心

学习认真、专心，主要包括上课认真听讲和专心做作业两方面。我感觉特别是一年级的小朋友，注意力集中的时间很短，只有 10 到 15 分钟的时间，所以一节课上如何高效地利用小朋友的注意力，提高上课的效率是至关重要的。

老师在学期初要加强课堂常规的训练。我们在期初这几个星期宁可少学点知识，也要肯花时间培养学生认真听课的习惯。在平时上课时根据低年级学生的年龄特点，通过制作有趣生动的课件、在整节课中穿插故事情节、组织比一比、赛一赛等竞赛活动，看一看、摸一摸、量一量等操作活动，让学生建立多个兴奋点，提高学生的兴趣。还可以在每节课的中间做一做课间操，让学生动一动，你浪费的是 3 分钟，换回来的是 10 分钟的高效率。俗话说，兴趣是最好的老师。对低年级的学生来说，兴趣是唯一的老师，所以老师应该努力提高学生上课的兴趣，这样他们自然而然就会想听、乐听了。要给学生有尽可能多的回答问题的机会，促使他们始终处于积极主动的学习状态。课堂教学中如果过多地让学生被动地听教师讲授，这种听讲势必缺乏一种"我要学"的参与意识。缺乏内在的学习动因，对于培养专心听讲的习惯是极为不利的。只有处于积极主动学习状态下的听讲，才能真正做到专心。因此在课堂教学中，必须让每一个学生有尽可能多的回答问题的机会，以调动他们学习的主动性和积极性。

家长也要积极努力配合老师，同时还要有意识地约束自己的行为。现在有些父母这边要求孩子要用心做作业，而另一边又跟别人聊天或看电视，甚至在家里打牌或打麻将，这样，孩子能静下心来学习吗？不能！所以教师和家长要加强协调,要给孩子创造一个安静宽松的家庭学习环境。平时在家里,学生在做作业的时候,家长不要问孩子肚子饿不饿呀,衣服是否穿得太少了,也不要陪着孩子做作业或叫孩子帮忙做什么事情,让孩子安安静静地做作业,使孩子有一个高度集中自己思想的小天地。这样学生专心学习的习惯也就逐渐养成了,效率也就提高了,不会做到晚上10点钟了。

　　学生也要为养成好习惯贡献自己的力量,要明确自己角色的转变,要对自己的将来有一个目标,并为之努力奋斗。

二、按时按量完成作业的习惯

　　在幼儿园的时候,学生是没有作业的,所以进入一年级以后,特别是第一学期初的时候,很多学生会忘记做作业、漏做、少做作业。适度、适量的作业能使学生加深对知识的理解和记忆,形成一定的技能技巧,作业中还能反映出学生的学习态度和学习习惯。老师通过对作业的反馈,能及时掌握学生的学习水平并及时调整教学策略,因而做作业是十分必要的,我们要帮助孩子克服作业中的畏难情绪、依赖思想、改掉拖拉作业的坏习惯,养成果断坚强的个性。

　　具体如何实施呢?

　　首先要让学生明白为什么要做作业,认真完成作业的"好处"是什么。同时对于学生的作业,教师要认真批改,及时要求订正,让学生明白老师这么看重作业,我一定要认真做。如果老师对待作业态度马马虎虎、随随便便,怎么能要求学生认真呢?批作业时可以分档次,如最好的打3颗星,中等的打2颗星,不太认真的打1颗星,错误的用"×"标出。还可采取一些评价机制,如把写的最认真的作业放在投影上展示给全班学生看并表扬,要求其他学生也写得像他一样认真,那么下次也能得到3颗星。一定要放在投影上看到,不要嘴巴说说谁谁写得最认真,你们要向他学习等。一来因为小朋友可能不知道什么样的作业叫认真,也不知道自己应该怎么学,让他看到了他就知道下次自己怎么写老师就会表扬他了。对于原来不认真,后来改正进步的学生要不吝啬自己的表扬,增强他对学习的信心。得到 3 颗星的学生可以敲一颗星在书上,敲到 10 颗星就能换一样奖品。这个方法我一直用到现在,效果很不错。如果有一段时间全班学生的作业都很不理想,老师还可以刺激他们一下,说"××已经得到××颗星了,他已经得到××个奖品了,奖品都快被他换完了,想得到奖品的小朋友要认真做作业了"。这样能激起他们认真做作业的积极性了。

其次,对于少数还是不做、漏做作业的学生,可适当地采取一些惩罚。这些惩罚也要当着全班的面,不要以为不做作业是他一个人的事情,殊不知同伴的力量是强大的,同伴的谴责对他来说也是很有效的,同时还可以对班级其他同学敲一敲警钟。

三、及时订正和解惑的习惯

及时订正作业和对不理解的知识及时解惑是学习效果反馈的重要途径,它也是预防和矫治学生"学习误差"积累的必要手段。对错误的、含糊不清的知识及时搞清楚直接关系到学生对知识的掌握情况,而且对强化教学效果,进一步提高教学质量和促进教学改革具有重要意义。

当前的新课程实施过程中,从学生的数学作业情况来看,一方面作业的内容更加灵活、形式更多样、练习的综合性、开放性更强。另一方面学生作业中出现的错误也增多了,随之而来的是学生每天订正的作业也多了、也难了。有的错误全班一半以上的人都犯了,老师讲解以后可能还有个别学生没明白,这就需要家长的辅导讲解,也需要学生主动地来请教老师,及时解惑。仔细审视学生当前数学作业的订正作业,及时订正包含两层含义:第一层指当天订正当天清;第二层指及时有效的订正,区别于那种"为了订正而订正""不及时订正""反复订正"的现象。

那么老师应该如何培养学生及时订正的好习惯呢?

我认为一年级刚开始的时候,老师可以专门花几节课讲解错误,然后全班当堂订正,当堂批改,这样几次下来后,学生就知道了订正的要求、格式,也加强了了学生主动订正作业的习惯。慢慢地,老师不用专门花一节课讲解错误了,只要在每节课开始的时候,花几分钟把错得多的题目讲一讲,然后批作业的时候有意识地把错误的作业放在一起,等课余的时候让他们订正。如果时间允许的话最好能一个一个当着老师的面订正,并问问他错在哪里,应该怎么订正,看看他是不是真的懂了。以前我没有把错误的作业本单独拿出来,到我这儿订正,我认为他们会主动订正,可是我高估了他们的自觉性,有一大半人中午的时候只顾在外面玩,早就把订正作业抛在了脑后。所以刚开始的一段时间老师还是要辛苦一些,这样到第二学期的时候就能轻松不少了,因为那时候学生基本上已经养成了及时订正的习惯了。

好的学习习惯不是天生就有的,是在学习过程中经过反复练习形成并发展,成为一种个体需要的自动化学习行为方式。这个过程是辛苦的、漫长的,可一旦养成将受益一辈子。

科技与教育同行

◎ 蒋　琳

随着信息时代的到来,计算机辅助教学这一新的教学手段,越来越受到广大教师的青睐,有一个好的配套课件,总是能更好地优化教学内容,提高教学质量。

作为一名年轻教师无可厚非有一定的课件制作能力,但学无止境,我还特地在空余时间参加了信息技术的培训让我能够学以致用,通过信息技术将我数学课堂上难以用语言表达清楚的问题直观、形象、生动地展现给学生,同时还可以引起学生对于数学知识探索的浓厚兴趣,更加有助于教学重点和难点的突破。简而言之,选择合适的信息技术与小学数学学科相结合,可以增大我们的课程容量。

一、利用信息技术创设情景,激起学生学习兴趣

伟大的科学家爱因斯坦曾说过:"兴趣是最好的老师。"也就是说,一个人一旦对某些事物产生了浓厚的兴趣,就会主动去求知,去探索,去实践,并在求知、探索、实践中产生愉快的情绪和体验,同样学生在学习中兴趣是发现新知识的最好动力。一年级的学生活泼好动,注意力集中的时间比较短。传统的黑板粉笔字,只能够静态地呈现相关数学知识,更使孩子们感到枯燥、乏

味,上课注意力不集中,思想容易开小差,致使教学达不到理想的效果。而利用信息技术创设的情景可以把声音、图像、动画、文本一体式生动形象地展现给学生紧紧地抓住学生的注意力,刺激孩子们强烈的学习欲望,增强学习兴趣。

例如,在教授沪教版小学一年级数学上册第二单元"10以内数的加减法"中的"加减混合"一课时,利用信息技术制作了PPT动态图连贯的给学生展示"原来有2只小鸟,飞来了4只小鸟,又飞走了3只"这一鲜活的故事情景,深深地吸引学生去观察、思考,最终化为数学语言完整的表达,也可在不知不觉中逐渐培养一年级生仔细观察审题的良好习惯。

又如,在教沪教版小学五年级数学下册中第三单元"简易方程(二)"中的"追及问题"一课时,用信息技术课件完整展现了追及的过程,相比较言语教学的解释不清倒不如利用信息技术以动态直观更富有吸引力的方式呈现让学生通过观察把这一定义内化,从而一步步进入如何解决追及问题应用题情景中,引起学生了解、解决追及问题的欲望。

用多媒体与信息技术创设的情境,以其生动有趣、贴近学生生活的优点,激发起学生强烈的求知欲,为课堂教学中新知识的学习打下了基础。

二、利用信息技术探究新知,感受真实体验

在数学课堂中,有很多知识都要从现实生活中感受,真切地感知知识的来源,因此每当这时,老师总是要花费很多的精力来准备教具,同时教具的运用有利也有弊,利可以感知体验更加深刻,弊容易分散学生上课的注意力,这样课堂效率也就会大打折扣,例如沪教版小学五年级数学下册第四单元"几何小实践"中的体积单位的进率"立方厘米、立方分米、立方米"的一课时中,当教授到立方厘米和立方分米之间的进率,两者单位进率转换1 000,当然不可能为每一位学生准备1 000个1立方厘米的小正方体来感知1立方分米的

大小,这时可以借助课件制作通过"每排放 10 个小正方体,每层放 10 排小正方体,一共放 10 层小正方体,一共需要 1 000 个小正方体"从动态中去观察、探索和发现立方厘米和立方分米两者之间的进率来源,直观真实的感知立方厘米和立方分米的进率转换,又根据小学生的思维特征由具体的形象思维向抽象思维过渡,这样可以通过信息技术给予学生具体的形象思维,慢慢地转向抽象思维抛出"那猜一猜立方分米与立方米的进率是多少?"的问题,训练学生的抽象思维。

教学中重点是否突出、难点是否化解是一节课能否成功的关键。教师除了准确点拨、讲解外,还要根据内容恰当地利用信息技术,一定能受到明显的教学效果。例如沪教版小学一年级数学上册第一单元 10 以内的数中"数射线"一课时,为了突破教学的重难点,我选择运用喜羊羊和灰太狼的动画片人物在数射线上比赛跳远吸引学生上课的积极性,首先是喜羊羊和懒羊羊在起点 0 的位置比赛跳远每人两次机会跳得远者获胜使整个运动过程直观、便捷地展示给学生,让学生感受真实性这样不仅突破了在数射线上标数的难点,同时也潜意识的让学生学会在数射线上比较大小,充分调动学生积极情感投入到探索知识的过程中去。

三、利用信息技术巩固练习,及时反馈提高

新知学习之后课堂的及时反馈固然很重要,是检验学生整堂课的学习效率情况,充分利用信息技术的交互性、参与性,可以有效地解决评价多元化的问题。其一,使用信息技术手段可以把备课时预测的学生可能出现的问题,设计成判断题,从而使练习更有针对性。例如沪教版小学一年级数学第三单元"20 以内的数及其加减法"中的"数墙"练习题中出现了判断题,因为数墙是一层层叠上去,所以利用信息技术把不同层的砖块用颜色区分方便学生观察和填写,也有助于学生数学语言的表达,更加节约了时间。其二,利用视频投

影仪,可以把教师巡视中发现的学生的典型范例或典型问题展示在屏幕上,或讨论,或质疑,或讲解,便于聚焦学生的思维,达到正确的思路得到强化的目的。

　　总之,小学数学和信息技术的整合是一种有益的教学手法,现阶段正处于一种探究实践中,作为一种教学手段可以积极调动学生的多种感官,激发求知欲,培养学习兴趣,还可以开阔视野,感受数学来源于生活又运用于生活的神奇奥秘。

小学数学教学中如何培养学生学习习惯

◎ 汤剑婷

如何让学生在数学中建立积极的学生观呢？常言道，习惯成自然，从小养成好习惯，长大将会有好的品行。《小学数学教学大纲》中明确指出："在小学，使学生学好数学，培养起学习兴趣，养成良好的学习习惯，对于提高全民族的素质，培养有理想、有道德、有文化、有纪律的社会主义公民，具有十分重要的意义。"多年的教学实践让我们深刻体会到，良好的学习习惯是学习知识、培养能力、发展智力的重要条件。学习习惯不仅直接影响学生当前的学习，而且对今后的学习乃至工作都会产生重大影响。因此，培养学生良好的学习习惯是教师的一项重要任务。下面就谈谈在教学基础知识的同时，如何教给学生科学的学习方法，培养学生良好的学习习惯。

一、分析小学生学习习惯的现状，对症下药

目前小学生在数学学习中，存在着许多不良习惯。如一些学生不爱预习，一味依靠教师，缺乏自主学习的精神；写字歪七扭八、潦草、字迹很难让别人看懂；添字、漏字、错字、漏掉数字或运算符号、点错小数点，也常有发生。有些学生计算粗心大意、经常出错，计算后也不检查验算。有些学生做作业不善于独立思考、爱抄袭别人的。更为严重的是有些学生对作业中做错的题

目,不找其原因,及时纠正,二是走马观花、一带而过。

二、培养学生认真预习的习惯

课堂前置,将课堂上要学习的知识提前让学生知道、了解、学习,这就是预习。可有些学生只将新内容看一遍,知道下次要学什么,就是预习了,把接受新知识的希望寄托在老师的身上。为了培养学生的预习习惯,在教学中我将课堂知识前置,每天新课预习要求有三:其一,阅读数学教材,将例题读通、读清、读懂;其二,谈谈我们的收获,我知道了要写出答案;其三,要试着做后面配套的习题;其四,我的疑问困惑是什么?检测方式:先出几道本课的检测题,让学生试做,有多少人做对,有多少人做错一目了然,问题出在什么地方也暴露出来了,针对问题以及预习中学生的疑难才进行知识的讲解,这样才能在错误中找到根源,在疑难处点拨,从而达到画龙点睛之效,也给学生留下深刻牢固的印象,并且不仅知道什么样是正确的,还能知道什么样就会错误,从而达到举一反三,触类旁通之效,同时,当堂纠正预习中的错误以加深理解,巩固强化知识。课堂的精讲,势必会给学生留下多练的课堂空间,所以迫使学生在课前学习,养成预习的习惯。

三、培养学生认真审题的习惯

在小学数学教学中,数学运算占了相当大的比重。而运算的准确性很大程度上取决于字体的正确与否。在作业与考试中,我发现许多学生做错题目的原因不是不会做,而是没有看清题目要求,如在计算中有的是把运算符号看错:在文字中由于数量关系复杂,不仅层次多,而且一些表达运算顺序的名词术语往往容易混淆和被忽视,致使学生造成解题差错;在应用题中由于数量关系没有仔细分析,造成数量关系混淆,列式错误。因此,在小学数学教学中,很有必要对学生审题能力的培养。我在学生解答应用题时,首先要让学生仔细读题,初步了解题意。读题是了解题目内容的第一步,也是培养审题能力的开始。然后仔细推敲字、词、句,准确理解题意,在这个基础上再列出算式计算;还有,在做一些计算题目时,我要求学生不要马上就进行死算,而是想一想可不可以用简便算法,估算一下大约等于多少。这样,既提高了做题的速度,又提高了计算的准确性。通过审题训练,可以养成认真严谨的习惯,引导学生灵活的选择正确合理的计算方法,提高做题的质量与速度。所以,培养学生养成良好的审题习惯是非常重要的。

四、培养学生认真倾听的好习惯

课程改革实施以来,我们惊喜地发现,孩子们变得活泼了,胆子大了,课堂变得活跃了,学生都敢于提问,敢于发表自己的意见和看法。但是我们却常常看到这样的镜头:

当一个学生的发言还没完时,旁边的学生却高高地举起了手,大声嚷嚷:"老师,我来,我来……"当教师指名一位学生回答时,其余举手的同学都异口同声地叹起气来,垂头丧气,根本顾不了听讲;当老师讲得津津有味时,学生却旁若无人地干着自己的事……凡此种种,不由得人深思。自古以来,培养学生倾听能力和品质一直是教育的精粹,古今教育家无不强调"听"在学习生活中的重要性。在活跃的数学课堂里,学生光有表达是不够的,如何倾听别人的意见一种良好的学习习惯,学生在课堂上能认真倾听——倾听老师的讲课、倾听同学的发言才能积极有效地参与教学活动过程,开启思维的火花,获取新的知识,培养能力,才能促使课堂活动有效进行。因此,在教学中要明确目标,要求学生一定要认真倾听其他同学的回答,并在教学中仔细观察,及时对认真听的学生进行鼓励、表扬,加以强化,而对于不认真的学生及时给予纠正,必要时还给予适当的惩罚。这样学生学会了倾听,学习也主动了。学生在课堂上能认真倾听老师的讲解,倾听同学的发言,在听的过程中更能积极主动地参与教学活动。总之,培养学生的倾听能力,使学生养成良好的倾听习惯,会对自己的人生之路产生不可估量的作用,会对人的全面素养的提高起到巨大的推动作用。学会倾听,也就学会了尊重别人,学会了真诚处事,学会了关心,也学会了与他人合作。

五、培养学生认真独立地完成
作业和自觉检查的习惯

在学生的作业中最能反映出学生的学习态度和学习习惯。我认为良好的作业习惯应该包括态度认真、及时检查验算、书写工整、独立完成、富有创见等。学生解决问题的能力高低不仅仅是体现在对问题的分析与解答,还体现在对解答过程的反思和检验。由于学生缺乏良好的检验习惯,经常事后后悔,我们习惯把这种现象称为马虎,其实是学生能力素养培养缺失的体现,而在实际教学中往往忽略这方面的训练与培养。在平时的作业中,对于一些字迹潦草的学生先进行提醒,如果不改的话,只能进行适当的惩罚。不要过于相信学生的检验能力,每个问题的检验方法往往是有多种。解方程、脱式计算、填空等的检验都要经常带领学生进行回顾,针对实际情况进行选择合适的方法进行检验。如:对应用题的检验学生是非常困难,然而检验是不可缺少的一环。教师通过教学,使学生掌握检验应用题的方法,逐步养成“自觉检验的好习惯”。因此结合教学内容,教给学生检验的方法是非常重要的。其次,教师在日常教学中,要把检验作为学生解答问题的必要步骤长期坚持下去,使学生受到潜移默化的影响,逐步养成自觉检验的良好学习习惯。这不仅可以培养学生认真的学习态度,而且还能培养学生思维的批判性、深刻性和自我评价能力,通过对解题过程的反思,培养学生严谨、细致、缜密的思维

品质。

　　总之,学习的能力和学习的习惯只能在学习中形成和发展。教师要更新观念,积极进行教学改革,选取最能发挥学生学习主动性的教学方法,组织学生的学习活动,在教学基础知识的过程中教学习和思考的方法,培养良好的学习习惯,持之以恒,使学生不但学会知识,而且会学知识,做学习的主人。

家校合作：培养小学生良好的数学学习习惯

◎ 朱　江

家长如今遭遇的矛盾在于：不让孩子输在起跑线上的美好愿望以及如何摆脱每天的痛苦陪读这一现实需求之间的矛盾。

对许多家长而言，这是一件非常急切的事情。孩子的转变不可能在朝夕之间，却是每个朝夕努力与坚持的结果。学习问题一直困扰着家长和孩子，无法快速地根治，比如作业拖沓问题、上课不认真问题、做题目粗心老是做错等这些常见的"小问题"。

如何去处理这些问题，家长要明确一个不可回避的事实，学生的学习不是一部激情澎湃的大电影，而是一部平淡中带有悬念的长篇连续剧，每一集看似简单无聊拖沓，每个季的结尾总是让人很惊讶。

同时，解决这些综合性问题简单的方法就是明确家长、学生和教师三者在学生学习中的相互作用，主要分为家长如何辅导孩子学习、学生自己对学习的态度与习惯、教师在教学中的主要策略。

（一）家长如何辅导孩子学习

家长如何辅导孩子学习，其实就是家长对学生学习持有的态度与习惯。陪读现象已经成为家长的噩梦。辅导不是简单的陪读，同时家长在孩子学习中的角色绝对不是主导者，主角是孩子，家长永远都是配角，不同时期不同的配角，主要有"引导者""参与者""指导者""监督者""管理者""旁观者"。其最终的目的就是让我们的主角孩子学会独立自主的学习,完成配角光荣的历史使命。当然,其间短暂的消耗战、持久战、监督战还是避免不了的。

【小案例：作业全对,成绩很差】

　　班级里有个学生小萧(化名),回家作业完成情况很好,不过仔细观察,就会发现他的作业被涂改过很多次。反观他的课堂作业,表现则相差甚远。为了弄清原因,我找来了他的父亲。交流中发现这位父亲对孩子的学习还是非常用心的：每天晚上都会认真地"帮"孩子检查作业,逐题标注出错误以后,还会责令孩子去改正。父母的过度代办,导致了孩子丧失了自己应有的检查习惯与能力,当学生在没有父母监督时,已经丧失了自己检查作业的习惯与能力。

　　父母的过多的代办和参与,每晚小萧一家就作业问题要打多久的消耗战？消耗的是父母的耐心与小萧对学习的兴趣。

　　家长角色的错误还表现在很多时候都采用提前教学的方式让孩子提前接受新的知识,对这点我很不敢苟同,主要原因有：对于课程的目标要求不能准确把握,教学是一项专业技术较强的工作,看似简单的一些知识,但是要合情合理的让学生学会,不是一件容易的事情,其中的掌握知识深浅程度,是要符合孩子认知规律和个体差异的,其中最让人头疼是家长的习惯性辅导思维,用自己小时候学习相关知识的思维和经验去教导孩子,这就导致了学生直接掌握了解决相关问题的技巧,可是对其中相关概念和知识理解的缺失,导致今后学习更深一层的东西时,形成相关的认知断层,无法或者很难掌握下一阶段的知识,增加了今后的学生学习的困难。同时由于学生课堂的知识有了简单粗糙的整体了解,课堂的知识已经学过或者好像学过,失去了整体新鲜感与兴趣,失去了学习的兴趣。上课不仔细听讲和积极参与,处于似懂非懂的状态。

(二) 学生自己对学习的态度与习惯

　　学生是学习的主角,不是配角。学生的学习态度与习惯是要靠培养的,这是我们配角必须要完成的历史使命,也是我们配角的第一个角色:引导者的任务。没有良好的学习习惯,学习将会事倍而功半。

学习常见的问题有经常犯计算错误、题目数字抄错、作业忘带、作业做错本子等,这些问题家长往往喜欢归结为学生粗心和马虎,我倒觉得这些其实就是学生的学习态度和习惯问题,不是一个小问题,虽然表面问题不严重,但日积月累到后面,往往会引起其他严重的并发症,积劳成疾,重症难治。

数学最基本的第一步就是数字的书写,很多孩子这个第一步不合格,字形不对、笔画错误、排列不清、书写缓慢、难以辨读等。有时面批学生的作业时,经常当面问学生到底写了是 0 是 6 还是 9 等。很多孩子自己都分不清了,计算错误往往就是从这里起步的。

书写是学生遇到的最大难题,书写训练有助于学生练习数字的书写,加快书写的速度,抄写题目的准确度,熟悉相关的口算和口诀,达到熟能生巧的效果。书写是可以训练的,小学是学生书写习惯训练最好的时机,一年级练习算式的书写,二年级练习竖式的书写,三年级练习递等式的书写,四年级练习文字概念和几何作图的书写,五年级就大功告成了。

养成良好的学习态度和习惯,父母和教师有至关重要的引导作用,起步时期很艰难,水到渠成之后,一切就顺理成章了,不需要无休止的消耗战和监督战这些陪读的战役了。

(三) 教师在教学中的主要策略

面对一个班级众多的学生,我们大部分的精力只能顾及班级大部分学生,对于优秀的学生或者后进生的个性化的教学,只能是师傅领进门,修行靠自己,教师对他们制定特定的方案,方案的实施均需要靠学生自己去坚持与努力。那么,家长应该如何参与进来呢? 这就涉及到家长对学校和教师角色的定义问题。

在于家长交流过程中,部分家长将学校认为孩子放在学校,那么孩子的学习就是老师的事情,与家长无关。随着时代的发展,学校只是孩子学习的主要场所之一,社会和家庭已经在孩子的成长和学习中所占的地位越来越重要了。在学校,教师的作用与影响力也许比较大一点,但在学校之外,家长的作用与影响力很深远的,家长是孩子的第一任教师,也是一生的榜样。家长在繁忙的工作之余,也要关注一下学生的学习状况,做好自己的角色。教师在新时代的一项职责也将是为特殊种群学生量身定制一套合适的学习方案。

【小案例:坚持与不坚持的结果】

以前三年级班级学生小 A 和小 M 两个女生,数学都是后进生,计算错误率高,态度不端正,写字速度慢,针对这两个学生列出了一个计划,从最基本的做起,先练习写数字,再锻炼把算式写整齐,接着好好地熟悉书写乘法口诀和加减法,并且将计算的草稿列在递等式的旁边,寻找错误。然后,对于应用题先按照技巧寻找等量关系,多读、多看、多思考,再通过理解列式,最后,实现数学的进步,预期是一学年的时间。这是一个长期的过程,在这一年中,坚持下来的必定能有显著的效果,最后,小 M 在自己和父母的坚持下,学习情况有了明显的好转,但是,小 A 的学习窘境却只是稍微改善而已,在实施过程中,我也时常关注,经常提醒小 A,督促小 A 完成相关的训练等,但是,她和她家人的不配合以及消极对待使人无语。坚持了一两个月,看不到明显的效果就放弃了。

小学数学是一场基础的耐力竞赛,它很平凡,在今后的数学学习中,很多人都将它遗忘,但是,它永远在我们数学的学习中默默地起着重要作用,是端正学习数学的态度和规范学习数学原则的基础。

互携互助　培养学生挑战性学习

◎ 张少华

　　《数学新课程标准》明确指出："数学教学要实现人人学有价值的数学,人人都能获得必需的数学,不同的人在数学上获得不同的发展。数学自学能力的培养,是当前小学数学教学改革的目标之一。"自上海教改以来,在"新课标"理念的带领下,越来越多的时候让我体会到,少教多学贵在学生的独立学习,对学生的数学综合学习能力要求非常高。如果教师一味地以"课堂集体讲课制"进行数学教学,已经不能完全满足所有学生的学习需求了。因为学生的学习动机、学习起点、学习能力、个人弱点都不同,能力强的学生"吃不饱",能力差的学生"来不及吃",如何发掘并利用学生各自的学习特点,以点带面,鼓励更多的学生进行挑战性学习,为新课题注入一股新鲜力量? 小学阶段的学生的可塑性是很强的,是培养各种学习品质和能力,发展智力的良好时期。我们应该按照教育学家叶圣陶先生提出的"教是为了不用教"为目标,改革教学方法,提高课堂效率。为了更好地完善自己的教学质量,培养学生的数学综合能力,笔者也会向以下目标努力。

一、首先,适时放手,为挑战性学习打基础

　　《新课标》指出:"要正确认识学生个体差异,因材施教,使每个学生都在

原有的基础上得到发展,要让学生获得成功的体验,树立学好数学的自信心。"我们不得不承认学生的个体存在着明显的差异,也要相信自己的学生,具备了思维,学生也就已经具备了自学的能力,有时候就可适时放手让学生自学探究。在学生自主探究的自学过程中,增强学生的学习兴趣和自信心,提高学习效率,培养数学学习品质。

例如在教学"分数的初步认识(一)——几分之一"前布置一些预习"小练笔",可以用以下思考题指导学生先在家读书自学:(1) 一个圆可以用几表示?(2) 两人分蛋糕怎么分最公平?三个人分呢?(3) 分数怎么读,怎么写?(4) 分数有几部分组成?让学生在这组思考题的指导下去预习,读例题的分析与解答的过程,通过认真仔细地思考,从而明确"简单分数的特点及基本读写"。这样,不仅能督促学生去读书,而且能使学生逐步地掌握读书自学的方法。

又在学习"一位数除多位数的除法"前,考虑到这节课是以一位数除以一位数的除法作为基础的,学习"一位数除以两位数"除法时,学生已经懂得"要从被除数的最高位除起;除到被除数的哪一位,商就写在哪一位的上面;如果被哪一位除后面有余数,就把被除数的下一位落下来继续除"的计算规则,一位数除以多位数除法就可以以此类推,教学时可以以练代讲,在学生阅读教材后,利用学生"跃跃欲试"的心理,让学生进行尝试练习,学生会认真地再一次在书上去寻找方法。教材中有很多内容都可以采用这种方法去督促学生认真读书自学,这样能使学生逐步养成读书的良好习惯。原本已懂的同学,通过反复思考,更加理解,原来不理解的同学,也受到启发,逐步懂得了,这个不断议论、不断使答案完整的过程,就是学生不断思维的过程,就是学生不断获取新知识的过程。这样有助于学生养成爱动脑和善于思考的习惯,能有效地提高学生自学数学的能力。

二、把教学模式从教师的"如何教"向
学生的"如何学"转变

自古以来,我们的先人对教学是颇为重视的,也有很多对于"教学"的解

析。所谓教学,《礼记·学记》曰:"玉不琢,不成器;人不学,不知道。是故,古之王者,建国君民,教学为先。"《后汉书·章帝纪》:"十一月壬戌,诏曰:'盖三代导人,教学为本。'"《南史·崔祖思传》:"自古开物成务,必以教学为先。"然而,长期以来,我国学校教育受苏联教育思想影响颇深,相当大部分学校仍基本保持着传统的讲课方式,即"一幅黑板、一支粉笔、一张嘴、一本书"或"板书+挂图"的传统模式,形成教师负责教,学生负责学,教学就是教师对学生单向的"培养"活动。当下,《新课标》号召的教学并不是教师教、学生学的机械相加,传统的教学模式将不断让位于师生互教互学,彼此将形成一个真正的"学习共同体",达到"教学相长"的境界。

如有一位教师教"循环小数"时,学生通过动手计算"10÷3""58.6÷11",揭示了循环小数的意义,教师进而提出:"生活中有哪些现象也是依次不断地重复出现?"学生争先恐后地抢答,有的说:"日落日出,春夏秋冬。"有的说:"周一至周日,一月至十二月。"有的说:"地球绕着太阳转,月球绕着地球转。"当有的学生说"人都是从出生到死亡"时,同学们提出异议:"这不是依次不断地重复出现,因为人死了不能复生。"对于这个问题,大家各抒己见。此时,教师再次指导学生从数学的角度思考和讨论这个问题,达成共识。即从人的个体来讲,不是依次不断地重复出现,但如果从人的生命繁衍的整体来讲,是从出生到死亡依次不断地重复出现。在这个过程中,师生分享彼此的思考,求得新的发现,从而达成共识、共享、共进,实现教学互动和共同发展。

三、开展小组合作学习,朝着以学生 学习为中心转型,回归本质

新课改提出:"要培养学生搜集处理信息的能力,获取新知识的能力,分析和解决问题的能力以及交流合作的能力。"这样一来,探究式学习法必然成为学生的主要学习形式,而要充分发挥探究式学习法的优势,必须要大力开

展小组合作学习,动手操作实践,自主探索与合作交流将成为学生学习数学的重要方式。小组学习与讲课制教学相比,有很多的优越性。之前已经讲过学生之间存在着明显的个性差异,小组合作学习能为学生的这种个性差异提供展示与进行互补的平台。

比如在学习"三角形的面积"教学时,课前要求每位学生准备好形状大小相同的直角三角形、锐角三角形,钝角三角形各两个,在操作之前教师提出:"请同学们拿出准备好 3 组三角形图形,动手拼拼,能否用每一组的两个三角形拼成一个已学过的图形,再和小组的同学交流说一说,每组图形中的三角形与拼成的图形之间有什么关系?"

再如二年级下册学习"列表枚举"教学时,小组讨论:羊和鸭共有 22 条腿,有可能是几只羊和几只鸭呢? 让学生小组合作,轮流提出自己的答案,并相互验证猜想得是否正确,再由组长负责记录下正确是答案,共同整理出完整的答案,最后全班交流分享。通过有目的的合作学习,能力强的学生带动能力差的学生,学生的个性得到了张扬,为学生营造一个轻松、平等和充满乐趣的学习氛围,它减轻了学生的学习压力,增强了自信心,也使学生的学习任务由过去的个体化转向了个体化与合作化相结合的新型学习任务,学生之间的关系也由过去单纯的竞争关系转向合作与竞争相结合的关系。更值得一提的是,通过小组合作学习的开展,学生学习的主体得到了增强,还淡化了教师的权威和促进了教师主导性角色的转变,促进了师生、生生关系的和谐发展。

总之,受传统的应用题教学弊端的惯性影响,教学的路还很漫长,需要我们一线的教师不断的学习、不断的反思、不断的尝试,优化课堂教学,让孩子真正地爱上学习、爱上数学。笔者相信,只要朝着以上的目标认真地去探索、研究,一定会让自己的学生在学习上拥有可贵的挑战精神。

小学数学教学与信息技术的整合

◎ 赵　震

　　随着当今世界科学技术的突飞猛进,信息化时代已经走进了我们的生活,也走进了我们的校园。现代信息技术的发展对数学教学的价值、目标、内容以及学与教的方式产生了重大的影响。现代信息技术与小学数学课程的整合,能够实现教师的教学方式、学生的学习方式以及教学内容的呈现方式等方面的变革,使信息技术成为教师加强教学的针对性、生动性和实效性及学生认知、探究和解决问题的工具,以提高学生学习的层次和效率,提高小学数学教学的质量。下面就以小学数学五年级第一学期"方程的初步认识"一课谈谈数学教学与信息技术整合的重要性。

　　"方程的初步认识"是学生学习代数初步知识的开始,也是学生第一次接触方程,因此建立方程的过程是本节课的重点,在教学过程中不宜直接给出形式化的方程定义,而是要让学生充分体验到方程的意义。那么应该通过数学教学与信息技术的整合,从一个操作视角不断吸收新信息和新方法,便于学生感悟、体验、反思和创造。学生在课程实施中的体验和感悟是不同的,而恰当的课程设计就给学生相应的体验和感悟的空间。

【活动一：创设情景,激发兴趣】

　　师：同学们,我们都知道有一句话"生命在于运动"。在运动器材中大家都知道有一个叫跷跷板,我想大家都玩过吧。我们的学习伙伴小亚和小巧也

正玩起了跷跷板,想不想去看一看。从图上你能说说他们俩人的体重关系吗?(Flash 课件显示两人玩跷跷板的情景)

生:小亚<小巧 或 小巧>小亚

通过数学学科与信息技术的交互,上课时学生像来到了玩"跷跷板"的地方,感受到学习的快乐,通过跷跷板的原理来认识天平,使数学教学与信息技术整合的内容和生活紧密相连,极大激发了学生的兴趣,不仅使学生掌握了数学知识,还丰富了他们对生活的感受和体验。

【活动二:观察实验,抽象式子】

(出示天平平衡图)

师:今天老师利用天平做几个小实验,请大家仔细观察,把你看到的现象用数学式表示出来。

师:老师这里有一个简易的天平,请大家仔细观察。

(演示 Flash 课件:在左盘放了两个 50 克的砝码,右盘放了一个 100 克的砝码。)

师:你能用数学式子来表示这时候的现象吗?

生:$2 \times 50 = 100$

(出示天平不平衡图)

(演示 Flash 课件:在左边放 2 个相同的物体,他们的重量不知道,用字母 x 表示,右边放一个 100 克的砝码。)

师:你能用一个数学式子来表示这时候的现象吗?

生:$2x > 100$(板书)

师:在右边再添上 1 个 100 克的砝码。(演示 Flash 课件)

师:现在你能用一个数学式子来表示这时候的现象吗?

生:$2x > 200$(板书)

(演示 Flash 课件:再在右边添上一个 50 克的砝码。)

师：现在天平怎样？

生：平衡。

师：天平平衡了说明什么？

生：天平左边的物体重量＝天平右边三个砝码的重量。

师：这种左右两边相等的关系在数学上叫做等量关系。怎么列式？

生：$2x＝250$　板书

（出示身高图）

（演示 Flash 课件：小丁丁和爸爸的图片）

师：从图中你能找到什么等量关系呢？

生：小丁丁的身高＋凳子的高度＝爸爸的身高，因为小丁丁站在木凳上后，就与爸爸一样高了。

师：如果用 y 厘米表示小丁丁的身高，可以列一个什么式子？

生：$y＋25＝173$　板书

（出示积木图，演示 Flash 课件）

独立思考：根据图你能列两个式子吗？你是怎么想的？

交流核对：$x＋7＝12$

　　　　　　　$3y＝12$

小结：因为上排积木的长度＝下排积木的长度。

利用"天平平衡—小丁丁和爸爸的身高—积木的长度"情境，让学生能直观地表示出之间的关系。通过天平平衡到不平衡再到平衡，还有身高图和积木图的变化，使学生们都像成为一个个小实验家，同时激发了他们学习数学的兴趣。在多媒体的作用和我的引导下，学生从生活语言来说明事件再到用数学式子来表示转化过程，经历有具体生活情境到抽象出等量关系，再到含有未知数的等式表示等量关系的过程，进一步强化学生的等量关系意识。

【活动三：探究分类，揭示概念】

1. 初次分类，揭示等式概念

师：我们得到了这么多的数学式子，如果把这些式子按照统一的标准分分类，可以怎么分呢？

操作：同桌两个人边讨论边动手分一分，想清楚，你们是按什么标准来分的。

汇报交流：请一学生在电脑展示台上分一分，说说怎么分的。

追问：还有其他分类方法吗？

提问：（圈出等式）刚刚他把这些式子分在一起，它们有什么共同特点呢？（媒体演示）

揭示：表示两边相等关系的式子叫做等式。（齐读）

2. 再次分类，揭示方程概念

引导：如果把这 6 个等式再让你分分类，还可以怎么分？

操作：同桌继续合作完成。

交流汇报：分一分，说一说。

（圈出方程）问：这些等式又有什么共同的地方？（媒体演示）

通过信息技术与学科的整合，教师的主导作用体现在对信息流向、流程的控制上，人机交互功能使得教师能根据信息特点、学生特点和课堂的实际情况，适时地控制信息的表现形式和频度，充分发挥主导作用。其次可以控制某些对象使它们自动演绎出结果，使学生对这些对象及其演绎的过程有着亲切感，同时可以充分展示某个思维的各种发展方向以开拓学生思维的广度。这样大大丰富了教学手段，拓展了师生交流的渠道，提高了课堂效率。活动三是把这些式子按照统一的标准分分类，比一比哪个同桌整理得又清楚，又完整，又有特色，学生在学习单上整理式子，我很难了解到学生整理式子的全过程，教学的实效性很难把握。而网络环境的互动性，大信息量传载功能正可以解决这些问题，从而改变我以往运用传统的教学手段，使我及时地掌握各同桌整理的全过程,有利于学生在自主探索的过程中真正理解和掌握基本的数学知识与技能、数学思想和方法,同时获得广泛的数学活动经验,使学生感受到很轻松。

　　总之,信息技术与小学数学课程的有机整合,将给课堂带来活跃的学习气氛,丰富的教学内容,同时激发学生的学习兴趣。因此,小学数学课程应重视运用现代技术,特别要考虑利用信息技术对数学学习的影响,把现代技术作为学生学习数学和解决问题的强有力工具,致力于改变学生的学习方式,使学生自然而然地投入到现实的、探索性的数学活动中。

浅谈如何让小学生喜欢写作

◎ 陈向东

一、开展丰富多彩的活动，激发写作兴趣

兴趣能促使学生产生强烈的求知欲，从内心产生一种自我追求，去学习、探索。激发写作兴趣是提高习作水平极为关键的一环。小学生特别喜欢那种游戏化的学习方式，如演课本剧、摘草莓活动、班队活动、阳光体育活动、春游和秋游实践活动等。让学生进入情境，演一演、摸一摸、看一看、闻一闻、听一听、想一想，学生就能较准确地抓住事物的特征，从中发现美、感知美，唤起表达的欲望，从而激发起学生对写作的浓厚兴趣。这种让学生在活动中获得感受和体验后再写作文，不但能提高学生的写作兴趣，活跃他们的思维，增强他们的表达欲望，也能使那些习作有困难的同学有话可说，有事可写了。

二、鼓励学生大量阅读，丰富积累语言

常言道："读书破万卷，下笔如有神。"这句话告诉我们，多阅读，写起作文来你就不会觉得"枯竭"，所以多读多积累是写好作文的"诀窍"。阅读是作文的基础。要提高学生的写作能力，就要指导学生大量阅读课内、课外读物，并

做好读书笔记,逐步养成不动笔墨不读书的好习惯。老师要引导学生把课文中的好词佳句、优美片段分类摘抄在摘抄本上,然后进行读、背、默,积累在心中。除了通过课堂教学进行语言积累外,还要鼓励学生大量阅读对身心发展有益的课外读物,向学生推荐一些好的报刊读物,如《语文报》《十万个为什么》《童话故事》《爱的教育》等。书读多了,语言积累也多了,这样就能把书中的营养自如地运用到自己的写作之中,不会有"只可意会,不可言传"的苦闷,甚至会发现原来写作很容易,从而喜欢上写作。

三、读写结合,有效仿写练习,培养学生的写作能力

对于初学写作的小学生来说,虽然是写自己身边发生的事,也知道是将自己看到的、听到的、做过的、所想的写下来,可是一动起笔就不知道该怎么写,写出来的作文总是不能具体,更别说生动了。所以老师要为他们提供一些范文,让他们学习范文的写作思路、写作方法,根据范文的语句以及表达方式进行具体的模仿,习作起来就降低了难度,也有了信心,写出的作文也就能比较具体、生动。

首先,仿写文中的句或语段的表达方式。例如,学生仿照"……有的……有的……还有的……"这样的句式写道:"下课了,同学们有的踢毽子,有的跳绳,还有的跳皮筋。课间活动真是丰富多彩呀!"学生学会了仿写句,也就为写段、写篇打下了基础。

其次,读写结合,指导仿写课文的写作方法,进行篇的训练。语文教材中安排的课文都是佳作,无论是语言文字,还是篇章结构都是学生学习的典范。从语文教学实践看,学生从读到学写,由仿照写到自己创作效果明显。学生读一篇好文章既可以学到作者的观察方法、思维方法,又可以学到表达方法,经过由仿照写到自己创作,走出了一条写好作文的捷径。例如,学习了《颐和园》这篇课文,老师让学生模仿这一课的写作方法写作文《游……》,学生写出

的作文结构清晰,用词恰当,表达具体生动,既能按照地点转换的顺序写具体了游览的过程,又能把游览时的感受也表达清楚。这样就把课内学到的知识巧妙地运用到了写作当中,很容易就达到了学以致用的目的。

四、备好并上好习作指导课,提高学生的写作水平

让学生提高写作水平,离不开有效的写作指导,所以备好并上好作文指导课很关键。备作文指导课是提高写作训练实效的基础,是实现作文教学目标的前提。备作文指导课一样由教学目标、教学重难点、教学准备、教学过程、板书设计组成。

教学目标的确立必须依据大纲规定的年段作文目标,本次作文训练教材的要求,本班学生说写的实际水平,拟定出本次作文指导课想要达到的目标。不能超纲离本,要求过高过急,致使学生怕写作文。

教学重难点的确立必须以作文教材中主要的、重要的训练点为教学重点。难点是指学生在习作中,感到困难的地方。作文指导课要突出训练重难点,取得最少一课一得的实效。不要面面俱到,结果没有实效。

习作课的课前准备不仅是教师自己教案、教具的准备,甚至还要指导学生做好积累素材的准备,可以组织学生参加相关的活动体验,积累相关的词、句、段等。

教学过程一般有这几个环节:激发表达愿望;审题,明确写作要求;选择典型材料,开拓写作思路;指导组织材料;说写结合,指导写作技巧;指导写后修改;课堂小结。

板书设计应是一份"微型教案",应做到言简意赅,纲目分明地帮助学生掌握训练要点,理清说写脉络。

如此备好习作指导课,那么上好习作指导课就有了保证,每次习作指导课学生都有所获,习作水平得到有效的提高。那么,学生对写作也自然有了

信心,就会喜欢写作。

五、采用激励机制,鼓励学生乐于写作。

(一) 作文批改、评价,以鼓励为主

作文的评定采用高分制;用心写好评语,做到竭力捕捉闪光点;热情赞扬好文章;委婉提出修改建议;引导学生纵向比较。我还告诉每位学生,他们的作文本就是他们自己出版的书,作者就是他自己,让每一位学生成为小作家,每一次作文都能获得成就感。然后,让孩子们互相阅读欣赏,找找彼此的优点,学会赞美别人,欣赏别人,互相帮助,共同提高。坚持以鼓励为主,真真正正调动了学生的写作积极性和自信心,使每个学生都喜欢表达、喜欢写作。

(二) 给学生展示自己能力的机会

每个同学都渴望自己的作文能得到大家的重视和赞同,为了满足他们这种心理需要,我班教室后面的黑板报专门有一处"我是小作家"的专栏,每一次写得好的作文,都会张贴在此,让大家欣赏。我还利用十分钟队会,让班中优秀作文的作者朗读自己的作文,引导大家赏析,甚至把班级中的优秀作文推荐给学校语文报发表,尽力给学生创设展示自我、体验成功的舞台,从而获得成就感,那么就会越来越喜欢写作。

以上是我在写作教学中的一点体会。但是,要让小学生对写作感兴趣,喜欢上写作,从而提高写作水平,并非一朝一夕可造就的,需要循序渐进,长期的训练,需要师生共同的努力,从而赢在起跑线上!

KE LI FAN SI

课例反思

实施分层跟进　实现有效教学

——小学数学"位值图上的游戏"课例研究

◎ 陈薇芬

一、课 例 背 景

　　课堂提问作为一种最直接的师生双边活动,是发展学生思维,及时反馈教学信息,提高信息交流效率,以及推动学生实现预期目标的基本手段。因此,提高数学课堂提问的有效性是教学成功的起点和基础,而提问之后的及时跟进则是教学成功的提高和保障。

　　目前小学课堂教学中教师已经比较注重根据提问对象确定提问层次的研究和实施,但在提问后的后续跟进提问中,如何根据提问对象进行"有效跟进提问",则是目前课堂教学中的薄弱之处。我校"小学数学课堂'跟进式提问'策略的实践研究"课题组以"位值图上的游戏"为课例载体,进行了"实践—反思—实践"的课堂教学实践研究,尝试探索提问后针对各层次学生所采取的不同提问预设和跟进策略,以提升课堂教学效果。

　　"位值图上的游戏"是小学数学二年级"千以内数的认识与表达"中的内容,要求学生通过操作、探究等活动,感受圆片的位置或数量的变化能引起数的变化,并能感受到有序的数学思想方法。

二、实 践 过 程

教师新授完加放一个小圆片后引起的数的变化之后,进入探究移动一个小圆片后可能引起的数的变化环节,请一个学生示范后,教师请学生小组合作探究找出所有可能情况,然后进行全班交流。

【教学实践片段一】

生1(A):我们发现了6个结果。

生2(A):汇报出不同顺序的6个结果。

师:有没有好的办法得到这所有可能的6个数呢? (生讨论)

生3(A):个位可以移两次,百位也分别可以移两次,这样既不重复也不遗漏,正好是6次。

师:请听懂的小朋友说一说,百位可以怎么移? 得到的结果是几?

生4(A):百位移到个位,得到的结果是114。百位移到十位,……

生5(A):可以把百位移到十位是123。把十位移到个位……把十位移到百位……

师:那么你认为这样按顺序移动方便还是像刚才东想一个、西想一个移动好?

生齐答:按顺序移动方便。

师:看来有序的思考真的是个好办法,可以帮助我们解决问题。

课后通过研讨交流,大家认为,除了问题预设方面的问题之外,在提问后的跟进提问方面有几点老师欠缺思考:(1)提问层次预设不够,对各层次的学生分别应该预设何种层次的提问教师考虑不多,没有明确的对象指向。体现在教师从提出问题到指名回答之间的停顿较长,似乎提出问题之后才开始考虑让谁回答问题,想问谁就问谁。(2)提问后跟进力度不够,总数30人次的提问才跟进了 11 人次,且跟进问题都是以转问为主,比较单一,跟进处理不到位。表现在教师感觉学生的回答迟迟不能切中要领,因而频频转问。其实生 3 的回答就已经切中要领,并且言简意赅,但是教师对这个回答蕴涵的思维价值轻描淡写,轻易放过了。(3) 对于不同层次的学生采取何种层次的跟进教师较模糊,基本以跟进 A 层次的学生为主,对其他层次的学生跟进的关注很少,跟进广度不够。这就导致师生之间的交流仅限于教师和若干个优等生之间,其他同学充当"看客"。

针对以上问题,对教师提出了以下改进措施:(1) 按照加强各层次对象跟进提问的预设,具体做法是将要提问的问题罗列,按照问题的难度对应提问对象和跟进提问对象;(2) 加强跟进提问力度,丰富跟进提问的形式,可以以追问、转问等形式实现;(3) 加强跟进提问广度,关注各层次学生。特别是不能忽视中下层次的学生。

【教学实践片段二】

生 1(A):汇报了 6 种结果。(没有按照顺序)

师:有没有小组和他们方法一样,但记录的顺序不一样呢?

生 2(A):按照顺序汇报了 6 种结果。

师:比较这两种记录方法,你觉得哪一种比较好? 为什么?(同桌讨论)

生 3(A):我认为第 2 种好,因为第 2 种有顺序。

生 4(B):我也认为第 2 种好,他写得很有规律。

师:像这样有顺序地写有什么好处?

生 5(A):这样写就不会漏掉。

生 6(C):还不会多写。

师:还有别的可能吗? 为什么没有别的可能了?

生 7(A):因为从百位只能移到十位和个位,从十位只能移到百位和个位,从个位只能移到百位和十位,都移过了,就没有了。

师:谁听懂他的意思了?

生8(B)：先从百位移，只能可以移到十位和个位；再从十位移，……

师：也就是说移动一个小圆片时，从百位出发只有几种情况？（2种）

生9(D)：从十位出发也只有2种情况，从个位出法也只有2种，所以一共有6种。

师：像这种有序的方法可以帮助我们又快又好地找到所有可能。

通过对前一轮的分析，教师在这轮教学中对前两次教学中的不足都作了改进，达到了较好的教学效果。（1）对跟进提问作了充分预设，可以看出教师对提问跟进对象指向较为明确，具体体现在思维力度较高、难度较大的问题，主要跟进提问A、B层次的学生；而思维力度较小、按年度较小的问题，主要跟进提问C、D层次的学生。（2）对各层次学生提问跟进的力度加大了，表现在对各层次学生提问跟进的次数大大增加，其中提问A层次学生7人次有5人次得到跟进，提问B层次学生8人次有5人次得到跟进，提问C层次学生5人次有3人次得到跟进，提问D层次学生5人次有3人次得到跟进。（3）提问跟进的形式更多元，不再以转问为主，而是适时追问与及时转问相结合；（4）注意对不同层次学生跟进的广度，教师关注到不同层次的学生，并根据学生反应进行了及时的跟进提问，而不仅仅是把目光集中在A层次学生身上。

三、启　示

（一）关注学生原有层次，预设具体问题进行跟进

教学过程中包含了教师的教与学生的学两个方面。教与学相互适应才能达到预期的教学目标。不同的学习者具有不同的学习态度、起始能力、已有知识和个性特征，这些能力和特征直接或间接地影响着学习者的学习效

果。了解学生的学习基础,对教师全面分析学生特点,促进学生的学习有极大帮助。因此,教师针对不同的学生所采取的教学策略、跟进策略当然也应有所区别。教师在课前就要预设好针对不同层次学生的跟进问题,要充分考虑到学习者的起始状态,控制好跟进式提问的深度和坡度。

本课例教学实践二中,教师就把预设好的问题大致分为两类,思维力度较大的问题和思维力度较小的问题,然后根据学生学习能力的差异,前者提问跟进学习能力较强的 A、B 层次的学生,后者提问跟进学习能力较欠缺的C、D 层次的学生,分层跟进,取得了较好的效果。

(二) 关注学生课堂掌握层次,把握提问后的跟进力度

教师的跟进提问目的是要促进每位学生的发展,因而跟进前要充分考虑学情,运用“最近发展区”理论,分出梯度、层次尤为重要。教师应根据各层次学生给予不同层次的跟进“照顾”。引路性跟进,要多问优等生;锻炼性跟进,照顾中等生;鼓励性跟进,穿插点后进生,对优等生可合理“提高”,对中等生要逐步“升级”,对后进生可适当“降低”,但切忌不要随意“恩赐”。这样不同层次的学生都有自己适当的位置,人人都能体味成功的喜悦。

本课例中教学实践二和教学实践一最大的差异就是教师抓住了课堂上转瞬即逝的时机进行适当的形式丰富的提问跟进,使得每个问题通过提问跟进“各得其所”,有效推动教学过程顺利进行。

(三) 关注各层次学生的需求,合理把握跟进提问广度

正像苏霍姆林斯基说:“人的心灵深处都有一种根深蒂固的需要,这就是希望自己是一个发现者、研究者和探索者,而在儿童的精神世界中这种需要特别强烈”。因此,适合广度的跟进问题应该是:对全体同学均有思考的内容和动机(在回答要求上可以有所区别)。在跟进提问时,教师应让学生感到教师是在面对自己说话,让学生感受到教师对自己的重视,从而集中精力于课

堂活动之中。本课例中教学实践二中学生始终兴趣盎然,不能不说和教师提问跟进关注到了不同层次的学生有关。

当然,根据提问对象进行跟进提问,只是教师跟进行为的一方面,是和其他跟进行为结合在一起的,如跟进评价、等待时机等,在具体课堂实践中,教师还应根据提问对象灵活选用具体跟进行为。另外,教师提问跟进的有效性是以提问的有效预设为前提的,非指向明确、切中要领的问题,无探讨提问跟进的必要。

加强体验感悟　促进概念建立

——"克、千克的认识"教学案例

◎ 蒋秋萍

一、案 例 背 景

概念教学是一种理论教学,理论性、学术性较强,往往会显得枯燥无味,但同时它又是一种基础教学,是以后学习更深一层知识、解决更多实际问题的知识支撑。因此,我们应该重视概念教学的开放性、自主性与概念形成的自然性。而且数学课程标准指出:数学教学,要紧密联系学生的生活环境,从学生的经验和已有知识出发,创设有助于学生自主学习、合作交流的情境,使学生通过交流、操作、概括等活动,获得基本的数学知识和技能,进一步发展思维能力,激发学生的学习兴趣,增强学生学好数学的信心。

"克、千克的认识"是九年制义务教育课本二年级第二学期第五单元第45～47页的教学内容。本单元的教学内容安排,从重量的初步感知、重量的直接比较、重量的间接比较、再到使用统一的重量单位进行比较。通过这一单元的学习,学生初步建立起质量(重量)单位的概念,并认识了表示重量单位"克""千克",并会用它们来表示物体的重量。学生在经历重量单位建立的过程中感受到统一计量单位的意义;通过"克与千克"的学习,为学生后续学习新的重量单位奠定知识基础;也为学生学习和建立其他的单位概念,提供能力迁移。但是由于重量单位既不像长度单位那样直观、具体、看得见,也不像时间单位那样"听"得见,更不能靠观察得到。再有就是受生活环境的影响,因为日常生活中他们只是听到斤或两,还有就是"克"这个单位比较小,学生更是很少有对这个重量单位的感受与体验。那么,如何才能有效地进行计量单位的教学呢? 下面就围绕"克、千克的认识"同课异构中的共同点来谈谈。

二、案 例 片 段

【片段一:"1 克"的认识,"1 千克"的认识】

蒋老师:

(1) 认识并感受"1 克"。掂一掂一粒花生米的重量,感受 1 克有多重。

(2) 举例:生活中还有什么物品大约重 1 克?

(3) 读写:克也可以用英文字母"g"表示,读作"1 克"

(4) 操作 1:一袋 1 千克的花生(准备 4 袋,四大组让学生传一传,掂一掂)

操作 2:5 本数学书、4 本字典(小组内操作)

孙老师:

(1) 介绍"1 克":1 枚 2 分的硬币重约 1 克。

(2) 表示"1 克":1 克也可以写成 1 g。

(3) 体验"1 克"

① 掂一掂,感受 1 克的重量。

② 找一找:什么物品大约重 1 克?

③ 想一想:生活中还有什么物品大约重 1 克?

(4) 感受 1 千克的重量

① 掂一掂:5 本数学书大约重 1 千克。

② 想一想：几本数学练习册大约重 1 千克？

【片段二：感知几克、几十克，以及估测】

蒋老师：

(1) 感受"几克"：2 克，3 克，10 克。

(2) 估测：铅笔、橡皮的重量

孙老师：

(1) 掂一掂：2 克、5 克、10 克。

(2) 估测游戏：尺、剪刀、练习册、数学书

【片段三：认识"1 千克"】

蒋老师：

建立联系："1 千克"可以用多少粒 1 克的花生表示？

孙老师：

1 000 克糖相当于几枚 2 分硬币的重量？2 000 克糖？

三、案 例 分 析

两堂课结合生活实际，通过丰富多彩的实践活动，让学生亲身体验、感悟，有效地促进了概念的建立。两节同课异构的课都是有质量，有效率、准备充分，形式丰富。有如下几个共同点：

(1) 从已有经验出发，选择学生身边的事物，使学生在生动、具体的情境中理解数学知识的含义，建立重量的初步观念，并注重借助数学活动，深刻地体验与感悟千克与克的实际意义，促进对克和千克的概念的建构。

正如片段一，虽然两位老师选择了不同的教具（蒋老师选取的是一粒花生米，孙老师选取的是一枚 2 分硬币），但都贴近学生生活，并通过称一称、掂

一掂、找一找等活动,使学生初步建立 1 克的量感,能够感知 1 克是很轻的。重量不能靠观察得到,只能通过肌肉的感觉感知,所以两位老师在千克的教学后,再一次让学生掂一掂约重 1 千克的物品,同样选取了学生身边的数学书和新华字典。5 本数学书大约重 1 千克,4 本新华字典大约重 1 千克,通过小组活动,充分建立 1 千克的量感。

(2) 把猜一猜、估一估、算一算贯穿于教学的全过程,注意培养学生估测和应用的意识。如片段二,在学生建立了 1 克的量感之后,继续感知几克、几十克。建立了参照物之后,让学生去估一估身边的学习用品。例如:铅笔、橡皮、尺等。并运用电子秤称一称具体的重量。展现数学的科学性与严密性。这一环节的设计意图是为了让学生在今后选填合适的重量单位时,能够运用选定参照物的方法。

(3) 引导学生通过算一算、称一称、拼一拼,建立克与千克的关系,形成 1 千克里面有 1 000 个 1 克的概念。两位老师在千克的引入上完全不同的。蒋老师是通过练习册数量的累加,10 本练习册是 1 000 克,引出 1 000 克可以写成 1 千克。为了清晰地表明这个关系,通过花生米数量和重量的变化,运用媒体平铺 1 000 粒花生米,再把 1 000 粒花生米装一袋,直观地反映出单位之间的进率。孙老师是通过 2 袋 500 克的糖与 1 千克的味精比,一样重,引出 1 000克等于 1 千克。那么,1 千克糖相当于多少枚 2 分硬币?通过媒体形象地展示。虽然两位老师运用的学具不同,但都通过媒体的演示,学生动手掂一掂等活动,让学生深刻而直观地感知 1 千克里 1 000 个 1 克的观念。

(4) 学生是学习的主体,教师是数学学习的组织者、引导者、合作者。在整个"活动"中,学生在教师的引导下,根据活动的不同要求展开各种活动内容,人人主动参与。这些实实在在的经历与感受,加深对克与千克的认识,以及充分地建立了 1 克与 1 千克的量感。

计量单位的教学一直是教学中的一大难点,是所有一线教师的一大难题。因为计量单位的抽象性和小学生思维的具体形象性相互矛盾着。如何有效地进行计量单位的教学是值得大家思考和探索的,谈谈自己的一些想法:

(1) 联系实物,建立标准的计量单位的量感

两位老师都选用了贴近学生生活的"1 克"的学具,蒋老师选取了一粒花生米,孙老师选取了一枚 2 分硬币,并用电子秤称一称,的确大约是 1 克,体现了数学的严密性与科学性。让学生通过掂一掂、找一找大约 1 克的物品,建立1 克的量感。

(2) 寻找参照物,增强计量单位量感的建立

建立了 1 克的量感之后,两位老师都让学生感知了几克,并以 10 粒花生米或 10 枚 2 分硬币大约重 10 克,作为参照物,让学生去估一估铅笔、橡皮、尺等学习用品的重量。通过这样的操作活动,让学生学会选定参照物,与其他物品比较重量。

(3) 加强体验与感悟,促进计量单位量感的建立

两节课都有大量的教学活动,都让学生动手去掂一掂,1 克,几克,几十克,1 千克,几十千克,丰富多彩的活动能够加强学生对于重量的体验与感悟,更好地建立重量单位的量感。

(4) 丰富经验,积累计量单位的生活素材

两位老师选取了很多的学具,但仔细观察,发现两位老师的学具都来源于生活,来源于学生的身边,大大激发了学生的学习兴趣。

任何的学习都是一种主动建构过程,学生只有在亲身经历或体验一种学习过程时,其聪明才智才得以发挥出来。让学生亲身感受数学、经历数学、体验数学是学生学习的最佳方式。"克与千克的认识"的教学贴近学生的生活实际,充分重视学生的体验。

玩中求知　实现自主探索

——"进位加法"教学实践与收获

◎ 杨　艳

2011 年 11 月,我承担了一次校教研组的实践课教学,这也是我第一次上公开课。经过一番讨论后,决定的教学内容是:进位加法。

"进位加法"这节课是九年义务教育课本上海版小学数学一年级第一学期第三单元的内容。在学习本课内容之前,学生已经认识 20 以内的数,掌握了 10 以内数的加减法。这部分内容既是学习多位数计算的基础,也是进一步学习其他各领域内容必备的基本技能之一。

基于以上分析,本课我制定了以下教学目标:(1) 会在 20 数板上进行 20 以内进位加法的计算;(2) 通过学生的交流,发现多种计算方法,体验算法多样化;(3) 通过比较、抽象、概况,形成"凑十"思想;(4) 通过学生参与学习过程,培养学生独立思考的习惯,增强合作交流意识。教学的重点是:理解"凑十法"的道理,掌握计算方法;教学难点是:理解并掌握计算方法,并进行算法优化。

【第一次教学实践】

在引入部分,采用三个数连加的形式,将算式呈现在 PPT 中,学生通过整理好的算式,感知"凑十"算法带来的简便。

在探究环节,让学生通过两次动手操作,在动手动脑的过程中自主探索算理。

在练习巩固中,用刚刚总结的计算方法,来解决 PPT 中展示的练习题。

由于时间问题,最后一个开放性的题目没有来得及讲。

第一次试教后,我感觉自己对课堂的控制是很大的问题,主要原因在于很多学生的学习习惯不够好,听到老师的指令后不能马上做出反应。例如在探究环节,我设计了两次动手操作的环节,由于平时这类操作活动较少,没有养成良好的操作习惯,导致活动结束时总是有学生还在操作学具。此外,可能是由于多媒体课件设计的不够童趣,无法吸引一年级学生的兴趣,这也是导致课堂效率低下的原因之一。

大家给我的建议是可以通过多练练一些口令,如"说停,就停!""小雨沙沙!"等,将学生的注意力从一个学习活动转移到下一个学习活动,引导和培养学生的学习习惯。另外,在课件方面还需要改进,如以动画人物的口吻参与学习活动等。我打算在第二次教学实践之前按照这些要求试试看。

【第二次教学实践】

1. 引入部分

在这个环节中,对三个数连加的形式稍作修改,让学生自由组合列式计算,然后从学生的各种算式中提炼最简便的算法,初步形成"凑十"的思想,为下面的探究做好准备。此外,我通过一些简单的口令,如"小雨沙沙""泉水叮咚""说停就停"等让学生跟着老师的教学节奏走,并通过"小耳朵,听——"来培养学生的倾听习惯。

2. 探究部分

为了达成"理解凑十法,掌握计算方法"的教学目标,提高教学的有效性,我在这一环节让学生动手尝试并思考计算过程,在动手过程中注意培养学生的操作习惯,如听到开始的口令再开始操作,听到结束的口令马上结束,整理学具。以小组合作的形式进行操作,让学生在具体的问题情景中,通过合作探索发现问题、提出问题,然后交流汇报并理解算理。在小组合作时提醒学生轮流操作并表达自己的想法,培养学生的操作习惯。

3. 巩固部分

练习是巩固新知的一个阵地,为了提高学生的计算技能,我设计了几个层次的练习,在 PPT 中加入了卡通动物:小牛和小羊,通过两个卡通动物的情境,把枯燥的练习变得有趣而又吸引人,让学生在轻松愉快的氛围中巩固新知。

在第二环节的开始部分,我留了一个设问,问题是这样的:"刚刚小朋友发明了'先找朋友凑成十'的好办法,现在老师也想用这种办法,可是现在老师遇到困难了,老师发现,这里既没有 9 的好朋友,也没有 4 的好朋友,谁能帮帮我?"通过这样一个问题的引导,可能学生马上就会有意识地去找好朋友来凑十。

在学生探索完第一种算法之后,我应该马上跟进"为什么不能把 4 拆成 1 和 3?"因为这个地方是本节课的重点,如果强调一下,更有助于学生掌握重点。

我对整堂课每个环节时间的安排还需要改进,由于前面的环节拖了太久,直接导致最后一个练习题来不及呈现。

我的组织性语言不够精练,也需要进一步改进。总体看来,第二次教学实践的教学效果比第一次好很多,主要原因在于一方面注重了学生学习习惯的引导和培养;另一方面课件更加童趣,确实起到了吸引学生学习兴趣的作用。

通过两次教学实践,我有如下的体会和思考:

(1)教学设计要在找准教学起点的基础上进行

在引入阶段,我原先的设计是直接出示三个数连加的题目,让学生感受到前两个加数可以凑成十,企图通过提问让学生总结出凑十的方法,但是通过教学前测和研讨,我们发现学生其实缺乏凑十的意识。因此把题目的形式变了一下,改成了出示 3 个数,让学生自由组合连加,然后比较不同的组合方法,从而让学生"发现"原来凑十更方便。

(2) 数学学习要顺应学生的年龄特征

新课程的核心理念是:"一切为了学生的发展。"这意味着,我们的教学应该"关注人"。动画无疑是一年级小朋友喜闻乐见的,在修改课件时,我加入了几个动画小牛和小羊,还有小胖等学习伙伴,让学生和这些学习伙伴一起学习,顺应了学生的年龄特征,收到了较好的效果。

(3) 培养学生良好的学习习惯是上好课的基础

作为一名职初教师,只有培养学生良好的学习习惯特别是上课习惯,才能站稳三尺讲台。两次教学实践,教学设计相差不大,学生基础也比较接近,但是教学效果却天差地别,主要原因就在于我第一次教学实践的班级教学中没有注重学生学习习惯的培养。当然,学生良好的学习习惯的培养,不是一朝一夕的事情,需要在日常教学中时时处处引导和巩固。

梅花香自苦寒来。好课是磨出来的。我以后要继续努力,关注学生,精心设计教学过程,培养学生良好的学习习惯,早日站稳三尺讲台。

初探课堂中的"知"与"能"
——"动物的休眠"一课实践与探索

◎ 袁　倩

南宋著名的教育家朱熹这样说:"论先后,知为先;论轻重,行为重。""能力导向,构建知能并进的课堂"的学习活动中这样提到:"知行统一并重,知的目的是践行,践行能使知愈明。"有效地认清"陈述性知识、程序性知识、策略性知识",才能使知能并进的课堂愈加明朗。

在"动物的休眠"一课中我试图以"知能并进"为准则,以"知"为先行,指导"能"的训练,重视"知"向"能"的转化,构建一次知能并进的课堂,让学生同时收获知与能。

一、以"知"为先行,积累陈述性知识

"动物的休眠"一课学生积累了以下陈述性知识:

1. 什么是"休眠"?

2. 课文写了哪两种动物的休眠?(出示动物图片)

3. 读准多音字"参","蝙"是第一声;

4. 课文哪几节写了蝙蝠,哪几节写了海参?

5. 默读课文，完成表格；

什么动物	什么时候	什么地方	怎么"冬眠"或"夏眠"方式
蝙　蝠			
海　参			

6. 学习"跋涉"，正音并理解；

7. 出示媒体，看图理解"三五成群、成团成簇"。

陈述性知识主要说明事物是什么、为什么、怎么样，用于区别和辨别事物，其根本任务在于使学生将所学的各种符号、命题、事实、事件与客体的规律性有序地储存于长时记忆中，在需要运用时能够迅速、有效地提取出来。那么，教师如何才能在教学过程中可运用有效策略以提高学生习得陈述性知识呢？

我认为在教学中可以通过有趣的实验、逼真的画面刺激学生感官，以此激发学生的直接兴趣而引起无意注意。当然，将言语形式的知识转化成表格形式或图画形式的知识，远比学生直接记忆言语知识更加有效果。然而我们也不可忽略了复习，应有意识地教会学生恰当安排学习时间，并在学习中按记忆规律安排复习内容和复习时间。

二、指导"能"的训练，养成程序性知识

在积累陈述性知识的过程中，学生也同样在养成"听说读写"方面的程序性知识。

（一）体会设问句，说话训练

寒冷的冬天来临，什么吃的也没有，蝙蝠选择什么方法过冬呢？（请你用

"不是……也不是……而是……"句式来回答,同桌配合完成,要求一问一答。)

(二) 复述训练

说一说蝙蝠休眠的具体表现。(请你借助图片,用上"三五成群、成团成簇、倒挂"词语)海参的休眠与蝙蝠有什么不同,指名分节读4~7节,找到有关语句从时间、原因、方式等方面来说说。比较句子"夏天,海底没有海参吃的东西了"和"夏天,海底再也没有海参吃的东西了",通过关键字"再也",来体会海参夏眠的必要性。

程序性知识是指做什么、怎么做,以及解决问题的思维操作过程的知识。以上这四种程序性知识分别体现为:体验设问句、复述的方法、描写休眠的方法、通过关键字体会文本。

陈述性知识和程序性知识是学习过程不可分割的两个方面。任何知识的学习都要经过陈述性阶段才能进入程序性阶段。程序性知识的获得过程就是陈述性知识向技能的转化过程。练习与反馈是陈述性知识转化为程序性知识的重要条件。程序性知识的运用有助于陈述性知识的学习。在人类的绝大多数的活动中,这两类知识是共同参与,互为条件的。两者的相互转化及其对教学的启示,值得在教学设计中悉心揣摩并不断实践。

三、重视"知"向"能"的转化,生成策略性知识

作为对陈述性知识加以提升的策略性知识,也在本课时中得以体现:

(1)对于陈述性知识"休眠",学生掌握了"从文中找关键句理解"这一个程序性知识,因此找到"生命活动几乎停止"来理解休眠,已经成功地生成为一种策略性知识。

(2)学生会从读音,字形,字义上去辨析比较形近字"僻"、"避",也是调用了已有的策略性知识来辨析形近字。

（3）用第一人称的口吻以"我是海参，生活在海底，每当夏天到来……"开头介绍海参的夏眠情况。

（4）找一找其他动物有趣的休眠方式，制作《动物休眠探秘卡》。

策略性知识是关于"如何学习、如何思维"的知识，是一种运用陈述性知识和程序性知识的技能，学生"学会学习、学会创造"的核心就是策略性知识。

教师应将策略性知识的掌握作为教学目标的重要组成部分，并通过一定的方式检查学生能否用所学知识解决新问题；能否总结出有效的学习方法。学会了学习、如何去处理新的知识，学会了以自己独到的思维方式去分析、解决学习中出现的新问题，从而从根本上提高学生学习的效率。我们必须要不断探索学生学习策略性知识的内在规律，有意识地通过策略性知识的教学，培养学生自主学习的能力以及创造力。

为了有效落实策略性知识的教学坚持以下准则，谨记"贪多不消化"的后果，一次只教少量的策略；教会学生学会自我监控和自我反思对学生的学习起很重要的作用；有效激发维持学习的动机；在具体情境中教学策略。

成功地进行策略性知识的教学必须有坚实的陈述性知识和程序性知识，离开了陈述性知识和程序性知识，策略性知识的教学只能是空谈。初探课堂中的"知"与"能"，感受颇丰，鼓励学生积累陈述性知识，从而形成程序性知识，并在往后的学习中学会迁移和调用，使之成为牢固的策略性知识，重视策略性知识的生成，才能提高学生语文运用能力，将三者有机地统一在整个教学过程中，那么知能并进的课堂定会愈加理想。

用旧知迁移就能建构新概念吗？

◎ 韩　静

一、背　　景

用旧知迁移来建构新概念是概念教学中常用的策略,但是有些教师在教学过程中往往更重视它们之间的联系,认为学生有基础有能力去学好新知识,而忽略了两者之间的区别,造成学生对新旧知识混淆,对新知识的理解不到位。笔者几年前通过参与了佳信小学的一位老师执教的《三角形的分类(1)》一课全过程的课例研究,引发了我对用旧知迁移构建概念的一些思考。

《三角形的分类(1)》这节课是上海二期课改小学数学二年级下学期第四单元的教学内容。在小学阶段,《三角形的分类》中的分类标准有两个:一个是按照角的特征来分类,另一个是按照边的特点来分类,这节课的主要任务是能将三角形按角分类,并知道锐角三角形、直角三角形、钝角三角形的特征。

这节课是学生在学习了三角形的概念,锐角、直角、钝角的特征以及会用三角尺判断三种角的基础上教学的。生活中,学生根据经验知道"这是一个三角形",但具体是"哪种三角形""如何判断它是什么三角形的方法"还不是很清楚,这节课就要按角把三角形分成锐角三角形、直角三角形和钝角三角形。

二、课 堂 实 录

师：我们是怎么判断直角的？

生：用三角尺上的直角验证，直角的顶点和被测量角的顶点重合，直角的一条边和被测量角的一条边也重合，看另一条边，如果也重合的话就是直角。

师：我们怎么判断锐角和钝角？

生：比直角小的是锐角，比直角大的是钝角。

……

（小组合作，动手量三角形，完成表格）

编号	锐 角 个 数	直 角 个 数	钝 角 个 数
1			
2			
3			
4			
5			
6			

师：（拿起一个直角三角形问道）谁来说说这是一个什么三角形？

生：这是一个直角三角形。

师：你是怎么知道的？

生：因为它有一个直角，所以它是直角三角形。

师：嗯，有道理。（拿起一个钝角三角形又问道）这是一个什么三角形呢？

生：钝角三角形。

师：为什么？

生：因为它有一个钝角，所以它是钝角三角形。

师：（拿起一个锐角三角形又问道）这是一个什么三角形呢？

生：锐角三角形。

师：为什么？

生：因为它有一个锐角，所以它是锐角三角形。

师：（停顿了2秒，故作沉思状）那直角三角形中有锐角吗？

生：有。

师：那他们为什么不叫锐角三角形？

（生愣住了，没回答出来。老师又抽了2个学生，都回答不出来）

三、课堂中出现的问题

（一）角的测量方法和三角形中角的测量方法混淆

学生在本节课之前，对角测量方法已经有一定的知识经验作为基础，即用三角尺上的直角验证，直角的顶点和被测量角的顶点重合，直角的一条边和被测量角的一条边也重合，看另一条边，如果也重合的话就是直角。

教师也知道以此作为新旧知识迁移的点。但是，学生会用三角尺量单独的直角、锐角、钝角，但是不一定会量三角形中的角，有些学生可能因为找不到三角形中的角，即找到某个顶点和顶点对应的两条边；还有的学生可能找到了角，但是不会使用三角尺，因为测量三角形中的角时，会牵涉到旋转、翻转等动作，这对于二年级的学生来说思维和想象上有一定的难度。

（二）角的判断方法和三角形的判断方法混淆

学生对直角、钝角、锐角的认识是：比直角大的是钝角，比直角小的是锐角。判断三角形时需要判断三个角分别是什么角，以判断角的方法为基础，根据角来判断三角形的类型。学生却把这两种方法混淆了，以为看到一个钝角就是钝角三角形，看到一个直角就是直角三角形，看到一个锐角就是锐角三角形。教师也没有及时引导学生要三个角都要看,而不能只看一个角。当教师问"你怎么知道它是钝角三角形时",学生回答"因为它有一个钝角",教师就表扬他说的有道理,这一举动在潜意识中告诉学生只要看一个角就可以了,造成学生在后面的学习中都是看一个角的。

这节课教师想要利用学生已有的知识经验作为迁移点来建构新概念,可是效果却不理想。教师对学生以前学过什么、后面要学什么或许知道,但对如何利用前面所学进行迁移、迁移的点在哪里、新旧知识除了联系,是否还有区别研究的还不充分,所以造成新旧知识混淆,难以实现"正迁移"。

课后教研组进行了讨论,针对这些问题提了一些改进建议。

四、问题解决的措施

(一) 通过比较,明确判定方法间的区别与联系

角的测量方法和三角形中角的测量方法既有联系,又有区别。关键是会在三角形中找到三个独立的角,再通过旋转、翻转等动作,用角的测量方法来测量三角形中的角。角的判断方法和三角形的判断方法关键要注重两者之间的区别,要引导学生三角形中的三个角都要看,不能只看一个角。钝角三角形和直角三角形也是要看三个角的,有可能在钝角三角形中第一眼看到的不是钝角,而是锐角,那你不能认为它是一个锐角三角形。锐角三角形必须三个角都是锐角,"三个角都是锐角"实际上是指没有一个角是钝角或直角。

(二) 通过操作、观察、比较、分类等活动,经历概念分化的过程

通过量角操作暴露矛盾：为什么直角三角形和钝角三角形中也有锐角?究竟什么样的三角形才是锐角三角形? 在学生产生这一疑问时,教师适时的介入,通过提问引导"直角三角形必须有一个什么角,其他两个角呢?""谁来

试着说说什么是钝角三角形""锐角三角形三个角都是什么角?""在这三类三角形中都有什么角,至少有几个?",小组讨论等活动,让学生经历概念分化的过程,建构新的概念。

(三)通过变式训练突出概念的本质属性

新概念必须要通过及时的巩固,才能内化为学生自己的理解,变式训练就是概念巩固的有效策略之一。变式训练就是改变概念在最初学习时的呈现状态,进一步凸显对象的本质属性。使学生面对讨论对象的多种不同的呈现状态,通过判断训练来加深对概念的认识,巩固对概念的掌握,拓宽对概念的运用。

本节课可以设计,如"只露出一个锐角,猜一猜可能是什么三角形""一个直角梯形剪一刀,可能剪出两个什么样的三角形"等练习。

五、我 的 反 思

(一)设计"课堂前测"充分了解学情

开展课堂前测,能够很好地了解学生的发展需要和已有经验,充分了解学生对旧知识的掌握程度及对后续学习的影响,根据学情设计教学,让教师"教有所依""教有所重"。本节课教师如果做了"课堂前测"就会明白学生会测量单独的角,但是不一定会测量三角形中的角;学生在掌握锐角三角形的概念时会遇到困惑;为什么只露出一个锐角的三角形不一定是锐角三角形等。教师只有充分了解了学情,才能在教学时心中有数,在重难点处收放自如。

(二)在新旧连接中找准知识的不同点

数学知识的建构不是一蹴而就的,也并非简单知识点的罗列,新旧知识间必然存在联系,"学生已有的稳固和清晰的数学概念,不仅能构成他们进一步学习数学概念的基础,同时也有利于学生形成数学概念的系统化"。但是在迁移的过程中更要注重两者的区别。比如这节课教师想当然的认为学生会测量角,也一定会测量三角形中的角,殊不知两者还是有区别的。另外,在把角的判断方法迁移到三角形的判断方法时,看到一个钝角或直角,即是钝角三角形或直角三角形;但是只看到一个锐角不一定是锐角三角形,3 个角都是锐角才是锐角三角形。教师只要看到两者的区别,就不难实现"正迁移",构建新概念了。

(三) 在"后茶馆式教学"中引导建构概念

"后茶馆式教学"完全是以学生为主,教师为辅的教学。《新课标》要求我们要尽可能让学生通过观察、动手操作等活动,获得对简单几何形体的直观经验,在已有空间知觉的基础上,形成初步的空间观念。让学生在动手量角—填表格—观察—比较分类等活动中,经历概念构建的过程,按角的特征建立锐角三角形、直角三角形、钝角三角形的概念。当学生疑惑"为什么直角三角形和钝角三角形中也有锐角"时,教师通过小组讨论、语言引导解决了这一难点。

这节课给了我很大的启示,在教学中运用旧知迁移建构新概念时,首先要充分了解学情,了解前后知识间的联系,更重要的是要分清两者间的区别,在学生容易混淆的地方及时引导,建构正确的概念。

创情境　激学趣

——以一年级"小沙包投准"的教学为例

◎ 何红梅

一、课 例 背 景

　　小学一年级学生从年龄特征来看,他们好动、好玩,还没有完全脱离幼儿园阶段的习惯,他们对体育的概念还处在幼儿园的游戏和户外活动层面上。因此,教师在体育教学中着重对孩子进行体育锻炼兴趣和习惯的培养,使其在操场上尽可能得到释放自己,尽情地玩耍,在运动中体验体育带来的乐趣,体会与同学合作的快乐。因此,给学生创设一个宽松、愉悦的学习环境,使学生在快乐中享受体育乐趣是最重要的。

　　纵观当前低年级的体育课教学,由于学生有意注意时间短,自我控制能力差,导致教师费劲心力教授却难以达到预期的教学效果。基于此现状,笔者以《小沙包投准》一课的教学为例,展开多轮的实践与研究,力求通过情境教学法,改变学习注意力不集中、技能学习不到位的现象,达到体育与健身的目的。

　　本课的教学内容为一年级《体育与健身》,包括投掷(小沙包投准 4 - 3)和综合游戏("雷厉风行"1 - 1)。笔者把实践中的思考和做法进行了分析和梳理,希望能为解决此类问题带来一些启示。

二、研 究 过 程

【第一次实践】

师：同学们，今天我们来学习小沙包投准，老师先介绍一下动作要领，请同学认真听。

师：以右手为例，左脚在前，右脚在后，手持沙包，手高于头，肘高于肩，目视投掷方向，快速挥臂将沙包掷向目标。下面老师做示范……

（由于师讲解、示范用时较长，学生中出现了做小动作、东张西望、交头接耳等现象）

师：同学们，我们开始练习了，准备，预备……开始。

生：集体练习。（动作"五花八门"，由于练习枯燥，学生不够投入，动作不准确、不规范、不到位的情况比比皆是）

教师讲解动作方法过于精细时，学生对枯燥乏味的讲解是没有多大兴趣的，因为一年级的学生有意注意时间短，自我控制能力较差，在课上受外界环境影响较大，天上飞过一只小鸟，地上吹起一张纸，旁边小朋友在玩耍都能分散他们的注意力，所以多数学生都没有认真听。

针对以上的问题，考虑到学生都有好强心和好胜心，运用比赛的方法激发学生的练习积极性，我重新设计了教学方法，设计了一个小小运动会，希望能够激发学生们的竞争心理。

【第二次实践】

师：同学们，今天我们开一个小小运动会好不好？

生：好！（响应激烈）

师：今天我们来比一个看谁投得准好不好？投得最准的小朋友有奖励哦！

（同学们跃跃欲试）

师：请先听老师讲解动作要领和看老师示范，看哪个小朋友听得最仔细，看得最认真？

师：两脚前后站，屈肘高于屈，对准投掷物，用力向前投。（边讲解边示范）

（学生分组练习，分成双圆形队形，中间放四块折叠的垫子作为投掷物的标志。前几次练习学生都比较积极，到后面由于体力的消耗逐渐失去了练习兴趣。）

师：我们来最后一次比赛，看哪个小朋友能得到老师的奖励哦！

学生并未因为老师的鼓励而提起兴趣。

经过第一轮的改进，运用比赛的方法激发学生练习，课堂氛围明显地活跃了，刚开始学生为了得到奖励，获得第一，都积极努力的练习，两人三人一组进行比赛，打中后的那种激动的心情不言而喻。可见，学生的练习积极性有了一定的提高。但在持续长时间的紧张的比赛氛围下，学生很快疲劳了，体力消耗太快，导致对影响了后面的练习积极性。一年级的学生，注意指向时间较短，容易受多种因素干扰，当他们对一种事物的注意力投入时间太长后，会失去学习兴趣，进而影响练习积极性。

针对上面的问题，与两位师父多次讨论后，最后想到运用创设情境教学法来激发学生对体育课的兴趣。我想小学一年级的同学对动画片《喜羊羊与灰太狼》是再熟悉不过了，所以我设计了村长带领小羊们进行了一次春游活动，把练习贯穿到整个"春游里"。

【第三次实践】

师：同学们，你们看过《喜羊羊与灰太狼》这部动画片吗？

生：看过。

师：那今天我们一起玩扮演一次"小羊打灰太狼"的游戏，好吗？

生：好！（跃跃欲试）

师：玩之前首先要听清楚游戏的规则，我们手上的小沙包就是我们的秘密武器，当我们遇到灰太狼时，听村长我的指挥（两脚前后站，屈肘高于肩，对准投掷物，用力向前投），一起攻打灰太狼。

师：听懂规则了吗？谁有疑问？

生：听懂了。（兴奋不已）

师：请看村长我演示一遍？（教师演示）

师：村长做到了，小羊们，你们能做到吗？

生：能。（自信满满）

师：接下来同学们前后两人一组试一试！

学生分组练习

师：小羊们，快快快，准备啦！预备，开始。

……

师：玩了这个游戏，谁能告诉村长要获得比赛胜利的"要领"是什么？

生 A：要对准目标投。

生 B：屈肘高过肩。

生 C：两脚要前后站。

生 D：投的时候要用力。

（师生共同总结巩固动作要领）

相比前两次课，教师引导学生分别扮演自己喜欢的小羊角色，然后利用贴有灰太狼、红太狼和小灰灰头像的纸箱作为道具，情景引入，每一个小羊发挥自己的本领，有大力士喜羊羊从很远的地方就投中了，有爱偷懒的懒羊羊，走到灰太狼面前才投的，也投中了，所有小羊们齐心协力，经过自身的努力都获得了成功。本课的课堂活跃了起来，学生学习积极有了很大提高，基本都能达到本课的学习目标，并且在课中都能体验到体育课的乐趣，真正融入课堂学习氛围中。本人感觉这堂课的教学，教得很轻松，很快乐，能和学生一起体验体育课学习的乐趣,并且学生能和我及时的交流,师生关系也很和谐。听课教师对本课的教学给予了高度的评价,一致认为本节课运用情景教学法,能调动学生学习积极性,教师语言富有童趣,吸引学生注意力,师生关系融洽,让听课的教师也跟着到了课堂的快乐氛围中里。

三、课例启示

通过这次体育教学三实践二反思的研讨活动中,我受益良多,从中学到了很多东西,对于情景教学在体育与健身课中的作用也有了更深一层的理解。

(一) 创设生活经验的情境,激发学生的参与欲望

情境教学方法,有利于启发学生怀着探究的心理,利用学生熟悉的生活经验,培养浓厚的学习兴趣,从而产生求知欲,使情、景、人物在活动之中融为一体,如本次教学中,用学生很熟悉的动画片,学生分别扮演自己最喜爱的角色,在村长的带领,经过小羊们的努力,最终把灰太狼一家打败了。把小沙包投准教学融入整节课中,学生既学到了体育技能,也玩得非常的开心,达到了本课的学习目标。也使学生达到一定的内心感受和情绪体验,从而积极、主动地参与各项体育活动。

(二) 创设竞争性情景,激发学生的竞争心理

体育课具有一定的竞争性,创设有竞争性的情境教学,激发学生的竞争心理。如本次教学中,创设三种从低到高的难度情境,学生之间都有好胜的心理,他们通过自身的努力,不断战胜他人,让他们体验到成功的乐趣,体验竞争带来的快感,从而激发他们的竞争心理。

(三) 创设学生喜欢的情境,激发学生对体育的兴趣

情境教学法把思想教育融入教学中,避免了以往“说教式”的教学方法,

让学生享受成功的喜悦,使学生在游玩、锻炼中养成各种品质。比如,我利用
"喜羊羊与灰太狼"的情境教学,让学生学会投准动作方法,让学生在愉快的
学习氛围中掌握了小沙包投准这项技能。情境教学有利于培养学生对体育
活动的兴趣和创新能力、想象能力;有利于掌握体育技能,增进学生身心健康
和促进社会适应能力,是小学体育创新教育的好手段,对提高教学质量有着
显著的效果。

四、结 论 与 思 考

情景教学以其直观性、趣味性、生动性,激发了学生的参与和学习欲望。
情景在体育教学中的应用,改变了以往死板、单调、成人化的教学方法,把枯
燥乏味的重复学习动作放在了逼真的环境中,创设适应学生生理、心理的需
要,生动有趣的教学情景,使学生在有趣味的活动中,既锻炼了身体,又在不
知不觉间完成学习任务,非常符合低年级学生的心理特征。

情境教学是通过创造一种情境,让教师和学生融入创设的情景中进行教
学,促使学生以最佳的情绪状态,主动投入,主动参与到体育活动中去,并获
得主动发展。情境教学有利于提高我们的体育教学质量,但如何创设有利学
生发展并适合体育课堂的情境,还需广大体育教师进一步的研究和探索。

基于学情的有效教学目标和内容的制定

——Oxford English 3A M4U2 The beautiful insects —
butterflies（period 3）课例研究

◎ 张海峰

我接到一个任务，将要在 2013 年 12 月 20 日进行一堂片级公开课的展示。作为青年教师的我，心里稍许涟漪，如何才能很好完成这次展示课，这既是对我的一种锤炼，也是对我这一年来教学能力的考验，于是我接受了这个任务。

一、精 心 备 课

（一）研究教材，确立主题

静下心来，细细研读 3A 教材并根据教学进度和教材中主题来确定教学内容，最终我决定选取 Module 4 Unit 2 *Insects* 作为教学内容和主题。于是我就开始围绕着这个主题着手开始进行课的设计。本单元主题为"Insects"，这个主题对于学生来说本身就是充满兴趣和新鲜感，我想让学生通过昆虫的不同角度来了解昆虫世界，体验昆虫世界的美丽和神奇，从而培养学生热爱大自然的情感。经过与年级教研组的一番讨论，最终我确定了本单元的教学内容为四个课时,分别为"The insects in the natural world""The powerful insects in the insects world""The beautiful insects — butterflies""Insect Day"为四个小主题。在课时的选择上,我经过了一番斟酌,由于曾经看过许多昆虫的公开课,有介绍蚂蚁精神的,有整体介绍昆虫的,我想有所突破,于是我最终选择了学生最为喜欢的昆虫——蝴蝶,也就是第三课时,围绕"The beautiful insects — butterflies"主题展开教学。

(二) 解读教材,再构文本

再一次浏览研究了本单元语言内容,书本中语言量少,情感文化体验较为匮乏。而且前两个课时已经将所有语言点熟练掌握,所以这个课时我想进行相关的拓展以及让学生深刻了解昆虫。为了更好地让新授内容能够在语境中呈现学习。于是初定了我的教学文本:

Look at the butterfly. It has a small head and a long body. It has two black feelers. They are thin and long. It can use feelers to smell.

It has four big wings. They are colourful. It can use wings to fly and keep warm.

It has six long legs. They are black and thin. It can use legs to stand and taste.

文本编好了,在欣喜之余,我看着文本却陷入了深思:一节课就输入这么多,输出也这么多? 这些都是自然常识类型的内容,学生该如何在体验中学习和了解呢,光是教,学生不体验如何有兴趣呢? 经过自己静静的思考,我感觉这段文本结构清晰,前后连贯且篇幅不长可以作为输出文本,但是缺少结尾,每个句子偏难,可以适当降低难度,再增加一些辅助文本和视频增加学生的体验和感受,这样子课堂会更加生动。于是修改后的文本为:

主文本：Look at the butterfly. It is big. It has a small head and a long body. It has two feelers. They are thin and long. It can use feelers to smell. It has four wings. They are colourful. It can use wings to fly and keep warm.

It has six legs. They are black and thin. It can use legs to stand and taste.

How beautiful!

(三) 不断斟酌，确定目标

文本确立完成，接着要进行教学设计最重要的一个环节，那就是确定教学目标。通过斟酌和反复考虑，我初步确定了本次教学目标。

I. Objectives

1. Contents：(1) Words and expressions：butterfly, feeler, wing, leg, keep warm

     (2) Sentences structures：It has ... They are ... It can use ... To ...

     (3) Paragraph：the introduction of the butterflies

2. Abilities：(1) Be able to say out the butterfly's main body parts.

     (2) Be able to use the modeled structure to introduce the butterfly

3. Emotion：Help students get to know "Butterfly is beautiful". "Butterfly can make our life beautiful"

     Help students know the spirit of the butterfly：Never give up and you will be success one day.

二、反 复 讲 课

通过主题目标,文本的确立,我完成了教学设计。接下来便是三次痛并快乐的试教过程。

【无声的课堂】

从一开始的猜谜到蝴蝶身体部位的介绍都在预定的计划中进行着,但是上课至"What can can the body parts do?"时

我:We know the butterfly has a head,a body,two feelers,four wings and six legs.(此时孩子们跟着我说)But do you know what can these body parts do? Can you guess? Head...?

生:...

我:feelers?

生:...

(一直问到 legs 学生都鸦雀无声)

我:It's OK. Let's listen to the passage and match them.

正在播放之前的一刻,有学生陆续举手:老师这个单词什么意思? 这里 4 个数字,为什么有 5 个图片,怎么连啊?

我:这里可以多选,然后单词你尝试着猜猜看什么意思。(播放两遍录音)Have you finished?

只有几位学生说着:Yes. 还有部分孩子正在抓耳挠腮地不知所云。

我:Who can try? One is...?

只有两只小手举着,我顿时不知所措,于是:OK! Let's check the answer together!(我带着孩子把答案对了一遍)

我:What can the mouth do? Read the passage by yourself and tell me.

学生自己捂着耳朵读起了这篇文章。

我：Who can tell me?

孩子的小手还是没有几个举起。我也没管那么多,继续我的教学。

我：I have a video about its mouth. Let's enjoy. (随着视频放出,文字也同步出现)

播放视频的同时孩子依然没有任何反应,孩子似乎对于这段辅助文本不感兴趣。就像之前一样的情形,我将这些新授内容一一和学生们都学习了一遍。

直至最后的环节

我：Let's read the passage together.

(学生齐读课文)

我：Who can introduce the butterfly? Practice by yourself.

几位学生举起了手,但是显得那么的不自信,于是我抽了两位同学,但是支支吾吾了好久,磕磕绊绊地终于把文章复述完整了。

这一次的试教也在鸦雀无声和尴尬中草草收场。

试教结束,时间还超过了足足 10 多分钟,学生的输出也不是很好,只有好学生能够支支吾吾地说出来,课堂节奏拖沓,大部分学生根本无法参与到课堂中来。经过教研组的讨论,大家一致认为,教学的内容偏难,词汇部分都是需要四会掌握,尤其是后半部分的身体部位作用的新授句型"It can use … to …"再加上课前定的目标是让学生能够复述出蝴蝶的身体部位和它们的作用,课堂中我又是让一个学生完成肯定也是很困难的;辅助视听材料又是生词累累,让学生望而生畏。这些因素加起来,学生怎能不后退。确实,这样的教学内容与目标的设定没有真正体现了新课堂实验的核心"以学定教",依据学情确定教学的起点、方法和策略。这里的学情包括学生的知识、能力基础,学生的年段认知水准,学生课前的预习程度,学生对新知的情绪状态等学习主体的基本情况。而"定教",就是确定教学的起点不过低或过高,在恰当的起点上选择最优的教学方法,运用高超的教学艺术,让每一位学生达到最优化的发展。如果按照我那样的课堂,能让每个孩子都达到最优化的发展么? 答案是否定的。

在自我反思和集体研究下,删除偏难视听材料,增加语言童趣化的新辅助文本;目标设定中将词汇和句型设定为三会;将其中的介绍蝴蝶环节改为小组合作完成,这样增加了生生互动的过程。此时,我又提出了自己的想法,为了再增加趣味性,我觉得可以尝试让学生上课时能够边做事边学习,将情境和任务改为制作一本《十万个为什么——蝴蝶篇》,让学生用"英语做事情",真正将语言应用到实际生活和语境中。其他老师也很赞同这种做法。

修改后得教学目标与内容为:

I. Objectives

1. Contents:(1) Words and expressions:butterfly, * feeler, * wing, * leg, * keep warm

(2) Sentences structures:It has ...　　They are ...　　* It can use ... To ...

(3) Paragraph:the introduction of the butterflies

2. Abilities:(1) Be able to say out the butterfly's main body parts.

(2) Be able to use the modeled structure to introduce the butterfly in groups.

3. Emotion:

Help students get to know "Butterfly is beautiful". "Butterfly can make our life beautiful"

Help students know the spirit of the butterfly:Never give up and you will be success one day.

【"热闹"的课堂】

这次试教中有区教研员专家,杨老师全程参与课前我就按照 4 人一组,发放了小书本。

通过猜谜引出主题,感受完蝴蝶后

我:Butterflies are beautiful. Do you know what they have? What is it? What are they? Let's go to "So many whys". Turn to page 1. Listen to the passage and number them. Work in four. OK?

生:OK!

录音 2 遍后……

我:Have you finished?

这时只看到大部分组的孩子依然还在填写着,仿佛没有听到我的口令,于是我说"One, two, three",孩子们本能地回复了"Three, two, one"。

我:Let's check the answer together.

当我核对完答案后我说:OK? 但是孩子依然在翻阅这本书籍,有的孩子没有完成书籍就被打断心里有些不好受,继续想着完成它,有的孩子正在翻阅着后面的内容。我立即示意孩子们放下书本。

我:Who can introduce the body parts?

有的孩子还在翻阅着书本,我再次示意停下,孩子们才停下,只有几个孩子举手,并且回答起来支支吾吾。在三位孩子讲完之后,我于是就带领孩子们一起寻找蝴蝶部位特征。

带领孩子们一起学习完身体部位后和特征后,我继续问:What can the the body parts do? Turn to page 4. Listen and match them. Work in four.

孩子们匆匆拿起了尺和笔,听着内容对着书本划了起来。

(2 遍录音后)

我:Are you OK?

学生们并没有回答我,孩子们依然对着书本前后翻阅,或正在划线,还有孩子都没有搞懂什么就停下来了,这时我感觉到了这本书的操作对于孩子们来说是一个问题。孩子们不知如何去正确翻阅这本书。

我没顾那么多,问道:What can the feelers do?

孩子们在组内自顾自地翻阅着书本,却迟迟没有人举手,我随便点了一位孩子。孩子告诉我：I can use feelers to smell. 我耐心地说：Not I, It can use ... 于是将新授句型教授完。

但是随后的课堂中,只要一翻阅书本,孩子就会不知道如何操作,停止口令一发出,孩子依然沉浸在书本中,前后乱翻,课堂真是杂乱无章。

最后输出,孩子四人一组上台拿着书本介绍蝴蝶之前的练习,孩子们对着书本不知道从何说起。介绍时候依然没有很好地去介绍,学生连自己要介绍哪一部位也不清楚,课堂就在这样混乱的感觉下结束了。

反复讨论中大部分老师达成一致,认为本次试教学生的主体性得到了加强,学生通过老师的指导学习,并没有强行的灌输课堂内容,课堂逻辑性得到了改善。但是试教结束,时间依然超出许多,课堂上,学生对于《十万个为什么》的操作不了解,一味地在翻来覆去地看书,并没有理解教师的用意,导致时间上的浪费和课堂的乱。学生的输出依然有点困难。新授内容过多。另外造成乱的一个原因是,老师示范不清晰,应该带领孩子,一步步引导,不能直接一个问题就让孩子开始动手,孩子很容易不知所措。

这时杨老师问道："你们学生平时上课是用这种形式的吗？"我回答到："从来没有过。""那么,你认为你们的学生能否理解你的用意？"杨老师继续问着。我一时说不出话来。"这本书想法不错,但是你的学生是否懂得运用？你是否了解你的学生？我看了下你的孩子书,有效的使用时间最多半节课也不到,你看下。"说着将书本都递给我,我一看,顿时惊呆了,大部分书本都是未完成品,只有一两本是完成的。杨老师补充道："这堂课,你只是给了那些完成书本的那些孩子上了,教学中不光教学目标和内容要基于学情,你所设计的每个教学环节也是要基于你的学生,孩子的输出能力决定了你教学目标和内容以及每个教学环节的目标设定,显然你没有好好了解你的学生。"杨老师的一番话让我醒悟了。

我设计这本书时,根本没有考虑学生在每个环节会怎么样,依然没有考虑学生的能力,原来设定每个教学环节的小目标时,也要基于学情。

在进一步讨论下,考虑到学生对于制作书籍完全不理解,高于学生的能力,但是书本形式是可取的,学生对于阅读是非常了解和熟悉的,所以将制作书籍改为阅读书籍,降低了只在PPT上看的难度,让学生有内容可循。在除了介绍蝴蝶让小组合作外,介绍蝴蝶身体部位时也可以小组合作,这样子大大降低了输出的难度,孩子们就不会怯场了。

本堂课整体也没有体现蝴蝶永不言弃的品质,而只是在传递蝴蝶为生活增添了美丽。经过商量决定将教学三维目标进行修改,最终为:

I. Objectives

1. Contents：(1) Words and expressions：butterfly, * feeler, * wing, * leg, * keep warm

(2) Sentences structures：* It can use ... to ...

(3) Paragraph：The introduction of the butterflies

2. Abilities：(1) Be able to say out the butterfly's main body parts in group

(2) Be able to use the modeled structure to introduce the butterfly in group

3. Emotion：Help students get to know "Butterfly is beautiful". "Butterfly can make our life beautiful"

最终的语用输出环节,也降低难度,将"身体部位和特征"作为基本要求,人人会说,而"身体部位的功能"作为拓展内容,供学生了解,而中上学生则可以有能力进行使用。同时在教授过程中,也可以将拓展内容课堂所占时间减少,这样子课堂的时间将足以。

重新考虑学生的学情,我还在教学的具体内容上做了如下修改:

教学环节中,增加一些让学生思维的空间,如在谈论蝴蝶身体部位特征时,让学生自己看图尝试说。发挥学生的个性。由于学生接受能力有限,所以要加入一些操练环节,这样子学生的操练最大化,为后面的输出做铺垫。

板书方面,学生之所以看着板书还是不能输出,主要是因为,板书缺少语用功能,语用功能板书是通过解决一类问题,让学生看着能说,能够通过板书进行举一反三。最终板书的三个大标题从"parts,features, function"改为"It has . . . , It is . . . /They are . . . , It can use . . . to . . . ",这样修改的话,即使将标题替换为其他的昆虫,学生依然可以有言有语,这也正是我们需要达到的目标,也基于了学生的实际情况。

细节方面,"pre-task"的游戏时间花费较大,猜谜的意义不大,学生都可以知道是什么昆虫,没有意义。于是我改为了根据颜色猜猜昆虫,小学英语课堂就是让学生在迫切需求下进行学习,从而进入课堂,这样子起到事半功倍的效果。

教授符合读音规则的单词时,没有考虑训练学生的音形建构的能力。教授语音的重要任务之一那便是音形建构能力,语音教学便是培养学生形成音意关联,音形关联,形意关联,最后逐步养成能够关联的能力,最终达到听音见形,见形发音的目标。这也是践行绿色指标的一个步骤,学生很容易得到成功感。

这次的教研组讨论,可谓是收获颇多,这堂课有焕然一新的感觉,我依照这些意见又一次进行了修改和改进。

【有序的课堂】

依然课前发布四人一组的阅读书本,使用修改后猜谜游戏引入今天主题和《十万个为什么》这个语境,并学习了蝴蝶和它出现的季节和地点。然后进入了主题环节的教学。

我:What does butterfly have?

What is it? (PPT 呈现箭头和编号 1)What is it? (PPT 呈现箭头和编号 2) What are they? (PPT 呈现箭头和编号 3)What are they? . . . 直至 5 个编

号呈现完。

我：Turn to page 1. Now read the passage and number the body parts.

学生们四人一组开始阅读，并且互相指点帮助，不一会就填完了这些部位，孩子们迅速坐好。

我：Which is number One?

生 1：C

我：Yes. And two?

生 2：A

······

很快便将 5 个部位在学生的回答中校对完毕，学生脸上露出了自信的笑容。随后学习了这个单词并将其运用于句子中不断进行说话替换练习，并让孩子看图自己说一说特征，随后

我：Who can help me?　　Niki, Judy, Rock. We are a group. Ready..., go. The butterfly has a head. It is small. It has a body. It is long.

Niki：It has two feelers. They are black and thin.

Judy：It has four wings. They are big and colourful.

Rock：It has six legs. They are short and black.

我：Thank you. Can you introduce them in your group?

生：Yes.

我：Practice in 4. Go!

练习完毕，孩子上台。

第一组：The butterfly has a big head and a long body.

　　　　It has two feelers. They are very long.

　　　　It has four wings. They are colourful and nice.

　　　　It has six legs. They are long and grey.

我：Great!

第二组：The butterfly is an insect. It is nice. It has a head and a body. The head is big. The body is long.

It has two feelers. They are black and white.

It has four wings. They are big and cool.

It has six legs. They are black and white too.

我：Fantastic!

在我始终清晰的示范下,孩子对于小组合作非常熟悉,能够很好地进行交流介绍,真是井然有序,有言有语。

课结束后,教研组的老师们再一次进行了讨论。老师们说了许多,各人表达的共同意思是：孩子在基于学情的教学目标和内容,以及老师清晰的示范下,很好地理解了老师的用意,将课堂材料发挥了最大的功效。每一个环节都充分考虑了孩子的接受能力,在生生互动下,把难点一一攻破。并培养了孩子们的个性,让每个孩子都得到了自己最大的发展。许多老师感慨道：以学定教,基于学生的有效设计是多么重要啊! 教学的任何环节都需要基于学情,考虑到你的学生。

三、反　　思

(一) 学情分析是基于学情的有效教学目标和内容的制定的保障

在"the beautiful insects — butterflies"的三次讲课中,我不断在改善的就是基于学生学情的教学目标的设计,讲课内容的设计。对此,教学目标和内容制定前必须进行学情分析。

教学目标分为：知识目标,技能目标和情感目标,基于学情的总体教学目标和内容的制定就是要进行的学情分析,简单的说,就是"备学生",也是指备课过程中的"了解学生",也要从这三个目标出发,了解他们的有关知识、技能掌握范围和质量;了解他们的学习兴趣和学习态度;了解他们的思维特点、自觉能力和学习习惯等。学情分析是系统教学设计的有机组成部分,并与教学设计的其他部分存在极为密切的互动关系。我们教师要真正从学生的实际需要、能力水平、认知倾向出发设计教学目标和内容,才能选择最佳策略,设计最有效的教学。

学情分析是教学目标设定的基础,没有学情分析的教学目标往往是空中楼阁;因为只有真正了解学生的已有知识经验和心理认知特点,才能确定其在不同领域、不同学科和不同学习活动中的最近发展区,而从知识技能等方面来阐述最近发展区就是教学目标。

学情分析是教学内容分析(包括教材分析)的依据,没有学情分析的内容分析往往是一盘散沙或无的放矢;因为只有针对具体学生才能界定内容的重点、难点和关键点。

学情分析是教学策略选择和教学活动设计的落脚点,没有学情分析的教学策略往往是教师一厢情愿的自我表演;因为没有学生的知识经验基础,任何讲解、操作、练习、合作都很可能难以落实。

(二)课堂转型必然需要基于学情而制定教学目标和内容

青浦实验的倡导者顾泠沅教授在"青浦实验"中提出"以学定教,少教多学,鼓励挑战性学习"这一先进理念。课堂教学将不再是开始于老师的备课和讲课,结束于考试评价的过程。以前课堂教学的一般顺序都是备课、上课、作业布置与批改、课外辅导、考试评价,也就是我们熟知的课堂教学五环节。应该说,这个顺序是有其自身的道理的。但是现在课堂教学改革的方向是,这个顺序发生了两个重大的转变,一是课堂教学开始于学生的独立学习和预学准备,开始于老师了解学生知道什么和能做什么;二是评价始终与教学过程平行。其次,课堂教学总是在了解学生的基础上有针对性地设计与改进。要上一堂课,对学生懂的内容,教师在教学设计中要淡化,对学生不懂的内容,教师在教学设计中要重视。再次,课堂教学从动机到结构都将是以学生学习为中心来进行组织,而不是以教师为中心来进行组织。所有的内容都告诉我们老师,一切从学生出发,以学生的基础为出发点进行一堂课的目标制定和内容,这样才能让每一位学生都能够得到充分的发展。

总之,教学目标要基于学生,课堂是学生的,没有学生的课堂将会是没有生机的课堂。若目标过高,学生将无法企及,若过低,学生将无法进步。

基于学生的教学目标的设计不单单是课堂的大目标,更要体现在每一个环节的小目标中,这些目标也不能超越学生的认知能力很多,不然同样会影响大目标的达成。教学内容更是要基于学生的学情,内容不能天花乱坠,不能让学生无话可说。不然势必造成不能让全体孩子全面发展。

基于学生,以学生为本,关注每一个学生的成长,正是"青浦实验"的核心理念——以学定教,少教多学,鼓励挑战性学习。这也是我以后备每一堂课所要考虑的问题。在这次活动中我收获着、感悟着、成长着,我会继续努力,让它更能散发光芒。

细节成就完美

——小学美术"素雅的青花瓷"课例研究

◎ 孙秀妮

一、课 例 背 景

本课例是在 2011 年笔者承担青浦区小学美术"促进学生发展的学习评价"教学观摩研讨活动中形成的。先后对三个平行班级进行上课,随着问题的发现和及时解决,三个班级的学生对本节课的知识掌握和绘画表现也有了明显的不同。这更印证了美术课堂中细节对教学具有重要的推动和连接作用。以下是对三次教学活动中细节改进的比对,试图挖掘教学细节对学生美术课堂学习的影响,通过对比研究,进一步梳理小学美术"民族民间艺术"美术教学的线索,并使其系统化,让民族民间传统文化艺术渗透与学生的心灵,感受艺术与生活的紧密联系。

二、从试教中发现问题并改进

(一) 多媒体的合理运用

课堂的得失与成败,很大程度上取决于课堂教学中每个细节的落实。精彩的教学细节构成了经典的教学,而多媒体是根据教学目标和教学对象的特点,通过教学设计,与传统教学手段有机组合,达到最优化的教学效果。为了强调瓷器对中国的重要性,第一次试教中课件设计出示"中国"请学生回答其英文名字然后引出瓷器。在第二次试教将其改为先出示英文 china 请学生回答其汉语意思,"中国"是学生都知道的答案,教师再出示瓷器,简介中国瓷器。

　　前后两次的改进表面看起来只是顺序的调换,其实不然,作为"民族民间艺术"的教学,细微的改变,让学生更加感受瓷器对中国的影响深远。

(修改前)　　　　　　　　　　　　(修改后)

　　课件的制作是为了更好地辅助教学,对课件中的文字以及图片都应考究。第一次试教的课件为了让每一行的要求清晰将其设置成不同颜色,但是没有考虑该颜色学生看起来是否适宜,后来试教后学生反应看不清楚。为了配合青花瓷的主题将颜色改为深浅不同的蓝色,也解决了学生看不清楚的问题。

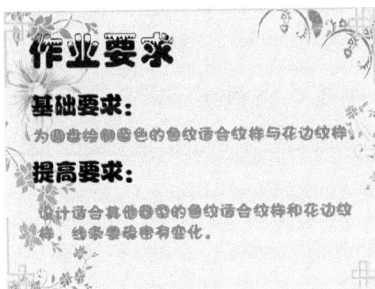 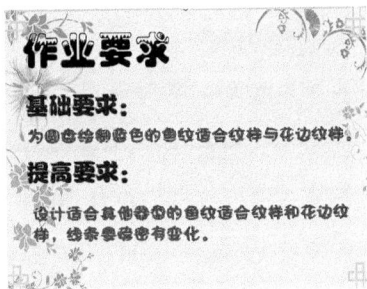

(修改前)　　　　　　　　　　　　(修改后)

（二）学生主体地位的体现

新课程标准重视学生学习过程中的体验,强调学生的参与性和实践性,让学生参与知识探索,并通过体验与感受,构建属于自己的认知体系。在美术课中,为了解决教学的重难点,教师会通过范画、示范讲解来帮助学生掌握绘画及制作的方法、步骤和原理。本课题采用的师生合作的示范,更凸显互动性。在示范环节,为了让学生深刻体会适合纹样的特点,我请学生将一条鱼运用适合纹样的表现方法,将它画到圆形图形中。当然笔者预设的学生是不能完成的,随后教师示范一条鱼形的适合纹样的表现方法。但是在教师示范时却在学生原有的作品上进行修改,虽然前后对比效果明显,却对上台示范的学生的极为不尊重。经过反思,在第二次试教时,准备两张圆形器形进行分别示范通过对比让学生发现适合纹样的表现方法,同时也是对上台示范学生的绘画成果的尊重。

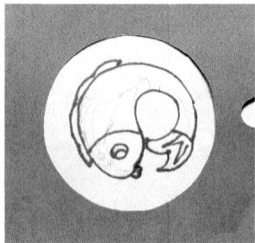 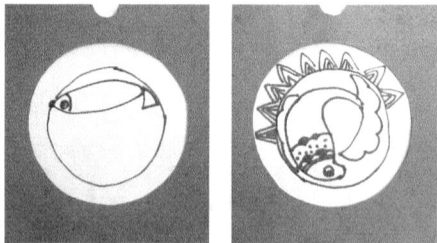

（修改前）   （修改后）

现在老师的作用归结为教学的组织者、参与者等,无论怎样的改换名称也没有改变教师的教学地位。因此,引导学生学会自主学习才是真正的教育。苏霍姆林斯基认为,教给学生学习方法比教给学生知识更重要。本节课的教学重点适合纹样的设计,在前两次试教中,教师采用传统的教学方法,将学生需注意的事项一一介绍,但是在最后作业完成情况,三（3）班共45人,对本节课教学内容不理解的有6人占班级总人数的13%,理解教学内容但绘画基础薄弱的17人,对内容理解并能很好表现的22人;三（4）班共46人,对本节课教学内容不理解的有 9 人占班级总人数的 19%,理解教学内容但绘画基础薄弱的 15 人,对内容理解并能很好表现的 22 人。经过两次试教发现学生对本节课的教学重点的理解并没有提高,经反思后增加了"我们来找茬"环节。将学生在容易出现的问题,一一列出,请学生去主动发现问题,并提出解决方法,最终三(2)班的作业完成情况是:班级共有 47 人,对本节课教学内容不理解的有 3 人,理解教学内容但绘画基础薄弱的 16 人,对内容理解并能很好表现的 28 人。与前两个班级相比对教学内容不理解的人数下降到班级总人数的 6%。可以得出只有发挥学生自主学习,才能有效地提高课堂教学效率。让学生有目标地带着问题去学习,在作业时可以证明和巩固自己所掌握的知识。

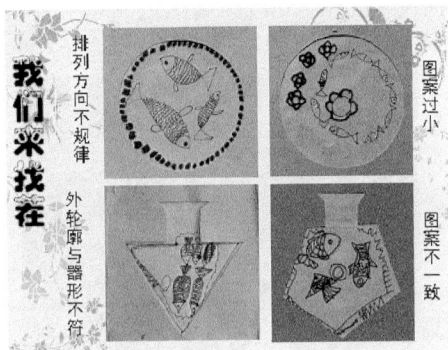

(三) 教师的课前准备

一堂课,都由三大环节构成,即课前准备、课堂教学、课后总结,课堂教学是显性的,而课前准备、课后总结相对较为隐性,它们既是独立又是紧密相连,三者之间缺一不可的。课前准备包括前期的资料查询,教师的精心备课,美术课的教具在前期准备中也很重要。本节课的教学重点是让学生理解并学会鱼形适合纹样的绘制,为了让学生能有更多选择的空间,教师课前准备不同的器形,而不是仅限于圆形的器形。但是第一次试教后发现,三角形的器形由于形状的限制,学生的作品普遍偏小,后又将器形内框加工放大。

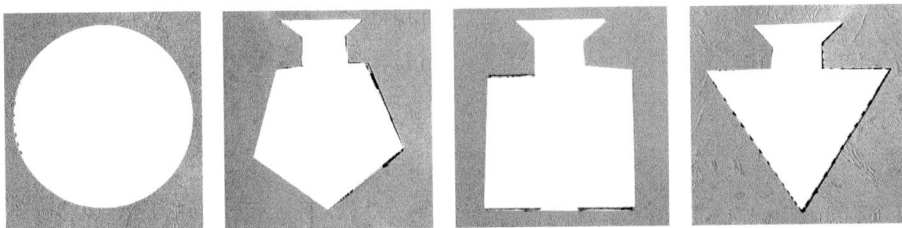

美术课程要反映美术与学生现实生活的联系,引导学生从生活实际和自身经验出发,观察和发现生活中的美术,理解美术在丰富人们的生活以及在文化创意产业中所起的独特作用。前两次试教的学生作品展的器形,为了较好地区分每个小组的作品,教师有意识地以小组为单位,准备了不同颜色的器形,但是发现由于颜色过多使最后的展示效果不能很好地配合青花瓷的主题。后改为不同深浅的蓝色穿插,即达到了区分小组作品的目的,又为学生创设了感受环境,提高他们的审美能力。

（修改前）

（修改后）

三、课 后 反 思

这节课我认为教较成功的地方有以下几点:

(1)教师课前的充分准备,因为外地学生占整个班级的80%,由于条件的限制需要老师课前做好充分的准备,精美课件的制作可以吸引学生的注意力。为了让学生更直观地了解青花瓷,采用视频播放,可以达到事半功倍的效果,以及用于作品展示的瓷器模型,让学生有选择的绘制喜欢的适合纹样。

(2)鉴于前两次试教,每个班级均有6～9人不理解本节的教学重点,所以增加了"我们来找茬"环节。将学生中普遍容易出现的问题,通过找茬的形式,让学生引起重视。最后的作业效果也证明这一环节的增加确实起到了很好的提醒作用,不理解的学生仅有三人。

（3）拼摆小鱼的环节,快速有效地让学生认识到,根据不同的器形选择合适形状的小鱼;同样形状的小鱼,将外形轮廓稍作修改也可以适合不同的器形。省去了很多语言的描述,让学生可以更直观的领会。

同样在这节课中也存在很多需要改进的地方:

（1）学生的积极性没有很好地被调动,整堂课基本是老师在领着学生学习,没有发挥学生的主体作用。应该让更多的学生参与进来,比如拼摆环节,可能让学生亲自来拼摆,课堂的气氛会更活跃点,积极性也会更高些。

（2）关于这堂课的"促进学生发展的学习评价"的主题,没有很好地引用到课堂。整堂课,老师讲得多,学生参与的少。对于很多环节,教师都缺乏合理适当的引导,没有很好地讲有效评价贯穿整堂课,特别是让学生参与到评价的环节中来。这一点需要在以后的教学中引起重视,加以改进。

漂亮的扎染

◎ 梁福瑞

一、教 学 内 容

本课通过欣赏，了解民间扎染艺术的特点，让学生学会用基本的折法和染色方法，制作出有创意的"扎染"作品。

二、学 情 分 析

逸夫小学所借的二年级（6）班学生的绘画基础相对比较均衡，只有个别的学生比较薄弱。从教材角度看，刚入二年级的学生对彩墨的特性以及运用方法知之甚少，如何引导学生能较好地运用彩墨创作出富有创意的染纸作品，是本课教学的关键所在。因此，课堂上通过图片赏析、示范以及优秀的学生作品欣赏加以引导，会更加直观形象，力求作品有更好的效果。

三、教 学 目 标

（一）知识与技能

初步了解民间扎染的工艺，学会运用基本的折、滴染、浸等方法制作与民间"扎染"效果相似的染纸作品。

（二）过程与方法

欣赏发现民间扎染艺术的特色，自主尝试、教师启发引导下学习基本的染纸方法，并进行创作实践。

（三）情感态度与价值观

感受民间扎染艺术的独特魅力，体验染纸制作的乐趣，发现染纸案图千变万化之美，激发热爱民间艺术的热情。

四、教 学 重 点

初步了解民间扎染艺术，学会染纸的基本方法。

五、教 学 难 点

折与染的方法对花纹的影响。

六、教 学 过 程

(一) 观赏与讨论

1. 出示扎染作品,观察思考扎染图案的制作方法

2. 教师引出主题——扎染

3. 媒体欣赏民间扎染制作过程,简单介绍扎染艺术

扎染是一种古老的纺织染色工艺,主要盛行于我们的西南少数民族地区,如云南、贵州等地。它是用线、绳对织物进行捆挷、缝扎,然后放进染液中进行煮染,由于扎结的不同,紧皱处不能渗入色水使得织物染色不匀,拆除扎线,即可显现奇特的彩色花纹。其作品色彩朴实,自然大方,富有浓郁的民族风格。

4. 揭示课题——漂亮的扎染

设计说明:通过让小朋友欣赏扎染作品能很好的激发学生学习的兴趣,为进一步探究学习做好铺垫。图片欣赏让学生了解感受民间扎染艺术的魅力。

(二) 尝试与感受

1. 讨论染纸图案的特点和色彩效果

概括:图案复杂优美、色彩鲜艳亮丽,不同的折纸方法与染纸,产生的不同图案。

2. 媒体图例赏析,了解不同的折纸方法,并尝试折叠

设计说明:通过欣赏范作让学生在交流讨论中学习表现染纸图案的方法,激励学生主动学。教师小结,巩固对染纸图案的特点理解。

(三) 示范与练习

1. 教师和学生合作一幅"扎染"作品

(1) 折(有创意)

（2）染（色彩搭配和块面大小的组合）

（3）小心翼翼地揭开染好的纸张

（4）装裱展示

2. 学生欣赏优秀范作，启发创新思维

3. 提出作业：用"折染法"制作一张染纸作品

要求：（1）折法有创意；（2）色彩有变化

4. 学生分组实践，教师巡视指导

及时发现有创意的学生作品，加以肯定与表扬，鼓励学生大胆表现。

设计说明：教师和学生示范可以降低学生学习的难度，欣赏同学的作品可以拓宽学生的视野，更好的完成自己的作品。老师针对学生完成的染纸作品，提供不同形式的装裱框，以便学生依据自己的喜好去选择，提升学生的审美意识和学习热情。

（四）展示与评价

1. 展示学生作品

2. 引导学生进行自评与互评

评价依据为图案有创意和色彩有变化

3. 教师点评，明确优点与不足。

设计说明：通过自评与互评，发现自己和他人的优缺点。教师评价是对学生的肯定。

（五）教学拓展

扎染在生活中还有那些应用？

设计说明：拓展欣赏发现扎染在生活中应用，提升发现美、创造美的意识。

七、教 学 反 思

《漂亮的"扎染"》一课从学校多次试教到片级课再到区级课,经过多次修改后,在三维目标方面和各个教学环节方面都做得比较合理,且符合二年级学生的特点。

(一) 换位思考,从学生出发

本课对于材料的使用特别是颜料的使用经历了几次的改动,从一开始的国画颜料到水粉,丙烯,最后定位到用透明水色,最后达到了比较理想的效果。刚开始做的作品颜色比较淡,呈现的是灰色调,对于我们美术的专业水准来讲可能灰色更高雅,可是对于学生来讲选用更强烈的色彩,更能激发学生的感官刺激,激发学生创作的激情,从儿童色彩心理学来讲更加趋于合理。

(二) 注重情感教育,团队意识

在教学展示环节中让学生选择自己喜欢的画框进行装裱,体现了自主学习,更重要的是,在当今社会独生子女,家长都比较溺爱,很多学生都有比较自私的一面,此环节的设计让学生学会谦让,体现了团队的和谐。

(三) 鼓励学生自主学习探究

在教学环节中的折纸方面让学生自己通过解读媒体展示的折法,进行自主学习和团队内互助学习的模式,能更好地锻炼学生自我探究的能力,变"要我学"为"我要学"。在学生有无法解决的情况下,教师再出手相助,提高了学生的学习效率。

(四) 教学语言要简洁,贴近学生

本课在知识的传授中和讲解示范中,我力求做到语言简练有效,特别是把专业词汇转换成儿童能更好理解的词汇。在介绍扎染的制作过程中,我通过四幅图和浅显易懂的语言阐述了扎染的流程,如果用太过专业的术语学生是很难理解的。在教学语言方面我经过了多次的锤炼,力求贴近学生的理解能力。

　　这节课得到了组内老师、教研员张老师、课题负责人姚老师以及听课的其他老师的关心和帮助,他们都提出了自己宝贵的意见和建议,让我今后可以更加完善的实施自己的教学,对此表示万分感谢。通过此次区级课的展示自己学到了很多,也体会到自己在教学过程中很多不足的地方,在今后的教学生涯中我将不断地完善自己,超越自己,做一名学生喜欢的好老师。

对文本信息进行有效捕捉、处理
提升阅读品质

——《慈母情深》教学例说

◎ 徐敏婷

一、案例背景

《语文课程标准》中提出培养学生"提取和处理信息的能力",这种能力正是学生信息素养的体现。阅读是获取信息的过程,提取文中的有用信息,并对之加工、输出、运用是阅读的基本要求。在阅读教学中,注意加强培养学生搜集、处理信息的能力,并形成一种良好素质,同时使学生更快地提高阅读理解能力,增加知识储量,在提升信息素养的同时提升语文素养。

《慈母情深》节选自梁晓声所写小说《母亲》,记叙了母亲在极其贫穷、艰辛的生活条件下,省吃俭用,支持和鼓励"我"读课外书的往事,表现了慈母对子女的深情,以及孩子对母亲的热爱之情。文章描写细腻,情感真挚,语言浅显易懂。读完课文,谁都会被这位慈母对自己子女深深的情意所打动。这位平凡的母亲,辛劳的母亲,贫寒的母亲,在这件日常生活小事中表现出的深沉的母爱,给人留下了难以磨灭的印象。

《慈母情深》教学片段,主要透过文字的表面,透视文字的灵魂,体会作者真情的流淌,与作者产生情感上的共鸣。教学中注重以人为本,以读为本,以悟为本,让学生自主阅读、关注文本有用信息,多元解读信息中获得独特的感受和体验,升华情感,同时也关注作者的习作方法,来提高学生的阅读能力。

二、案 例 分 析

【片段一:捕捉细节,联系实际,习得写作方法】

师:现在请你们静静地默读课文,哪些地方会让你鼻子一酸,请划出。

师:我发现有位同学读得很认真,划得也很仔细。请你来读读你划的这个句子。

(生读句子,师出示"七八十台缝纫机发出的噪声震耳欲聋"。)

师:还有谁也划了这个句子? 说说你为什么要划这个句子?

(师请生读句子)

师:你们从哪里听到过震耳欲聋的响声?

生:我去建筑工地,听到那里的声音震耳欲聋的。

生:去酒店吃酒的时候,那里有人结婚,鞭炮声震耳欲聋。

师:听到这样的声音,你有什么感受呢?

生:我觉得很烦躁,很想逃开。(生感情朗读句子)

师:你们听到这种令人烦躁的声音可以逃开,而文中的母亲能呢?

(生摇头)

师:迅速找找还有哪些细节让你觉得母亲工作的环境非常嘈杂?

学生找出有关句子。(教师出示句子并随机请生朗读)

生:我大声说出了母亲的名字。

生:母亲大声问。

生:母亲大声回答那个女人。

生:那个女人对我喊……

师:大声说出、大声问、大声回答、对我喊"这些句子并没有直接写当时环境的恶劣,而是通过处在这个环境中的一些人的反应侧面的写出母亲工作环境的恶劣。有时,我们要描写一样事物,或想要表达一种情感,可以直接去表达,也可以通过侧面的描写间接表达。

师:假如就是你,你看到母亲在这样的环境下工作,你有怎样的感受?

生:我心里很难受。

师:看到母亲在这么嘈杂,恶劣,我一刻也无法待下去的环境中工作,我的鼻子怎能不酸?

师:下面继续交流你感动的句子。

……

语言的本体不能丢,语文不能对着故事情节作天花乱坠地脱离语言文字的高谈阔论,只有贴着语言的肌肤,感受语言的温度,你才能从中感受文之美、情之深。

在这一环节通过"哪些地方让你感动"为突破口。通过找一找、读一读、说一说感受,让学生深入地体会到了文中母亲工作的不易与艰辛,让学生感受到母亲对儿子那浓浓的爱意,那深厚的情意。同时在阅读过程中我注意渗透写作方法。在教学母亲的工作环境很恶劣,从而让学生感悟到母亲很辛苦这一环节时。我结合阅读教学,有机地向学生渗透了侧面描写的写作方法。在感受母亲工作环境嘈杂的细节时,引导学生挖掘文本中的细节描写,体会作者并没有直接写当时的环境怎么的恶劣,而是通过处在这个环境中的一些人的反应侧面的写出母亲工作环境的恶劣。还有"七八十台缝纫机发出的噪声震耳欲聋"这句话也没有直接写母亲很辛苦,而是从对母亲工作环境的描写来反映出母亲的劳苦。从而让学生明白有时,我们要描写一样事物,或想要表达一种情感,可以直接去表达,也可以通过侧面的描写间接地去表达。

【片段二:关注情感信息,升华情感,获得思想启迪】

教学中学生一次次地品读语言,阅读的过程时刻伴随着主动积极的思维和情感活动。每次朗读,都有着对文中母亲形象的新理解和体验,深层次的感悟和思考,从而学生受到情感上的熏陶,获得思想上的启迪。因此,在最后一个环节情感升华中,我问:"你们懂得了《慈母情深》中的母亲是那样无私地爱'我',这份爱细腻、无私、伟大,打动了我们每一位读者。那么在生活中,你们的母亲又是用怎样的方式爱你的呢?"

生:我记得小时候,由于我的顽皮把妈妈的戒指吞到肚子里去了,妈妈着急万分,立刻带我去医院……

生:二年级的时候,我生病住院,妈妈一晚上没睡……

生:妈妈做完家务,还给我检查作业,和我一起修改……

生:下雨天,妈妈给我送伞,自己淋湿了……

生:妈妈做的饭菜,总是做我喜欢吃的,并总是把最好的饭菜留给我……

……

师:(舒缓的音乐响起)此刻,我们从一件件平凡小事中,感受到了自己母亲的伟大,你一定有许多话要对自己的母亲说,现在就请你写下来。

注重阅读实践。《语文课程标准》中指出,语文是实践性很强的课程,应注重培养学生的语文实践能力,而培养这种能力的主要途径也应是语文实践。因此,在教学中体现不以教师的分析代替学生的阅读实践。在本片段中,在学生充分朗读的基础上,学生在读中培养语感,酝酿情绪。在读中体会,在读中理解,在读中想象,在读中得到美的熏陶和情感的升华。当学生情感得到震撼升华时,教师创设自然情境,在积极主动的语文实践活动中,说一说母亲对自己的爱。有了文章情感的熏陶,再联想到现实中的自己,学生获得思想启迪,自然能真情流露,说出生活中母亲对自己平凡小事中透露出的无私的爱,从而还学生以情,还语文教学以情,将文本传递的真挚情感,真正延续到每一个孩子的心中,同时也进一步落实了情感目标。

体现人文性。情感的引领不能丢,情是文章的灵魂,没有情,你绝对不能激活语言文字背后的意蕴内涵。只有在情的土壤中,语言文字的训练才有了滋生、膨胀的养料。

　　本片段重视情感、态度、价值观的正确导向,情感、态度、价值观的教学目标定位在体会平凡母亲的伟大,感受伟大的母爱,激发热爱母亲的思想感情。语文学习极具个性化,对阅读材料的理解往往是多元的,因此,在本案例中,学生主体充分参与,教师适度引导,尊重学生的个人感受和独特体验,鼓励学生发表富有个性的见解,这是提高语文能力的需要,也是形成良好个性、激活创造力的需要。

"添障、破障"为哪般?

——小学数学五年级"立方厘米、立方分米、立方米"课例研究

◎ 刘　建

前不久我执教了一堂公开课,内容是小学数学五年级下册的"立方厘米、立方分米、立方米"。本课是在学生学习过 1 立方厘米的概念以后进行的,属于体积单位教学的第二课时。在亲历了试教困惑的"阵痛"以后,我对有效教学,特别是几何概念的教学有了比较生动的体验;同时,理念与行为背后的变化也引发了我进一步的思考。

一、多媒体变形记

领到这个教学任务后,我信心满满。仗着刚刚从"青年教师学习班"里学来的理论和技术,我感到这节课并不难上。翻看了一下前后教材,我首先就想到的是"迁移"的教学策略。理由是书上关于 1 立方分米及 1 立方米的概念表述与之前学习的 1 立方厘米"如出一辙"。于是我将教学过程设计成三大环节:复习引入、体积概念教学、体积进率及体积单位间的换算。在第一环节,主要复习上节课学习的 1 立方厘米的概念,即"棱长是 1 厘米的正方体的体积是 1 立方厘米";第二环节,先通过"迁移",让学生掌握 1 立方分米及 1 立方米的概念;第三环节,探究单位间的进率并进行体积单位的换算。

　　上课的时候,学生果然能像我设想的那样模仿着 1 立方厘米的概念给出 1 立方分米及 1 立方米的概念。"棱长是 1 分米(1 米)的正方体的体积为 1 立方分米(1 立方米)。"看着大部分学生都能正确地表达,我适时地在媒体中展示了 1 立方分米与 1 立方米的模型,一切似乎都进展得很顺利。可到了寻找生活中实例的环节,学生们看似胸有成竹的回答却让我感到了事情的不妙:"我觉得墙壁上开关的体积差不多有 1 立方分米!"一个学生说道。"那开关的每一条棱长都是 1 分米吗?"我试图挽回,可此时学生却眉头不展。"我们课桌的体积差不多有 1 立方米!"另一个学生答道。"如果把你的课桌看成一个正方体,棱长有 1 米那么长吗?"我有些生气地反问。"反正我觉得和屏幕上的那个差不多大。"这位学生有些不服气地嘀咕道。"那可能是因为你没有认真比较吧!"我故作镇定,余光一扫——哎呀! 这多媒体中投影出的 1 立方米哪里是实际大小啊,还真的跟课桌差不多大!

　　课后,我对部分学生进行了访谈。在问到"生活中哪些物体的体积接近 1 立方分米"时,学生们的回答可谓五花八门:"墙上的开关,日记本,手掌……"而对于 1 立方米的物体,能举出正确实例的学生也是少之又少。显然,学生在建构概念的过程中遇到了很大的困难。看来会表述概念,并不一定能形成与之对应的空间感。更为欠妥的是,仅用媒体展示模型,一来使本身立体的图形变的平面化,不利于学生空间感的形成;二来由于媒体设备放大倍率的关系,导致了画面的"失真",使学生获得了错误的体验……这一"障碍"必须破除! 经过分析,我总结了教训:教师在设计教学时,不能仅关注课本表面呈现的内容,而忽视概念建立的一般规律。特别是对于几何概念的建立,《课程标准》里也明确指出应在"实际情境中认识",媒体虽有其优势,但不能完全替代学生的真实体验。为了破除这一障碍,我进行了针对性地改进:在建立体积概念时,教师先引导学生进行多角度、多感官、更贴近真实生活的体验。

　　再一次走进教室,我早已设好了"埋伏"。"想知道 1 立方分米有多大吗?请同学们从桌洞中拿出模型来摸摸看。""用手包得住吗?"我故意问道。"包不住。想包住前面,可后面就露出来了。""有厚度,没法包""和你的小拳头比一比,哪个大?""闭上眼睛想一想,1立方分米和刘老师的头比一比,哪个体积更大呢?"伴随着学生的笑声,我又顺势揭开了身边的一块桌布:"同学们,这个正方体的体积就是1立方米(事先用KT板做好的模型),先在脑海中估计一下,1立方米里的正方体里究竟能装多少个小朋友呢?"……片刻的思考后,我让小朋友亲身验证答案。最终,7个学生成功地钻进了盒子,他们与外面同样兴奋的学生一起经历了"见证了奇迹的时刻"。又到了上次"发生事故"的环节,我期待着孩子们的反馈:"1盒粉笔的体积比1立方分米小一些,两盒又比1立方分米大一些","我的书包的体积大约有6立方分米";"1立方米大概有半个讲台那么大","8个课桌叠在一起体积差不多是1立方米","我家的衣柜体积大约有2立方米"……看来这一回,他们心里有数了!

二、搭积木的游戏

这是本课教学中的另一个波折。在教授体积单位间进率时,我设计了让学生通过"搭一搭"来探究的环节。"动手操作、独立探究"同样也是新课程所提倡的教学方式,但在教学实施过程中,我又一次栽了跟头。

课前,我认真地为每一位同学准备了充足的学具,包括若干独立的1立方厘米的小正方体模型、10个一条的模型以及100个一板的模型。探究活动开始时,我下达了明确的活动要求:"请同学们搭一搭、数一数,要搭成1立方分米的正方体需要多少个1立方厘米的小正方体,开始!"1分钟过去了,教室里一片忙碌的景象……3分钟过去了,部分学生仍在热衷于"搭建",而另一部分比较快的学生显得有些无所事事,有的甚至开始摆弄学具搭出其他的形状……5分钟以后,当我期待着学生兴奋地告诉我答案时,教室里的气氛却是意外的沉闷:少部分学生只顾着搭出1立方分米,根本没心思数用了几个小正方体;大多数学生都数出了1 000个,可是方法也都大同小异,无非是通过累加所得,预想中的简便方法也没有出现。显然,对这些十二三岁的孩子来说，要完成这个"搭积木的游戏"，既枯燥又小儿科，根本维持不了他们的兴趣！

看来得出进率本身没有障碍，但学生多是循规蹈矩，操作活动似乎少了点探究的味道。这些孩子真是"枉费"我的一番准备呀！课后，我一边收拾学具，一边回忆着课上的情形，试图挖出产生问题的原因。学生的探究力度不大，探究欲望自然不强烈，如此循着直接经验，盲从地"寻找"答案，势必会造成课堂的气氛沉闷，教学效果不理想。况且教研员何老师也说过，组织活动的目的不能仅停留在知识目标上，更要兼顾学生思维的发展，这样才能不断提高其解决问题的能力。正想着，一盒的学具被我失手散落到地上。看着满地的学具，我突然醒悟：既然觉得没难度，莫不如给他们人为制造点"障碍"？

索性试一试吧！课堂再次成了我的"实验室"。与上次教学时不同，这一次我从容地卖起了关子。在组织操作之前，我先让学生进行猜想：如果用体积为 1 立方厘米的小正方体去搭体积是 1 立方分米的正方体，需要多少个这样的小正方体呢？此时，100 个，1 000 个……各种猜想纷纷涌现，想验证的学生更是跃跃欲试。但我却"面露难色"："同学们，可惜刘老师没有那么多学具，所以发给你们每个人的小正方体都不够！""但是……"片刻的停顿后，我略带神秘地反问道："这个问题真的就不能解决了吗？你们可以合作，当然也可以一个人动脑筋研究一下，就看谁能想出好办法来验证刚刚的这些猜想，开始！"

一声令下，学生们马上像一个个追求"更高、更快、更强"的运动员一样开动了起来。他们有人选择三五人合作；也有人听出老师的话里有"玄机"，所以选择一个人挑战高难度；还有几个学生已经发现了"新大陆"，一边迫切地举着手，一边还不停地与身边的同伴争执方法的"优劣"。一时间，冲破障碍的喜悦让每一个孩子都容光焕发。"一板一板的数比较快，十个一百是一千""先摆一条，再摆一层，最后只要想象一下，可以摆十层""可以直接搭出 1 立方分米的骨架，也就是横着摆一条，竖着摆一条，立着再摆一条"……各种巧妙的方法也在思维的碰撞中一一迸发出来。小儿科的"游戏"终于变回了高质量的"探究"！

最后一次执教这节课，是作为青年教师的优质课在全区进行了公开展示。当时也获得了专家及同行老师的一致好评。有位老师在评课时说道：

"这节课在教学设计上,符合学生的认知规律及几何概念教学的学科特点,教师能够较准确地解读和处理教材;在教学实施过程中,通过组织各种操作活动和表象训练降低理解抽象几何概念的'难度'……组织探究活动时,又通过预设难点,适当提高'难度',以此激发学生的探究热情,思维品质得到提高,教学比较有效。"

三、心得：关于几何概念教学

掌声与肯定暂且告一段落。回味着有些侥幸的"成功",我对前前后后的教学行为进行了反思和总结。

（一）直观教学,给学生最真实的体验

辩证唯物主义的认识论强调直接经验的重要性。认为认识来源于实践,只有从亲身的实践中得到的直接经验才是获得的真知。这里并不是说多媒体课件"一无是处",而是几何概念的抽象性要求教师为学生提供充分的感性材料,并为学生创造真实体验的机会。"立方分米与立方米"的概念在表述上与"立方厘米"一脉相承,但学生的直观体验并不能被替代。

心理学研究证明,视觉、触觉、听觉等多种感官共同参与几何材料的操作,有利于空间观念的形成和巩固。学生的空间观念是他们在生活经历中与客观环境不断接触时逐步形成和发展起来的。心理学研究还表明：空间观念的建立一般是通过多种感觉器官协同活动的结果。我们应遵循认识规律,注意让学生通过"猜一猜、看一看、摸一摸、比一比、搭一搭、数一数、想一想、钻一钻"等实践活动,把知识内容与空间形成统一起来,建立几何概念,培养学生初步的空间观念。

（二）实践操作,让学生在迫切的要求下展开探究学习

一般说来,以感知为出发点,通过提供掌握学习内容所必需的直接经验

引导学生顺着教材的安排,由分析、综合、抽象、概况等过程进行学习,也能达到理解的程度。如课堂上让学生循着直接经验也能"摆出 1 立方分米"。但这种方法的局限性在于难以最大限度地激起学生的认知冲突,学生的学习积极性不易充分调动起来。

动机是影响学习的最重要因素。青浦实验曾经就"学生在怎样的状态下进入学习"的问题进行过相关的研究。通过经验筛选,其提出了一条针对性措施,即"让学生在迫切的要求下学习"。其中提到了教学应让学生面对适度的困难,以此达到激发兴趣、启迪思维的目的。"没有充足的学具"这一人为添加的障碍看似"刁难",实则是在解决问题的过程中对学生提出了一定的挑战。这激起了学生已有结构与新课题之间的认知冲突,在原本枯燥的操作活动中注入了生机,"数出小正方体的个数"被"怎样搭更巧妙"这样更高思维水平的任务所取代,并最终促进了学生思维品质的提高。

四、启示:从"出乎意外"到"意料之中"

"最近发展区理论"指出"最近发展区"是教学发展的"最佳期限"。显然,无论是几何概念建构还是其他内容的教学;无论是知识、技能的习得还是思维、思想的发展,"找准学生最近发展区的临界点"无疑成为进行有效教学的重中之重,而"破除障碍""添加障碍"这些做法恰恰是达成这一目的的有益调试。想要做好这一点,需要教师在平时的教学中注重积累经验、反思教法;更要求教师要用心研究学生、钻研教材、吃透目标,努力做到因材施教。如果将课堂看作是一场充满挑战的障碍赛,那么作为赛事组织者的教师,既不能把障碍挖得太深,也不宜把障碍填得过浅,而应根据学生实际情况相机而动,鼓励和引导他们披荆斩棘,不断向胜利发起冲击!

英语学习对随班就读轻度智障学生
行为训练的研究

◎ 许　纯

一、案 例 背 景

　　二年级的小谢同学是一个随班就读生,每次我走进课堂,小谢都会给我留下深刻的印象,身体瘦小,课桌凌凌乱乱的,剪着锅盖头,每次看见老师走来,她总是怯生生地望着老师,老师叫她回答问题,她好像没有听见似的,许久才有反应。或许她的智商不高,有点傻,时不时地摆弄手指、铅笔,做小动作或低头不语,有时真的让人很讨厌。我有一段时间不太去理会她,把她晾在一边,随她去。其他小朋友告诉我说:"老师,小谢以前就这样,老师从来不提问她的。"

二、思 考 分 析

　　听了其他小朋友的话,我的心情变得沉重起来,怎么办? 经过一连几天的观察,我发现小谢的动作确实比别的小朋友迟缓,写字母时写出来的字扭在一起,又脏又差,铅笔盒里经常没有削好的铅笔,上课溜号,自己玩得非常投入,好像老师讲的课与她没有任何关系。老师走到她跟前,她就用那种怯生生的眼神望着老师。如果是在我刚刚参加工作的时候,我一定会认为她是地地道道的低能儿,然而近十年的工作经验告诉我越是这样的孩子越需要得到老师的爱,他们是班级这个小社会中的弱势群体,老师的一言一行直接决定同学们对她的态度,要不然和她在一个班的小朋友怎么这样说呢?

三、干 预 措 施

(一)让她在课间聊天、游戏中消除陌生感

每次下课后,我主动地接近小谢,摸摸她的头轻声地和她聊天,和她一起聊她喜欢的男生游戏、帮助她削铅笔,整理文具。渐渐地,这个女孩脸上露出了笑容,对我也消除了畏惧的情绪。在后来的课上,我发现她逐渐参与学习过程了。

(二)课堂上抓住契机引导她参与器乐互动,体验快乐

有一天,我正在教一首新歌 *I like ice cream*,小朋友都在看着背投屏幕投入地唱着,表现很好。小谢一个人情不自禁地又蹦又跳,我看她也挺入神的,就笑着温柔地说:"小谢,你也来试试看,也来为你们这一组争取一颗五角星。"于是,我让同学们安静,仔细听她表演,她用非常低语的声音模糊地唱着,唱完后我立刻在他们一组的争星墙上画了一个五角星,并对她竖起了大拇指。然后让周围的一个孩子又示范演唱了一遍,之后鼓励小谢大声地再唱一次,告诉她可以再给她画一颗星,果然她比之前分贝高了不少,而且表情还很到位,我和同学们都感到很意外,我带头鼓起了掌,同学们也跟着鼓掌,夸小谢真聪明。只见她露出了笑脸,很是兴奋的,因为像她这样的孩子,是很难得到称赞的。老师和同学真诚的鼓励给她带来了快乐,同样也给我们自己带来了快乐,这堂课上得特别开心。

(三) 在复习中把发言机会让给她

又有一次,我领着学生进行课前复习的时候,我发现小谢突然脸颊变得通红,很紧张,直觉告诉我,她可能想回答问题了,于是我就把这次机会留给了她。她的声音虽然很低,我走在她桌前才勉强听得见,可是毕竟是她主动开始走出沉默,要回答问题了。我微笑着鼓励她:"你回答的对,声音也好听,你能再大声一点让大家都听见吗?"她把声音又提高了一些。在老师的影响下,小朋友们给她热烈鼓掌,从此以后他越来越愿意回答问题了,而且声音也逐渐地洪亮起来。她不再是学生眼里的"小傻子"了。

(四) 开动脑筋编儿歌,培养识谱兴趣

为使小谢对枯燥无味、难学难记的英语知识感兴趣,我常把一些新授知识编成 chant 帮助她学习,培养学习兴趣。如在教学认识字母 b 和 d 的时候,编了如下的儿歌,让她和大家一起边指边读:"一把小剪刀,尖尖头向上,左边一个 d,右边一个 b""在区别 draw 和 dance 单词的字形时,边说边画,画画里面有小山(w),跳舞里面有小门(n)"。这样的儿歌,她既动手又动脑,流畅上口,易懂易记,使她对认识英文字母、单词产生了浓厚的学习兴趣,收到了事半功倍的效果。

(五) 视听结合,激发表现,引导表演,激发兴趣

表演与英语学习是紧密联系的,表演是教学中倍受学生喜爱的内容之一。每学一个单元,我都根据教学内容编成一个小故事,鼓励启发她和同伴一起上台进行角色表演,让她演绎句子简短的角色,使得她敢于表达句子,记忆单词。这样一来不但培养了她的表演能力,加深了对课文的理解,而且也增强了她学习英语的热情。我在英语教学中的宗旨就是积极、努力创造愉悦的学习情景,着力激发随班就读学生的兴趣,让他们在欢乐活泼的气氛中积极主动地获取知识,从而达到提高教学质量的目的。

四、干 预 效 果

学生取得的哪怕是一丁点的进步,都希望得到教师的肯定和赞赏。这时,老师的一个微笑、一个点头或是竖起一个大拇指都属于最美好的语言,也是学生的最高奖赏。就像小谢,有了这次的经历后,她会在老师赞许的目光中感受获得知识的愉快。在课堂上,他会愿意和别的同学一起努力去找寻快乐,她会举手,她会朗读,她会表演,她会表现,她还会告诉你谁好谁不好,她会坐端正,看着我走进教室上课,她不再低头了。老师的微笑和点头也能最有效地让在学习上遇到挫折的同学找回信心,也能让小谢那样的特殊学生也能感悟英语学习带来的乐趣,有爱才有教育,所以,轻松愉快的英语教学环境能产生奇效。

日复一日,年复一年,转眼间这个孩子已经是六年级的学生了,她虽然没有其他小朋友学习优秀,但她终于成为一名合格的小学生了。她有了自信,有了做人的尊严,这一切是源于老师爱护和鼓励。

五、教 学 反 思

英语教育的最终目的不是光传授知识,而是要把人的创造力量诱导出来,将生命感、价值感唤醒。唤醒,是种教育手段。父母和教师不要总是叮咛、检查、监督、审查他们。孩子们一旦得到更多的信任和期待,内在动力就会被激发,会更聪明、能干、有悟性。

所以,在课堂上学生需要老师的爱护和鼓励。教师的温馨话语,真实自然,有一种特有的神韵美。而教师眼神中所传送出的笑波应是教师内心预约情感的真实流露。在平时的课堂教学中,我们发现有学生不合群,胆子较小,他们愿意当旁观与聆听者,而不愿意当表演者,他们把掌声给了别人,自己非但得不到掌声,也失去了表现自己才能的机会;而有的学生则管不住自己,好动,好闹,而老师的微笑可使学生靠近你,亲近你,让孩子感到老师对自己的关注,集体对他们的关心和友爱,从心理上感到满足。让他们感觉学说英语不是一座很高的雪山,走一步都要那么艰难,而是一片宽广的海洋,可以让自己到英语歌曲的海洋中遨游。

积极追问　提升学生思维层次

◎ 张少华

一、背　景

在当今大力宣扬探究型学习的教学改革下，越来越多的教师更加关注自己课堂提问的设计。巧妙、有效的提问设计犹如一条条引渡的小船，让学生沿着明确的航道顺利抵达知识的彼岸，突破教学难点和重点。一节课的精彩与成功之处，也正是体现于教师如何引导启发学生、如何提问来攻破这些教学难点、重点，让学生感受到知识构建的过程，体验学习的乐趣。在众多提问类型中，追问是其中的佼佼者。但是追问不是毫无目的地刨根问底，有时无意义的追问甚至是背离教学目标的，使教师的课堂提问变得十分琐碎，更无层次性和逻辑性可言。另外，追问还需要教师对课堂有充分的预设，有效利用教学过程中的生成资源，若学生发生认知错误或有独到见解时教师不能置之不理，把学生的求知欲望扼杀在襁褓里，而应积极地跟进，纠正、延续学生的思路，让学生对问题的本质豁然开朗。这个过程也是一次锻炼思维能力的好机会，更深地挖掘出学生内在的思维潜力，提升认知潜力，更好地进行探究。有效、及时地追问作为问题式教学，起到了一个引领的作用。对于数学学习来说，思维能力是体现学生学习能力的一个很重要的方面，追问正是从思维的深度和广度两方面来充分锻炼学生的思维能力，达到引领和转化学生解决问题的思维策略。由此,教师作为课堂的引导者,何时"引"、如何"引"是值得我们研究和推敲的。

二、教学实践与研讨

"位值图上的游戏"是一节探究型的课程,需要学生自主探究、动手操作,教师作为课堂的组织者,对于操作的目的和规则应该是很明确的,在规范的操作后,如何借助追问引导学生清楚地交流自己的思想,理清思维呢?

【第一次教学实践】

(教师在黑板上的位值图上摆出 213)

师:仔细看。

(课件出示:小巧发现口袋里还有一片小圆片)

师:发生了什么?

生1:小巧口袋里还有一个小圆片。

师:也就是说她原来是打算把这个小圆片加放上来的。那么小巧原来可能要摆几?请你来摆一摆。

生3:可以摆313。

(生3把一片蓝色的小圆片加放在百位上)

生3:加在百位上,得到313。

(师板书:加放　　百位　　313)

师:还有吗?加放在哪里?

生3:还有223,加放在了十位。

(师板书:十位　　223)

师:还有吗?放在什么数位上了?

生3:还有加放在个位,214。

（师板书：个位 214）

师：还有别的可能吗？

生4：把那个蓝色的放到十位，变成223。

师：已经有了。耿老师把这三个结果都放在了大屏幕上。请同学们仔细观察，小圆片的个数发生了什么变化？

生5：原来小圆片的总数有6个，现在有7个，多了1个。

师：我们再来观察一下，得到的这三个数和原来的213相比，变了吗？

生齐答：变了。

生6：223比213多了一个十。

（师板书：10↑）

生7：214多了一个一。

（师板书：1↑）

生8：313是在百位上加放了一个小圆片，比213多了100。

（师板书：100↑）

师：为什么同样是增加了这样的一个小圆片，增加的数字却不一样呢？有的增加了1，有的增加了10，有的增加了100？

生9：因为上面有个位、十位和百位，放在十位上就增加了1个一。放在十位上就增加了1个十，放在百位上就增加了100。

师：同学们同意吗？

生齐答：同意。

师：看来同一个小圆片放在不同数位上，代表的数值也不一样。

在这个环节中，教师意图让学生找出加放后的各种可能性。但是我们通过实录也可以看出，当生4说出了一个重复的答案后，教师也没有意识到这其实是一个追问的好时机。学生之所以会重复，是老师没有及时渗透"有序思维"的好处，学生也没有意识到"有序"其实就是"不重复、不遗漏"，数学作为一门逻辑性非常强的学科，学生思维的方法和方向是非常关键的。教师明确何时"引",即追问的时机。这里所说的"引",便是学生在课堂上出现思维紊乱、理解错误、知识矛盾、认知粗浅、发生意外等情况时,教师能采取及时有效的追问,一一攻克,把学生领到正确的思维主干线上,认知和表述均不产生偏移。

教师改进后着重在追问上下了工夫:

【第二次教学实践】

(教师在黑板上的位值图上摆出 213)

师:仔细看!

(媒体情景出示:咦,口袋里还有一片。)

师:咦,口袋里还有一片,那我们帮小巧把这片……怎么样?

生齐答:放在数位表里。

师:我们可以把它加放上去。

(板书:加放)

师:今天我们就和小巧他们这几个学习伙伴一起在位值图上做游戏。那么加放后这个数可能会变成几? 你说说!

生 1:313。

(生 1 上台操作)

师:哦,请你说一说过程。

生 1:我把多的放在百位上。

师:嗯,把这片小圆片加放在百位上,得到的结果是……

生 1:313。

(师板书:百位,313)

师:请坐。还有别的可能吗? 你来试试! 边说边摆。(一生上台第二次操作)

生 2:把另一块放在个位上变成了 214。

(师板书:个位,214)

师：好，老师把它送回家。还有别的可能吗？说一说。

生3：把蓝色的小圆片放在十位上，变成了223。

（师板书：十位　223）

师：请坐。那请同学们再想一想，还有别的可能吗？你说。

生4：没有了。

师：为什么没有了？你这么肯定。

生4：因为只有这三个。

师：哪三个？

生4：百、十、个。

师：同学们再看一看，这个顺序怎么样？你有什么意见呐？谁来说一说！

生4：它们倒过来了。

师：你觉得怎么样就不倒过来了？

生4：把个放在前面，下面是十位，下面是百。

师：哦，你说可以按照个位、十位和百位的顺序来写，对吧！好，老师把这里调整一下。

（师转身调整板书）

在这个交流环节中，教师采用了大家提出的建议，整理了提问的结构，增加了追问的力度，也显得教学设计更精致，提问更到位。首先利用学生的无序汇报，得出了加放后可能会得到的各种结果，并连续追问"还有别的可能吗"，有意引导学生在"序"上作思考。其实结果只有三个，学生也已经顺利地找出所有的可能性，但是教师又追问道"还有别的可能吗？为什么没有了"，让学生重新回到思考、整理的状态，然后再感知如果是按顺序摆放的小圆片，那就不可能有别的答案了，也为后面的游戏作了铺垫和准备。通过教师的一系列预设和问题设计，教学内容循序渐进，井井有条。在这个环节中，追问的作用就是让学生更深更广地思考，能够知其然，又能知其所以然。

三、我们的思考

通过两次观看"位值图上的游戏"的同一个教学片断,我学到了很多宝贵的实践经验,感受了追问在教学中起到的举足轻重了作用。课后我们也在思考,如何及时把握追问时机? 如何判断隐藏的追问价值呢? 这是值得我们思考和探索的,我也通过这两次的观课,对追问的了解有了一些初步的启发。

(一)要通过追问让学生在理解粗浅处更深入地挖掘

法国教育家第斯多惠说:"教学的艺术不在于传授本领,而在于激励、唤醒和鼓舞。"换个角度看,追问其实是教师对学生的一种理答方式,鼓舞学生往思维深处挖。一个有经验的教师,对学生的知识基础应该非常熟悉,学生对于一些看似简单的问题,其理解程度可能只停留在知识浅表,也就不会自觉地往思维深处想,只是知其然,并没有达到知其所以然的程度。实录一中学生的表现为对自己找到了三种结果已经满足了,或者说他们的思维已经想当然地停滞下来了,而教师的处理稍显粗糙,戛然而止,也是想当然地进入下一个环节。而实录二中教师通过继续追问,把学生的思维引导了"开阔地带",训练了思维强度,使学生的认知不仅停留在浅表,而且通过更深入的思考,深刻地了解并验证了为什么老师问道"为什么没有了? 你这么肯定"等问题,体现了数学思维的严谨性。

(二)要通过追问让学生的思维方式更有序

《数学课程标准》中明确指出:"通过义务教育阶段的数学学习,学生能够初步学会运用数学的思维方式去观察、分析现实社会,去解决日常生活中和其他学科学习中的问题,增强应用数学的意识。"对小学生数学思维而言,思维的有序性就是较为重要的思维品质之一。但很多学生在解决问题时,一般只追求问题的结果,其过程往往是紊乱无序的,所以经常造成答案不完整、不规范,思维狭隘。实录二中教师设置了一系列的追问,厘清并发散了学生的思维,感受有序的数学思想方法,达到在追问中完成循序的效果,形成有序思维的数学品质。可见,有效的追问,是数学有序教学、学生体验有序思维的良策妙方。

曾有人云:教学有法,教无定法。精彩的追问设计,犹如抛砖引玉,无疑展现了教师在教学中的智慧和功底,让课堂迸发出智慧碰撞的火花。然而,追问又是灵活的、多变的,能够赋予课堂无限的活力,正是因为它的“活”,才让我们发现它有着无穷的研究价值,使我们有不断深入研究的欲望。希望能够发现更多追问的价值之处,完善教师的教学手法。

丰富音乐课堂　　提高审美认知

——三年级课例《夜晚多美好》教学案例

◎ 续　华

一、案 例 导 读

本案例选自上海音乐出版社九年制义务教育音乐课本三年级第一学期第四单元《夜晚多美好》。

本课是一节器乐教学课,主要引导学生通过口风琴的学习,掌握好歌唱时的音准和气息,加深学生的审美感受,提高学生的审美能力。在教学中,根据学生掌握口风琴吹奏能力的实际情况设计教学环节,从聆听范唱入手,把握音乐的基本要素,引导学生了解歌曲的情绪和意境,并结合视唱法借助口风琴吹奏学唱五线谱旋律,分小组、分乐句唱奏,指导学生运用口风琴不同的吹奏方法,体验和理解歌曲所表达的情绪和感情,并更好地歌唱教学所服务。学生在丰富的音乐审美经历中获得音乐审美的认知,强化审美体验、积累审美经验。在评价中着眼于音乐情感的生成,注重培养良好的学习习惯,关注音乐审美的养成。

二、案例描述

本课例使用了整个课例的"新课导入—初步感知""歌谱学习—加深感知""综合表演—深入感知"这三个片段实录。

【教学片段一：新课导入，初步感知】

（聆听教师范唱《夜晚多美好》）

师：今天我为大家带来了一首好听的歌曲，首先由我为大家演唱，请同学们仔细听听歌曲的速度是怎样的？情绪如何？

生1：中速的。

生2：稍快的。

师：你们的耳朵真灵敏，那情绪如何呢？

生1：抒情的。

生2：优美的。

师：你们听得真仔细！让我们再来听听歌曲唱了些什么？表现了怎样的意境？

（完整聆听全曲，欣赏flash版本）

生1：我听到了夕阳落山。

生2：我听到星星在闪耀。

生3：我听到鸟儿回巢。

师：你们听到的都是一天中什么时候出现的景象？

生：夜晚。

师：夜晚带给你怎样的感受？

生 1：宁静的。

生 2：安静的。

师：所以歌曲的意境也是？

生：宁静、安静的。

听觉在感知音乐中处于核心地位,教师的范唱能更好地带入学生的情绪,让学生更好地感知音乐。在第二遍欣赏 flash 版本,使听觉和视觉相结合,运用反复聆听的方法,让学生在熟悉歌曲感受意境的同时,培养学生仔细聆听音乐的好习惯,帮助学生更准确的理解音乐要素。

【教学片段二：歌谱学习,加深感知】

师：请同学们用小手划旋律线的走向,跟着钢琴用轻轻的声音、高高的位置,唱唱旋律。

（学生参与实践,教师指导）

（小组活动）

师：请同学们分小组找出最喜欢的乐句,借助我们手中的口风琴吹一吹,再唱一唱,注意吹奏时的指法。

师:你们觉得第一组吹得怎么样?

生1:他们吹得很整齐。

生2:声音有些大。

师:符合我们这首歌曲的意境吗?

生:不符合。

师:再吹奏时应该怎样?

生1:音量轻一点。

师:气息呢?

生:连贯的。

师:我们在演唱时的气息和吹奏口风琴时的气息是一样的,你们想想应该用怎样的气息来表现歌曲情绪?

生:连贯的。

师:好,让我们用连贯气息分小组演唱歌曲旋律。

借助口风琴不同的吹奏方法帮助学生进一步感受体验歌曲的情绪,并学会运用柔和优美的声音、自然连贯的气息正确地表达歌曲的情绪,为歌唱教学做好铺垫。运用体验、合作学习的方法,借助乐器帮助学生唱准歌曲旋律。在讨论、展示、互评中不断完善自我,树立信心,让孩子们坚信,自己能够借助手中的小乐器,自学歌曲,培养孩子们独立的识谱能力的同时,加深学生的审美感知体验。

【教学片段三:综合表演,深入感知】

师:你们还有什么好办法来丰富歌曲?

生:用打击乐器。

师:你想用什么乐器?

生1:三角铁。

选择合适的打击乐器为歌曲伴奏

师:用怎样的节奏型?

生1:2/4　X—│X—│。

师:你们觉得这个节奏型怎么样?

生2:好听。

师:符合歌曲的情绪吗?

生:符合。

师:谁还想用别的乐器?

生3:沙球。

师:用怎样的节奏型?

生3:2/4　X XX│X XX│。

师:你们觉得这个节奏型怎么样?

生4:很好听。

师:让我们用自己喜欢的小乐器和节奏型为歌曲伴奏,好吗?

(教师进行指导,学生尝试表演)

师:你们可以用自己喜欢的方式表现歌曲吗?

生:可以。

师：想要歌唱的请起立，律动的同学请站在前面，使用乐器的同学找好自己的同伴，让我们行动起来吧！

（学生尝试综合表演）

　　任何围绕音乐开展的实践活动，都是在听觉、视觉、动觉等各种感官综合下的审美体验，让学生选择小乐器并创编适合歌曲情绪的节奏为歌曲伴奏，正是学生对知识的学习和审美体验的一种最直观的反映。同时考虑到学生的能力差异、不同兴趣，选择用唱、奏、律动等形式表现歌曲，让不同能力的学生都能体验歌曲的情绪，获得不同的审美感知体验，并在表演中分享合作的成果和学习的快乐。

三、案例反思

　　音乐教育最基本的特点就是审美性，它是通过音乐进行的一种审美教育。《音乐课程标准》提出了以音乐审美为核心的基本理念，作为基础教育的小学音乐课堂教学,应该始终把"审美体验"贯穿于教学的全过程,在感受和体验音乐作品的同时,增进学生对音乐美的感觉、理解、鉴赏和表现。

本案例的执教班级学生大多是外来务工子女,音乐基本素养较为薄弱,接触口风琴的时间不长。歌曲《夜晚多美好》节奏简洁,旋律也不复杂,因此通过口风琴辅助教学,根据学生的实际能力设计教学环节,层层深入,从聆听范唱入手,把握音乐的基本要素,引导学生了解歌曲的情绪和意境,并结合视唱法借助口风琴吹奏学唱五线谱旋律,分小组、分乐句唱奏,指导学生运用口风琴不同的吹奏方法,体验和理解歌曲所表达的情绪和感情。

本案例通过多样的教学手段来丰富音乐课堂,激发学生热爱自然、热爱生活的感情,逐步加深学生的审美体验。同时学生能够在教师创设的自主、开放的学习环境中,把"要我学、要我唱、要我演"变成"我要学、我要唱、我要演",激发学生热爱音乐的内动力,增强学生的综合感悟及表现音乐的能力,让学生在一种和谐平等的学习氛围中,获得一定的审美体验。让学有余力的学生可通过口风琴、打击乐器等多种方式获得满足,而学习有困难的学生也可在反复多变的师生交流、生生互动中不断改进自身表现,形成合作的意识与协同表演的能力,体验合作学习的快乐,让学生在音乐活动中感受美,表现美,创造美。

浅谈如何指导品社课堂的课前调查

——"我为社区添光彩"课例中的指导与分析

◎ 陆　婷

一、案 例 背 景

　　"品德与社会"课程是一门以学生生活为基础,以学生良好品德形成核心、促进学生社会性发展的综合课程。其主要体现在:综合性、实践性、开放性三个方面。随着教学方式的转变,使得教学空间不局限于课堂和学校,这就需要教师创设条件让学生积极参与社会实践,在丰富多彩的活动中去"体"去"验",在理解和感悟中受到教育,获得经验,逐步提高认识社会、参与社会、适应社会的能力。课程标准强调"儿童是在真实的生活世界中感受、体验、领悟并得到各方面的发展。"因此,课前调查作为联系课堂与生活之间的纽带,成为打造有效课堂的必要前提。

　　那么学生如何以主人翁的角色参与到课堂中来,学会学习呢?在执教《我为社区添光彩》一课时,我通过让学生进行课前调查,关注社会生活,再进行资料收集和整理,并在课堂上有效论述,使学生把社会与课堂携起手来,共同打造有效课堂。

二、案 例 描 述

　　《我为社区添光彩》是小学科教版《品德与社会》三年级第二学期第四单元"我们的社区"中第三课《共建美好家园》的第三课时。这一单元重在让学生认识并积极参与社区生活。因此,这一课重点就在于作为社区一员,如何参与社区建设,美化社区,减少和解决社区问题。我在组织这一课时,重在引导学生综合利用以前学过的知识,如公共秩序、公共安全、公共卫生的知识等,组织学生通过对社区观察、进行调查,了解社区存在的问题或现象,认识到这些潜在的因素影响着我们的生活,进一步理解社区生活中总会有一些争吵和纠纷,懂得运用公平、公正的原则去解决问题、并学会体谅他人。

　　课前调查并不是一帆风顺的,在下发预学单后,在调查过程中学生遇到了一些问题,如调查现象太广、调查方法单一、调查过程盲目等。在调查反馈中,学生搜集到的信息呈现了多而不实,因此我把针对同一调查现象的同学安排为一组,指导其调查方法与过程,再展开第二次调查。有了重新安排和组合后,调查目标更明确了,调查方法形式丰富了,调查过程也井然有序了。通过对资料的收集和整合之后,将调查结果以不同的形式进行课堂交流。以下是《我为社区添光彩》学生交流调查结果的几个片段。

【片段一】

　　师:美好的家园需要每一个居民参与建设,无论男女老少,都可以用自己的方式尽一份力。今天,我们以另一种方式为凤溪社区添光彩,来当一回社区里的啄木鸟医生。社区中常常会存在一些不和谐的现象。课前,老师让大家分组进行考察,接下来就请各小组来说说你们找到了社区里最为突出、最迫切需要解决的问题吧!

　　(第一小组交流)

　　组长:我们发现每到上学、放学,学校和社区道路的交通秩序成了一个大

问题,因此我们展开了社区交通秩序问题的调查。我们小组在调查中利用相机拍下了交通堵塞的一幕幕,大家请看。(播放照片)

组长+组员:(出示4张相关照片,解说)现象一:路边摆摊。有些小摊贩就直接摆在马路两边,造成道路变窄小,行车速度慢,摊位和车辆也会发生碰擦,引起事故纠纷。现象二:不规范停放车辆。每天上学、放学,校门口都挤满了车辆,这都由于不按照规定地方停放车辆造成的,这就引起了堵车,造成时间的浪费。菜市场的路口总是堵满了车,也影响交通秩序。现象三:人、车一门进出。我们在调查中发现古思浜小区虽然有两个出入口,但都是人、车一门进出,小区门口也是很小的,其中隐藏着安全隐患,居民走在路上有时会被车辆擦肩而过,为此住在古思浜小区的同学都要留校一段时间再走回家。现象四:乱穿马路。居民为了赶时间而不顾安危乱穿马路,严重影响着交通秩序。谢谢大家!

师:谢谢你们的交流,让我们知道对交通知识比较缺乏,还需要加强呢!交通安全人人有责,而交通秩序是凤溪社区确实存在的问题,造成了交通混乱的现象。这会给我们带来什么影响?

生1:从第一小组的调查现象让我知道交通混乱会浪费时间。

生2:交通混乱现象不仅浪费时间,而且威胁生命。

【片段二】

(第四小组交流)

组长:我家住在凤溪镇河北街,由于我家周围的房子在装修,整天都有刺耳的电钻声,使我的小妹妹白天都不能在家好好睡觉,晚上也影响我的睡眠质量。因此我提议小组针对"噪声污染"进行调查,果然有不少收获。下面请听我们小组为大家录制的噪声。

组员1:播放录制的各种噪声,并解说:一早上学时,古思浜小区的路上就会发出长鸣的汽车喇叭声。这是装修工人用电钻发出的电钻声。晚上会听到宠物的叫声、关防盗门声、吵闹的楼层音响声。我们通过采访邻居和同学,了解到长辈们不能好好午休,晚上打扰了我们做作业的思绪,破坏了睡眠质量。

组长:同学们,听了这些噪声,你有什么感觉?(个别交流:好烦,很难受)

组长:是啊,噪声污染无时无刻不在烦恼着我们的生活。我们为大家搜集了噪声污染的小知识,请沈蕾同学向大家介绍一下。

组员2:我们上网查阅了相关资料了解到:按照《城市区域环境噪声标准》的规定,住宅区的噪声,白天不能超过55分贝,夜间应低于45分贝,若超过这个标准,便会对人体产生危害。我们一般在室内谈话的时候,声音应该是在40~60分贝。医学专家介绍,长时间处在高分贝的环境下,人的神经系统就会受到影响,像失眠、神经衰弱。90~120分贝,就已经让我们无法忍受,甚至会破坏人体的听觉系统,几分钟就会引起暂时的致聋。谢谢大家!

师小结:谢谢你们的交流,让我们了解到噪声污染影响着身心健康,这个问题是不可小视的!

【片段三】

(第三小组交流)

组长1:整洁优美的生活环境是大家所向往的,但是我们小组在调查中发现,社区中依然存在卫生环境污染的问题。我们发现高空抛物、垃圾乱扔、飞扬的广告单宣传单、动物粪便等影响着社区卫生环境,夏天已经来临了,如果造成垃圾堆积、粪便不及时处理等,我们就会始终处于臭气熏天的环境中了,多难受啊!

师:是啊,臭气熏天的环境,确实会让我们难以忍受。(板书:难以忍受)你们知道有哪些人会长期处于难以忍受的环境中吗?

让我们继续跟着第4小组一起去了解他们的工作。

(播放采访视频)

师:看了视频,你有什么想说的吗?

师:谢谢第三小组的用心调查,让我们了解得比较全面而清晰,认识到了不足之处和需要改进的地方。卫生环境问题的解决刻不容缓啊!

三、案 例 分 析

学生课前调查的能力并不是自发形成的,如果不对学生的课前调查进行指导,只让孩子自行摸索,肯定是不会有好的效果的。那么,如何来指导学生进行课前调查呢?

授之以鱼,不如授之以渔。课前调查的成功,一个重要因素就是取决于学生是否懂得如何去调查,去操作。课前调查对学生来说存在两个困难:第一,学生无法判断哪些资料需要,不知如何取舍搜集的资料;第二,由于学生年龄小,往往无法根据课本判断需要搜集哪些材料,同时学生搜集资料的本领偏弱,对电脑、书本等搜集工具并不是很了解,从而不能合理选用搜集的途径。因此,教师首先要根据具体教学目标,讲清课前调查的要求,给学生指明具体的路径,让他们明确调查目标,清楚调查过程,掌握调查方法,引导他们有目的地、有方式地去搜集有关资料。教师在指导课前调查时,要做好充分准备和妥善的安排,确保活动有序进行。在组织《我为社区添光彩》一课的课前调查时,我指导学生可以采用实地考察来采集照片、调查访问、录制所需资料等,学生有了"法"后,调查的热情也涨高了,调查的实效性也提高了,通过课前调查顺利获得有效信息后,在课堂上交流时,学生变为"主角",从他们的表情中,我知道他们体验到了成功的喜悦。

(一) 调查内容问题化

如果调查内容对学生来说较为空洞而广泛,学生在课前调查时会感到无所从,教师要引导学生将调查内容设计成一个个可操作、又有互相联系的小问题,从小问题为突破口,学生就有据可依、有序可循了。如《我为社区添光彩》的课前调查中,学生将卫生污染为调查现象,这显然是宽泛的,切入口太大使得一个个现象如春笋般冒出，调查就显得混乱了。这时，我引导他们针对某一具体现象出发，如针对垃圾乱扔现象，想想能不能利用采集不同地点的照片，找出是什么原因造成的，再进行环卫所的采访了解垃圾产生量使现象"数字化"，学生感到调查目标清晰了、操作性增强了，就能清晰地了解到垃圾乱扔的现象需要迫在眉睫地解决。

（二）调查内容表格化

调查内容呈现成表格的形式，清晰直观。通过之前的教学，学生已经基本学会用书面形式报告社会调查的结果。学生通过撰写一份较为完成的社会调查报告，不仅对调查报告的结果，而且对调查的对象、方法、过程等提出改进建议，既培养、提高学生收集和处理信息的能力，又提高学生表达信心的能力。

在《我为社区添光彩》一课中，我制作了调查表让学生展开有序调查，如下表。你觉得目前凤溪社区生活中存在哪些问题，进行小组调查，完成调查表。

社区现象调查表

小组：　　　　　　　　组长：

现象	
问题	
方法	
过程	
结果	
建议	

其实，制定表格时还可以明确分工、时间。从学生在课上的汇报结果来看，调查内容充分，调查形式多样，其中，学生的观察能力、表达能力、合作能力、创新能力、对信息的分析整合能力都有了不同程度的提高。

（三）调查形式小组多样化

对于课前的调查活动来说，小组合作无疑是优化学习效率的有效学习方式。合作成员通过合作，互通有无，从对方获取有用的信息来填补自身的信息、知识和能力等方面存在的不足。而课前调查的最后环节是学生间的课堂交流，通过课堂交流共享收获，促进学习，教师引导小组出一个形式多样、趣味十足、实效明显的资料交流过程，这样的汇报方式是学生喜欢的，学生的参与度也是极高的。课前调查时学生进一步走进生活、体验生活的过程，那么课堂展示交流就是学生的再次体验、在内化提升的基础上品读真情，体验调查的愉悦。课堂上的时间是有限的，而小组多样化的呈现能够让学生互相欣赏、贡献资源、拓宽视野的有效途径。我想，这才是学生喜欢的课堂，有收获的课堂。

当然，在"授之以渔"的同时，课堂上往往也会出现学生调查资料的不足，教师就应该自己提前做一些必要的准备，对教学任务进行盘点梳理，再对材料进行适当的补充提升，让课堂更加精彩。

课前调查看似简单，却是课堂教学能否有效进行的重要基础之一。教师要结合学生的生活实际，利用多样性的调查，调动学生的积极性，用科学的方法培养学生的学习兴趣，在课堂上让每个学生的思想得到碰撞，情感得以升华，以提高课堂的有效性。

有效把握知识的生长点和延伸点

——"用含有字母的式子表示数量关系"教学课例研究

◎ 孙益新

　　有效教学的呼声早已传遍了大江南北,《上海市中小学学业绿色指标》(以下简称"绿色指标")的推出更是给教学的有效与否提供了具体的评价方案。就小学数学课堂教学而言,如何才能达到有效教学的目标呢?《小学数学课程标准》(以下简称"课标")指出,教师教学应该"以学生的认知发展水平和已有的经验为基础,面向全体学生"。《课标》中课程基本理念也指出,数学教学应该是"人人都能获得良好的数学教育,不同的人在数学上得到不同的发展"。看来,把握课堂教学中知识的生长点和延伸点已成为有效教学的关键。

　　每一个知识点的学习一般都有它的生长点和延伸点,遵循螺旋上升的原则,这是认知规律。知识的生长点就是我们已经具备的相关知识,是学习新知识的前提和基础;知识的延伸点是指学完某一知识后,在后续学习中还将学习的相关知识内容,为再后续学习提供知识准备;根据知识的延伸点可以确定当前知识学习的终结点。因此,每一个知识点既是已学知识的延伸点,又是后续学习的生长点。

　　课堂教学中如何准确把握知识的生长点和延伸点,最终达到有效教学的目标呢? 带着这个问题,结合我在青浦区实验小学参与的一轮"三实践二反思"课,进行了一些研究。在一系列的过程中,参与者的教学理念在悄悄发生变化,同时,随着教学行为的不断跟进,也有不少问题值得我们深思。

课例研究的教学内容是"用含有字母的式子表示数量关系"(五年级第一学期内容),由实验小学 S 老师执教。教研活动聚焦"有效教学:把握知识的生长点和延伸点"进行了深入的研究。

下面让我们一起来看看 S 老师在课例研究中观念更新及行为跟进的过程。

【热闹、活跃的课堂——教师独立备课下的课堂教学片段】

师:你今年多大了?

生:11 岁。

师:老师比他大 15 岁,请你猜一猜老师今年多大?

(学生很兴奋说出老师 26 岁)

师:当××10 岁的时候,老师多大?(生口答)

师:你是怎么算的?

生:10+15=26(师媒体展示算式)

师:当××11 岁的时候,老师多大?(生口答,其他同学也很活跃)

师:你是怎么算的?

生:11+15=26(师媒体展示算式)

师:当××12 岁时呢? 你能继续完成表格吗?(学生积极性很高)

(表格延续到××14 岁止)

师:这样的式子还能写下去吗? 写得完吗? 你在写这么多式子时有什么感受?(生对问题有点茫然)

师:你能不能想个好办法,只用一个式子简明地表示出老师的年龄?(独立思考,并写在学习单上)(师巡视)

生:$x+15$

师:x 表示什么? 为什么加 15? $x+15$ 表示什么?

(生一一作答)

师：还有其他表示方法吗？

生 1：$y+15$

生 2：$z+15$

（小结，并揭题）

接下来 S 老师用同样的方法讲了第二道例题（用字母表示乘除关系）。两道例题分别用时为 11 分钟和 9 分钟。整个课堂都很热闹。

课后，大家进行了讨论。S 老师对自己的课不太满意，她觉得虽然课堂很热闹，可总感觉没有抓住问题的本质。很明显，S 老师很注重学生已有的知识经验，从课堂谈话导入年龄的不断累加，学生学的都很自然，这也是整个课堂积极、热闹的主要因素。可热闹的层面也仅仅限于此，当谈及"能否用一个简明的式子来表示出老师的年龄"时，学生觉得很茫然。当然，当有一个学生用 $x+15$ 表示并得到老师表扬后，其他同学纷纷模仿用其他字母表示，继而出现类似如"$y+15$""$z+15$"等情况。整堂课老师与学生的交流也多为一问一答式。第二个例题教学依然如此。

如何才能摒弃那种表面化的热闹，真正发展学生的思维？老师们一致认为，关键是找到知识的生长点，厘清知识间的关系。而"用含有字母的式子表示数量关系"中的知识生长点恰恰在于通过多个式子例证让学生找到其间的"数量关系"，然后再用字母表示才水到渠成。而关于第二道例题的教学，则可简略处理。

鉴于此，S 老师表示愿意尝试，并根据新课程标准要求与大家的建议，结合自身的反省，对原设计的教案进行了修正，准备上第二轮课。

【找准知识生长点的课堂——改进后的课堂教学片段】

师：你今年多大了？

生：11 岁。

师：老师比他大 15 岁，请你猜一猜老师今年多大？

（学生很兴奋说出老师 26 岁）

师：当××10 岁的时候，老师多大？（生口答）

师：你是怎么算的？

生：10＋15（师媒体展示算式）

师：当××11 岁的时候，老师多大？（生口答，其他同学依然很活跃）

师：你是怎么算的？

生：11＋15（师媒体展示算式）

师：当××12 岁时呢？你能继续完成表格吗？（学生积极性很高）

（表格延续到××15 岁止）

师：当××25 岁时，老师多大？你是怎么想的？（生继续列式）

师：当××60 岁时呢？

（有个别同学开始放下笔思考，还有同学高高举起了手）

师：这样的式子还能写下去吗？写得完吗？你在写这么多式子时有什么感受？（生齐答太麻烦了）

师：写了这么多式子，你觉得××的年龄和老师的年龄有什么关系？

（学生有些迫不及待，自觉进行小组讨论）

生 1：老师的年龄＝××的年龄＋15

生 2：××的年龄＝老师的年龄－15

师：谁听懂了？再来说一说。

（老师相机出示数量关系：老师的年龄＝××的年龄＋15）

师：你能不能想个好办法，只用一个式子简明地表示出老师的年龄？（独立思考，并写在学习单上）（师巡视）

生：$x＋15$

师：x 表示什么？为什么加 15？$x＋15$ 表示什么？

（生一一作答）

师：还有其他表示方法吗？

生 1：$y＋15$。

生2：z+15。

小结，并揭题。

（注：与第一次相异之处用阴影加以强调）

由于学生已经历用含有字母的式子表示数量关系的过程，接下来老师讲解第二道例题时（用字母表示乘除关系），自然过渡，用时6分钟。

对于这堂课，S老师显然很满意，老师们对S老师的教学也表示肯定。这堂课不仅保持了第一次上课的积极、活跃的气氛，而且还设置了让学生亲身感触写多个式子的繁杂进而自然而然地找老师的年龄与××的关系这一环节，可以说，这就是知识的生长点。至于后来的用字母表示老师与××年龄间的数量关系，那是水到渠成的事情。至于第二个例题，S老师更是做到了过渡自然、详略得当。

按理说，这堂课上到这样已无可厚非。可课标指出"人人都能获得良好的数学教育"，同时，也提出了"不同的人在数学上得到不同的发展"的目标。也就是说，学生的思维还需要不同程度的提升，教学例题还需要不同程度的拓展。看来，这节课不仅要紧抓知识的生成点，更要把握知识的延伸点，这也是有效教学中的又一重要途径。

如何让不同的人在数学上有不同的发展？怎样才能把握准知识的延伸点？老师们给出了自己的看法。有的老师认为，第一例题还可适度挖掘；也有老师认为此类题目应该有其特定的做题模式，老师应适当演示；更有老师提出，可以适当增加减法的用字母表示方法，与例题一形成对比。

最后大家觉得有必要再次做出修改，S老师也很乐意再上第三轮课。

【有层次、结构化、有延伸点的课堂——再次改进后的课堂教学片段】

（与第二次上课相类似的地方，省略）

紧接着第二次上课情景，如下：

师：当你上幼儿园3岁的时候，老师多大？

（师板书：当 $x=3$ 时，老师的年龄是 $x+15=3+15=18$ 岁）

师：当你 23 岁大学毕业了，那时老师多大了？

（学生自主练习，写出过程）

（当字母的大小确定时，这个式子的值也就确定了，x 越大，$x+15$ 也越大）

师：当 $x=200$ 呢？

（学生纷纷表示不合理）

师：如果老师 m 岁的话，那么你的年龄是多少？

（学生独立练习）

小结，并揭题。

（注：与第二次相异之处用阴影加以强调）

　　随后第二例题的处理时，老师又拓展了一些用字母表示除法数量关系的例子，整个例题用时 7 分钟。另外，由于时间有限，S 老师删掉了一道巩固练习。

　　课后，老师们都很兴奋，大家一致认为，S 老师此次的课堂，不仅抓住了课堂的本质，找准了知识的生长点，保持了原有的积极、活跃的课堂气氛，更重要的是它延伸出的一些问题，使学生的视野更加开阔，思维进一步升华。并且大家还都认为，这样处理后的课堂结构化程度更高，学生的学习效率自然得到提升。

四、几 点 思 考

　　通过三堂有序开展的实践课和两次针对性极强的反思研讨，我有以下几点思考。

（一）找准知识的生长点，是课堂教学的有效途径

　　数学知识的建构不是一蹴而就，也并非简单知识点的罗列。苏联著名心

理学家维果茨基就教学与发展的问题,创造性地提出了两种发展水平的思想,即现有发展区和最近发展区,而最近发展区恰恰说的就是知识的生长点。因此,有必要厘清知识点之间的关系,找准知识的生长点才能有效教学。"用含有字母的式子表示数量关系"其知识的生长点不在于列出含有字母的式子,而是找出其间的数量关系,继而再用含有字母的式子表示。假若少了中间一环节,整个课堂建筑犹如空中楼阁摇摇欲坠。

第二轮课的确给人以耳目一新的感觉。S老师恰到好处地找到知识的生长点(老师的年龄与××的关系),并采取追问、转问的形式,使整个班级对这一数量关系了然于心,最后顺其自然的写出含有字母的式子,可以说老师对这一环节的处理犹如庖丁解牛,一气呵成。而对第二例题的详略处理更是给这堂课以锦上添花。

(二) 把握知识的延伸点,是提升高层次思维能力的关键

《绿色指标》指出,在关注学生标准达成度的同时,也要关注学生的高层次思维能力,即,知识迁移能力,预测、观察和解释能力,推理能力,问题解决能力,批判性思维和创造性思维能力等。正如苏联教育家所说:"学生来到学校里,不仅是为了取得一份知识的行囊,更主要的是为了变得更聪明"。换句话讲,就第二次课堂而言,其思维含量还是没有达到分层教学的目的。因此,找到知识的延伸点,势在必行。

在第三堂课中,S老师不仅准确把握了新旧知识间的联系,还为学生搭建适当的思维平台,通过找数量关系降低了由生活经验到字母表达式间的探究难度。除此之外,她还结合学生的生活实际,将知识适度拓展延伸,提出诸如,"当你上幼儿园3岁时,老师多大? 当你上大学23岁时,老师多大?"等问题,学生充分借助探究学习的经历,将3岁、23岁代入字母表达式解决了生活中的问题,其实这一过程恰恰是代数思想的初步应用。而当老师提到"当$x=200$时",学生纷纷摇头(人的年龄不可能达到200岁),其实这正是函数思想在小学阶段的牛刀小试,确切来讲是函数中定义域与值域问题在现实生活中

的应用。

纵观整个课例研究过程,学生在数学的殿堂里,时而"跳一跳摘到了桃子",时而聚精会神在生活中感受数学,时而屏气凝神在数学中享受生活,不仅历经了数学源于生活服务于生活的过程,而且还接触了基本的数学思想、数学方法,并且还初步具备了运用所学知识和方法解决问题的能力。整个过程学生收获颇丰,教师们更是受益匪浅。

现将课例研究中课堂行为改进过程归纳如下:

有效教学:把握知识的生长点和延伸点

(一)	(二)	(三)
课堂呈示: 场面热闹、活跃	课堂呈示: 思考积极,教师多追问、转问	课堂呈示: 思维活跃,教师多追问、转问,同时拓展知识
反思: 表面化"繁荣",没有抓住知识的生发点; 例题讲解详略不明; 师生交流多一问一答式交流。	反思: 对部分学生思维挑战不够,没有达到分层教学的目的。	反思: 课堂更加结构化,思路清晰有层次,既找到了知识的生发点又找准了知识的延伸点。
改进: 找准知识的生发点,多追问与转问,第二例题略讲。	改进: 找准知识的延伸点。	小结: 找准知识的生长点和延伸点是有效教学的关键。

厘清知识　理清思路

——小学数学"用含有字母的式子表示数量关系"教学课例
　　研究

◎ 韩　静

　　近一段时间以来,青浦区小学数学教研组活动都是围绕"厘清知识,理清思路"这一主题而开展的。我们区二期青年班的老师也围绕这一项课例开展了几次教研活动。在这个过程中,教学理念在逐步转变,教学行为在逐步改善;同时我们也感到还有不少地方需深入反思。

　　课例研究的教学内容是"用含有字母的式子表示数量关系"(上海版五年级第一册内容),执教的是一位只有四五年教龄的女教师(姓孙)。教研活动聚焦于"厘清知识,理清思路"进行了深入探讨。

　　为什么要厘清知识,理清思路?

　　如何厘清知识,理清思路,提高课堂教学的效率? 让我们来看看孙老师在课例研究中的观念更新及行为跟进过程。

◆ 照本宣读,对教材毫无修改——教师独立备课下的课堂教学片断

　　【例题一】

　　师:××,你今年多大? 老师比他大 15 岁,猜一猜老师今年多大?

　　当××10 岁的时候,老师多大? 随着时光的流逝,当××11 岁的时候,老师多大? 当××12 岁的时候呢? 你能继续完成表格吗?

××的年龄	老师的年龄
10	10＋15＝25
11	11＋15＝26
12	12＋15＝27
13	
14	
……	……

……

师：x 表示什么？

生：××的年龄。

师：也就是表格中你的年龄,为什么要加 15？

生：老师和××的年龄差。

师：也就是老师永远比××大 15 岁,$x+15$ 表示什么？

生：老师的年龄。

(板书：老师的年龄＝你的年龄＋15)

$$= x+15$$

师：(展示一位学生的作业 $x+15=y$)y 有必要加吗？

生：不必要,因为后面等于的那个数可以用任何数字来表示。

师：老师的年龄其实你就可以用什么来表示？

(学生鸦雀无声,回答不出。老师代答：$x+15$,后面的 y 不用写)

师：我们在用加号来表示 $x+15$ 的时候,我们在书写的时候请大家两边要加上括号。

(教师边说边指向黑板上的 $x+15$,但是没有在板书上加括号)

【例题二】

小胖今年 11 岁,他想知道某些年后自己的年龄,完成表格,并用一个式子表示出几年后小胖的年龄。

1 年后	$11+1=12$
2 年后	$11+2=13$
3 年后	$11+3=14$
4 年后	$11+4=15$
5 年后	$11+5=16$
……	……

提问：3 年后，小胖多大？28 年后呢？

　　课后，青年班进行了讨论。孙老师自己也不满意：感觉学生回答不到自己想要的点上，数量关系也不能准确的找出来，另外，添括号的问题也忘了讲，直到做练习的时候才想起来。青年班的其他老师坦言，孙老师的教学流程还是比较流畅的，但是例题讲得太多，没有侧重点，所以每一题都没有讲透。这就好比鱼和熊掌都想要，太面面俱到了，结果捡了芝麻丢了西瓜。还有的老师认为，本课的重点是"让学生会用含有字母的式子表示数量关系"，从知识建构的角度，学生要经历从"用数表示量"到"字母表示量"再到今天的"用含有字母的式子表示数量关系"这一知识体系建构的过程。使学生感受到"用含有字母的式子表示数量关系"十分简洁，所以学习"用字母表示数量关系"是十分有价值的。反观片段中老师的处理，跟进引导的语言指向不明确（理念不到位），所以导致学生无所适从（鸦雀无声）。所以就有老师建议，应该增加转问的数量，让更多的学生获得深刻的体验。又有老师认为添括号的问题是个重点，还有的老师认为孙老师的教学语言贫乏，缺少亲和力、感染力。

　　长期以来，教师都习惯于对照着教材去教，不敢越雷池半步。教材怎么写，教师就怎么教，根本没有自己的想法和创新。特别是一些经验尚浅的年轻教师，一方面由于自己的经验不足，不知道知识之间的联系和学生的已有知识基础；另一方面出于对教材的敬畏，所以就缺少对教材的深入解读和重组。

记得叶圣陶说过："教材只能作为教课的依据,要教得好,使学生受益,还要靠教师善于运用。"新课程无论在课程设置上还是在课程内容及教材编排方式上的更新,都给教师提供了广阔的创造空间。在充分使用教材的同时,根据学生的生活经验、学习差异、知识的难易程度等灵活性地处理教材,使教学资源更加优化,让教材更大限度地发挥作用。

经过青年班小组讨论后,孙老师决定对原有教材进行重组,把原来的例题一和例题二合并为一题,并增加了代数的思想进去。例题减少了,时间更充分了,重点应该放在例题一上,让学生获得更深刻的体验。学生刚刚接触"用含有字母的式子来表示数量关系",怎样加深体验呢? 除了刚刚创设的情境,还可以进一步引导学生理解式子"$x+15$"中 x、15、$x+15$ 这三个量的含义,思考用"$x+15$"表示老师年龄的好处,使学生再次体验用含有字母的式子表示数量关系涵盖了各种情况,并把数量之间的关系也表示了出来,感受其作用。(教师要适时地小结:用含有字母的式子来表示老师的年龄,表示上非常简洁,而且老师的年龄与小朋友的年龄的关系也可以表示出来。)所以教师多追问、转问是为了达到让尽可能多的学生获得以上的体验。

《数学课程标准》指出:"人人学有价值的数学;人人都能获得必需的数学;不同的人在数学上得到不同的发展。"这一提法说明了义务教育阶段的数学课程,其基本出发点是促进学生全面、持续、和谐的发展。因此,应摈弃以往的"精英教育",而应面向全体学生,为每一位学生提供终身学习的基础,提供人人均等的学习机会。增加转问有利于增加学生更有利获得体验的机会,有利于生生的互动,让他们多了一次学习和倾听的机会,还有利于活跃课堂的交流形式。通过青年班的交流,孙老师厘清了知识,理清了思路,决定新课程标准要求与大家的建议,对原设计的教案进行了修正,准备第二轮上课。

◆ 教材重组,重视过程、重视体验——改进后的课堂交流片段

【合并后的新例题】

师:××,你今年多大? 老师比他大 15 岁,猜一猜老师今年多大?

当××10 岁的时候,老师多大? 随着时光的流逝,当××11 岁的时候,老师多大? 当××12 岁的时候呢? 你能继续完成表格吗?

××的年龄	老师的年龄
10	10+15
11	11+15
12	12+15
13	13+15
14	14+15
15	15+15
25	25+15
60	60+15
……	……

师:像这样的式子还能写下去吗? 写的完吗?

生1:写不完。

师:刚才在写这么多算式时,你有什么感受?

生2:老师和学生的年龄永远不会扩大。

生3:他们之间永远是个等式,他们之间相差的年龄永远不变。

(学生回答不出老师想要的答案:太麻烦。老师很着急,又问道)

师:我们这个式子一直写下去,一直写下去,你写的时候有什么感受?

(老师接着又抽了 2 个学生,都没有回答出"太麻烦")

……

你能不能想一个好方法,只用一个式子就概括这里所有的式子?

生4:我们可以把我的年龄设为 x。

师:x 表示什么?

生4:我的年龄,老师的年龄就是 $x+15$。

师:这里为什么+15?

生4:15 表示我和老师的年龄差。

师：$x+15$ 表示？

生 4：老师的年龄。

师：谁和他的想法是一样的？你也能来说说一说吗？

谁听懂了,还想说一说？

（老师又请了 2 位学生说,边板书：老师的年龄是($x+15$)岁,边说：在表示老师的年龄时,这是一个结果,所以在写时要添上括号,后面跟上单位。）

对于这堂课,青年小组的老师都感到很兴奋,反馈会议一开始,就有老师说,孙老师教材重组,通过把两道例题合并为一道例题后,节约了时间,省出更多时间让老师把数量关系、添括号的问题、代数思想在这道例题中讲清楚,讲透,提高了课堂效率。又有老师认为,孙老师在这节课中适时地加入了追问、转问,使学生能更深入更透彻的理解,深刻地体验到用"$x+15$"表示老师年龄的好处。还有的老师认为孙老师这节课语言亲切,语气和蔼,贴近学生的生活,让学生乐于学。不过,也有老师纳闷：为什么问学生在写这么多算式有什么感受时,一连四个学生都回答不出"太麻烦"？

通过青年小组再次讨论,我们发现造成这个问题可能有以下一些原因：

（1）孙老师在提问的时候没有注意加强语气,特别要强调"这么多",孙老师可以语音语调上说得夸张些,也可以配合一些肢体的动作,让学生感受到"多"、体会到"太麻烦"。

（2）教师对学生的知识基础了解不充分教师只关注得出的结果,而不太关注学生的体验。所以把握目标既要重视结果,更要重视过程、重视体验。

（3）配合板书,把算式在黑板上一个一个写出来,让学生一眼就看到有这么多的算式。

最后老师们觉得很有必要再次做出改进,孙老师也乐意再上第三轮研究课。大家达成共识其他一切都按照第二次的上,关键要让学生感觉写这么多算式很麻烦,由此引出用字母表示很简单。

◆ **感受充分,体验深刻——再次改进后的课堂交流片段**

（学生写了当××的年龄是 11、12、13、14、15、25、60 岁时,老师的年龄后）

师:像这样的式子还能写下去吗? 写的完吗?（教师提高语气）

生:写不完。

师:如果老师把所有的情况一个一个的列出来,你觉得怎么样?（语速放慢）

齐答:麻烦。

课结束后,老师们感到恍然大悟,原来同样的话,说的语气不同,语速不同,会产生这么不同的效果。反馈会议上老师们说了很多:语调的高低、语速的快慢、音量的轻重,都会直接影响语言的感情色彩。如果教师说话的语调平淡,整堂课一个调子唱到底,学生就会感到索然无味、昏昏欲睡,这样会严重抑制学生学习的积极性。如果教师的课堂语言抑扬顿挫、跌宕有致、一咏三叹,那么学生一定会听得津津有味、兴致勃勃。

　　教师观念的改变和行为改进是随着教师实践与体会的加深而逐步实现的,其过程是渐进的,有时甚至是十分缓慢的。因此,教师需要不断的伴随反思而进行连续性的行为跟进,只有这样教师才能充分体验其理念变化的过程,切实提高自己的教学水平。

　　让我们来分析孙老师教学行为跟进的过程:

　　（1）第一堂课孙老师由于对教材没有深入解读和分析,完全按照教材上课,没有厘清知识,理清思路,更没有把握住这节课的重难点,所以整节课是十分低效的。教材只是教学内容的载体,还有很多隐性知识隐藏在教材里,这就需要教师厘清知识点之间的联系,了解学生原有的认知基础,对教材进行一定的重组和删减。《数学课程标准》指出:"要遵循学生认知心理发展的规律,合理组织教学内容。""教材只能作为教课的依据,要教得好,使学生受益,还要靠教师善于运用。"所以我们应该鼓励教师对教材有自己的想法和见解,并看出隐藏在教材里的隐性知识。

　　孙老师反思了自己的教学过程,吸取了新的教学思想,采纳了同伴的改进意见并再次进行教学实践。第二轮的课,教师对原有例题进行了合并和拓展,增加了转问,教态更加和蔼亲切,鼓励学生充分交流,取得了较好的效果。

　　从"对照着教材去教,不敢越雷池半步"转变为"遵循学生认知心理发展的规律,合理组织教学内容",教师的教学观念和行为发生了翻天覆地的变化。

　　(2)注入新理念的第二轮课给了教师们耳目一新的感觉,教师教态可亲,语言生动;有效的利用一道例题把数量关系、添括号的问题讲清楚了,还渗透了代数思想,适时的增加了追问和转问;学生紧跟教师节奏,师生互动,生生互动。这节课学生对于用字母表示数量关系的技能掌握得很熟练,但是对于用字母表示数量关系的必要性却体验的不够深刻。如何才能让学生主动体验到用字母表示数量关系的必要性呢?

　　《数学课程标准》也提出小学阶段要"初步体会用字母表示数的必要性",所以加深学生的体验和感悟是势在必行的。

　　(3)第三轮课,教师在引入部分增加了学生写的量,并放慢的提问的语速,加重了关键字的语气,使学生感受到"一个一个的列出来太麻烦",由此引出用字母表示数量关系的必要性。

　　反思第三轮课,可以看到同样的一句话,教师说话的语气和语速不同,得到的效果也很不同。言语交流是师生互动的基本方式,教师语言具有教育功能。用生动的语言去讲述内容,能激起学生的兴趣;用准确的语言去讲解知识,能激发学生的求知欲;用理性的合逻辑的充满激情的语言去讲演主题,能启迪学生的智慧陶冶学生的心灵。

画草图很有用

——几何直观：促进小学生数学问题表征能力的实践和研究

◎ 耿桂平

一、案 例 背 景

数学问题解决分为四个阶段：提出问题阶段、明确问题阶段、提出假设阶段和检验假设阶段。目前小学生需要解决的一般问题都是已经提出的问题，因此学生问题解决的首要阶段就是明确问题。我认为，问题明确的过程，就是问题阅读和理解的过程，从信息加工理论的角度来看，也就是信息提取、理解与整合的过程。目前，从我校学生《绿色指标 2013 测试的反馈》来看，我校学生数学问题解决能力有所提高，但小学生数学阅读理解能力不容乐观，而且在很大程度上制约了学生数学问题解决能力的发展。从这个角度来看，有效促进小学生数学阅读理解能力发展的策略研究很有必要。

《义务教育数学课程标准》指出，应注重学生几何直观能力的培养。几何直观能力主要是指借助图形来描述和分析数学问题的能力。它不仅是一种学习方法，更是一种重要的数学思想，在数学学习中具有十分重要的作用。通过利用几何直观的方式，能够将复杂的问题简单化，抽象的问题形象化。因此，如何在课堂教学中充分发挥几何直观的作用，并在课堂教学中培养学生的几何直观能力，也成为我们需要研究的课题之一。

　　我校陈薇芬老师承担的区级个人课题"几何直观：促进小学生数学问题解决能力的实践与研究"提出，对小学生而言，几何直观是促进小学生数学问题解决能力发展的有效策略之一。本研究是该课题的子课题之一，试图通过多个案例的分析，初步探讨并总结运用几何直观方法促进学生数学问题阅读理解能力发展的有效策略。

二、案例片段及分析

（一）几何直观：理解问题情境

【案例一】

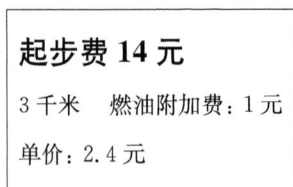

起步费 14 元

3千米　燃油附加费：1元
单价：2.4元

图1

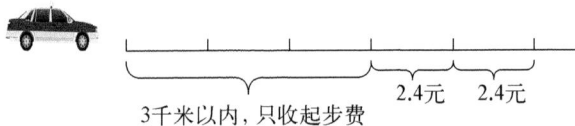

3千米以内，只收起步费　　　2.4元　2.4元

图2

　　问题1：小胖的家距离学校5千米，他从家打的到学校，需要付多少钱？

　　这是上海版小学数学义务教育课本三年级上册第五单元"千米的认识"第二课时，课题是"起步费够不够"。教材中，仅出现了图1，就交代了"出租车收费"这样一个问题情境。对于大部分缺乏相关生活体验的小学三年级学生而言，单单根据图1这个图示，很难理解租车收费方法究竟是怎样的。教材提出的问题是"起步费够吗"，因此只需判断路程是否超出3千米即可，如果不超过3千米，起步费就够；如果超过3千米，起步费就不够。但由于学生对这个问题情境的理解不足，很难独立解决问题1这样的拓展问题。为了帮助学生克服理解上的困难,教师的处理往往是通过师生问答、或者教师口头介绍的方式来进行,但却事倍功半。

本案例片段中,教师采用了几何直观的方法,用图示的方法来表征。教师首先出示 ppt 如图 2 所示,然后不断追问:开了 1 千米,需要付多少钱? 开了 2 千米呢? 3 千米呢? 原来,3 千米之内都只需付起步费。那开了 4 千米呢? 怎么付? 原来超出 3 千米的部分,按照单价 2.4 元/千米来付费。这样,教师通过一个小小的图示和动画演示,形象地揭示了出租车费"分段收取"的概念,有效突破了这个难点。课堂拓展练习效果好了很多。

看来,在小学数学教学中,教师可以通过画图的直观化教学手段(线段图、面积图、示意图等),将复杂的数学问题情境变得简明、形象,有助于学生探索解决问题的思路。

(二) 几何直观:理解关键词句

【案例二】

问题 2：一根铁丝,剪下 168 米,剩下的是剪下的 8 倍。这根铁丝一共长多少米?

问题 3：一根铁丝,剪下 168 米,是剩下的 8 倍。这根铁丝一共长多少米?

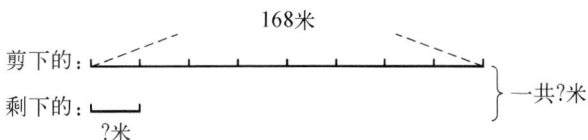

图 3

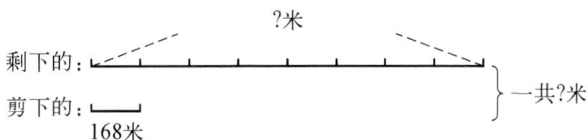

图 4

类似于问题 2 和问题 3 这样的倍数问题,对于三年级小学生而言,问题中关于倍数关系的表述,存在理解上的困难。特别是问题 2 和问题 3 这样表述接近、意思却完全相反的关键词句,更成为不少同学理解问题的"绊脚石"。画线段图这样的几何直观方法就是搬掉这块绊脚石的好工具。通过画线段图(如图 3 和图 4),帮助学生找到"一份量"和"几份量",并理解"一份量"和"几份量"之间的关系。

倍数关系比较抽象,通过画线段图,就把这种抽象的数量关系形象化了,仿佛搭建了从抽象到具象的一座桥梁,帮助学生顺利地理解了抽象的数量关系。类似这样的数量关系,小学数学中还有不少,学生掌握了几何直观方法,就仿佛开了另一扇窗,透过它,就可以看到全新的景象。

(三)几何直观:梳理整合信息

【案例三】

问题 4:一块面积为 48 平方米的菜地,长 8 米,主人要围绕这块菜地做一圈围栏,围栏一共长多少米?

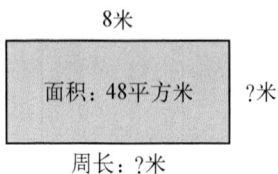

8米

面积:48平方米　?米

周长:?米

三年级以后,学生学到的知识逐渐丰富起来,要解决的问题综合性也越来越强。在解决此类较复杂问题时,梳理和整合情境中的条件和问题就成为解决问题的前提,而几何直观方法则可以说是梳理和整合信息的一把利器。例如,问题 4 这类题目是三年级下学期学过周长之后,综合利用学过的周长和面积的知识来解决问题。这类问题比较复杂,在画草图时,教师首先标出"长 8 米"和"面积 48 平方米"这两个条件,然后标出"周长是几米"这个要解决的问题,并通过回忆长方形的周长公式,想到需要先求出"宽几米"这个中间条件。这样一来,也就为分析和解决问题理清了基本思路。

当然,对于思维敏捷、思路清晰的学生而言,不画草图也完全可以解决这个问题。教师可以在问题解决后,比较画草图和不画草图解决问题的过程,让学生体会用画草图来梳理和整理条件和问题的价值。

(四) 几何直观:深入数学思考

问题 5:※+ξ=11,※-ξ=3. 求※=(　　),ξ=(　　)。

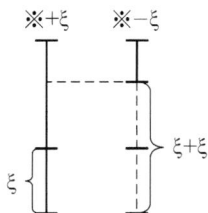

图 6

小学一年级,类似于问题 5 的思维题常常成为难点。对于初一的学生来说,这是一道简单的二元一次方程题,太容易了。但是,作为一个小学一年级学生,肯定不能理解用二元一次方程的代数思想,用代数思想来解决显然不现实。我想到的做法是左边加左边,右边加右边,这样+ξ与-ξ抵消,得到※+※=14,得到※=7,ξ=4. 但仔细回味,这种方法尽管利用了等式的性质,但实际上还是初中二元一次方程的解法,而且由于等式左边增加的不是一个数,而是一个含未知数的式子,所以并不容易理解。我想,这样做,学生只是"知其然",而不"知其所以然"。

后来,我想到了数学小学二年级上册学生要学到的相差关系,于是通过画纵向的线段图(图 5),帮助学生理解,既然※+ξ=11,※-ξ=3,也就是说"※+ξ"比"※-ξ"多 2 个 ξ,而 11 比 3 多 8,所以 ξ+ξ=8,得到 ξ=4,※=7。如果说前面的方法只是教会了学生一种解决问题的套路,那么透过画线段图,则帮助学生对问题进行了相对深入的数学思考。

三、我 的 思 考

在数学问题解决课堂教学中,教师如何有效使用几何直观策略促进学生阅读理解能力的提高呢?我想,从以上案例经验出发,也许教师可以从以下几个方面入手,做一些尝试。

（一）鼓励学生书面表达问题表征的过程

表征问题的方式有内部表征和外部表征两种,问题表征的过程当学生在认真阅读并思考所要解决的问题时,就已经在头脑中表征这个问题了,这是内部表征。当问题比较复杂或容易混淆时,教师要鼓励学生想办法把内部表征写出来,例如画草图、图示、表格、用符号、算式等表示等,这就是外部表征。教师要通过鼓励学生自由表达出内部表征,逐步培养学生外部表征的意识。

（二）引导学生体会几何直观策略的价值

教师要引导学生体会到几何直观策略的价值。例如,教师可以在问题解决的最后反思整个解题的过程,对此多种外部表征的结果,突出画图等几何直观方法对解决这个数学问题的重要作用,感受几何直观策略的价值。可以通过引导学生思考:"不画图能准确解决这些问题吗? 画图时要注意什么?"来加深学生对应用画图策略价值的直观体验,让学生由衷地体会到"画草图很有用"。

（三）帮助学生掌握几何直观具体操作方法

教师要帮助学生掌握几何直观的具体操作方法,例如,在解决倍数关系数学问题时,教师可以在学生自由表达的基础上,重点介绍画线段图的方法。在介绍画法时,教师要细化操作步骤,可以规定用长1厘米线段表示1份量,并将用来表示两个量的两条线段左侧对齐以便于比较等,逐步教会小学生画倍数关系线段图的方法。只有掌握了画图的方法,学生才能够自如地运用它来表征和解决问题。

注重单元整体设计　提高学生语用能力

——小学英语单元整体设计的课例研究

◎ 杨晓红

一、研 究 背 景

随着新教材的使用,小学英语教师在教学观念、教学方法和教学技术等方面都发生了深刻的变化。广大小学英语教师正逐步树立素质教育的外语教学观,在教学中重视培养学生运用英语的能力,鼓励学生积极参与语言实践。学生也普遍感到新教材生动有趣,因而喜欢上英语课,而且他们运用英语的能力也有了提高。但值得注意的是,在每一个课时教学"繁荣"的背后,却隐藏着令人担忧的问题,那就是单元各个板块的教学比较零散,缺乏单元的"全局"观念,只求一个课时的精彩、完整,这种"各自为阵"的局面大大削弱了单元的整体功能。因此,我们开展了"注重单元整体设计,提高学生语用能力"的课例研究。

二、研 究 过 程

(一) 教学内容的选定与教学目标的确定

根据研究主题,我们选择了牛津英语 5BM2U1 *Food and Drinks* 第二课时作为研究内容。这一单元的主要内容是围绕健康饮食而展开的,因此我们把这一单元分为四课时,分别为:第一课时 Listen and enjoy 与 learn the sound 命名为 Healthy food;第二课时 Look and say 与 look and learn 命名为 Healthy meals;第三课时 look and say 与 look and read 命名为 Healthy or unhealthy? 第四课时 Read a story 命名为 Healthy body。四个单元都以 Healthy 这一主题为引领。而我们要研究的内容就是如何把第二课时的内容合理有效的整合到整个单元中,起到承上启下的作用。

(二) 教学片段描述

在 pre-task 环节,设计了两个复习点。首先是让学生复习上一课时所学的音标,采取的方式就是让学生跟读,接着出示许多上一课时所学的食物图片,让学生感受食物的美好,从而引出新授单词 pork 和 beef。

【第一次实践】

T:Let's review the sounds first.(学生跟读,情绪不高。)

T:We've learned much food. Let's have a look.(学生都兴致勃勃地观看 PPT,出现交头接耳的学生。)

虽然在单元整体设计方面,考虑到了复习巩固前一课时的内容,但是没有做到细致,也没有一定的递进性,导致学生思想不集中,不能很好地进入学习英语的氛围中。经过教研组的讨论,我们决定把跟读音标改为让学生把单词按音标归类,而只出示食物图片让学生看,改为单词和图片一起出示,并让学生一起来说以及拼读。

【第二次实践】

T:Can you tell me the sounds?(学生都能积极举手回答,把单词按照发音来归类。)

T：We'veve learned much food. Let's look and say.（学生都能跟着图片读出单词，到拼读单词时，学生都踊跃举手。）

两次实践的比较

	第　一　次	第　二　次
单元整体设计	设计没有层次和递进	设计了一定的任务驱动
学生反映	思想不集中	积极投入学习中
效果	不理想	好

在 post-task 环节中，让学生听一段 Miss Fang 的录音来了解食物的一个金字塔，知道什么食物可以多吃一些，哪些食物要少吃。然后让学生给课文中的 Danny 和 Jill 一些建议，告诉他们早餐应该吃些什么。

【第一次实践】

在学生听 Miss Fang 的录音时，PPT 同时出示了图片

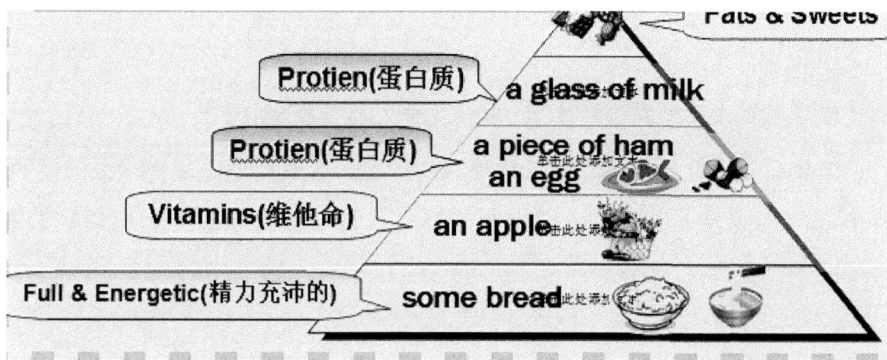

学生反映：听了这段录音后，大部分学生在后面的输出阶段有困难，即使能表达的学生，语言也很简短，句型也很单一。

教学效果：学生未能完成有效的发散性思维的语言输出。

课后反思：由于录音内容都是学生没有学过的单词，如维他命，蛋白质等，他们听不懂，也不能理解录音的具体内容是什么，而且这些内容对于后面

的语言输出也没有起到什么作用,他们不知道如何去表达,因此这个环节需要作出调整。

【第二次实践】

我们把录音内容换成了第三课时 Healthy or unhealthy 中的两个片段,图片也相应换成了第三课时的两张金字塔的图片。

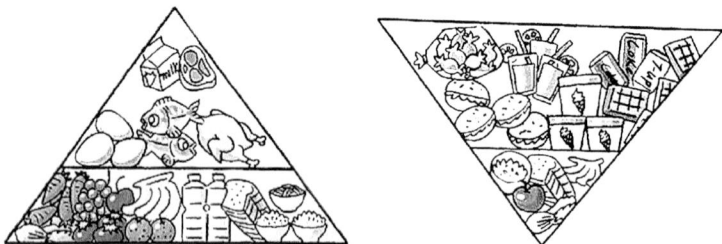

学生反映:学生兴趣浓厚,经过讨论后得出各种答案,列举如下:

S1:Danny,you should eat an apple,a glass of milk and some bread.

S2:Jill,breakfast is very important. You can eat an egg and some vegetables.

S3:Jill,you should eat breakfast. You should eat an apple. An apple a day keeps the doctor away.

教学效果:学生有兴趣表达,能积极投入到讨论中。

课后反思:两个课时之间巧妙连接,即能让学生更容易理解食物金字塔的含义,又让学生感知了下一课时的内容。在语言输出方面也更能让学生有话可说。

三、总结与思考

(一) 单元整体设计应注重语言学习的循序渐进

在有效进行单元整体设计的同时,要关注到每一课时语言知识学习能力的推进,比如第一课时可以是机械性的学习表达,那么第二课时就要有模仿性的学习表达,而第三课时就要有一个创造性的学习表达。必须要有一定程度的递进,设置一定的难度,让学生能够有一个挑战性的学习,学生才会更有兴趣学。

(二) 单元整体设计应让各课时之间有一定的连接

在为单元整体设计好一个主题之后,这个单元就好比有了一个"形",但是关键还要有一个"神"。如何要有这个"神",那么各单元之间必定要有巧妙的连接。几个课时各有侧重,但又存在某种联系,那就容易使整个单元中,几个课时之间的教学活动浑然一体,有助于学生构建相关的语言知识体系。因而在单元整体设计中,教师应兼顾课时之间的联系与连接,使各课时的教学活动都能围绕单元话题形成系列教学活动。

让爱在反哺中绽放

◎ 费　超

一、案 例 背 景

本案例取自小学英语四年级第二学期《牛津英语（上海版）》（试用本）Module 4 Unit 2 中 Say and act 部分：*The Double Ninth Festival*。本节课是该单元的第二课时。

本单元通过 Miss Fang 和她学生探讨最喜欢的中国传统节日，Kitty 和 Alice 在重阳节看望 Grandma Li，以及中国春节的学习反映出中国传统节日的多样化，让学生感受到这些传统节日的意义和中国传统文化的博大精深。而本课所教授的正是 Kitty 和 Alice 在重阳节看望 Grandma Li 的片段。她俩代表四年级三班学生看望王奶奶，陪奶奶聊天，送奶奶礼物，在重阳节的这一天为奶奶做了些非常有意义的事情，传递了敬老，爱老，助老的精神品质。

二、教学设计说明

本单元的教学内容是有关 Festivals in China（中国的传统节日）的。节日是属于文化类的一个话题，也是小学生比较感兴趣的话题之一。而本课执教对象正是一所小学四年级的学生,该班学生热情好动,善于模仿,喜欢表现,能大胆开口,但个别学生学习能力较为薄弱。

因此,在教学设计里,教师不仅重视教材文本的解读,通过挖掘教材的文化内涵,进行文本再构,求得文本和文化同步的丰富和深入,也让学生在此过程中习得知识,培养并提高学生的语用能力。但是,中国传统节日对学生来说是一个较新的话题,在前面三年的学习中几乎没有涉及,因此,本课的重点是如何激发学生对中国传统节日的兴趣,并能了解传统节日的风俗,丰富自身的文化内涵。

本课时在教学过程中,以学生对重阳节的认知为先导,以对文本的理解为认知的起点,以视听、阅读学习文本为进程,最终以 My plan 的制订为应用性输出为归纳。主要运用创设语境,导入课题;整体推进,学习新知;文化渗透,习得语言;情感体验,运用语言这样的顺序推进整堂课。让学生在 The Double Ninth Festival 这一主题下,在学习过程中,不仅了解了重阳节的文化意义,心中对自己的祖父母乃至身边其他的长者也多了一份感恩和关爱。

三、教　　案

● Learning Objectives

To get to know some new words and, phrases and key structures.

To understand and use the formulaic expression to describe the lunar month.

To use the modeled sentences to talk about the custom of the Double Ninth Festival.

To know that we should focus more attention on the traditional Chinese culture and show more care and love to the old.

　● Teaching Steps

The Double Ninth Festival 教学设计

Steps	Teaching activities	Learning activities	育人价值目标
Pre-task preparations	Have students say a chant about festival. Then let them talk about the festivals they like.	Say the chant. Then talk about the festivals they like.	通过童谣和即兴谈话,让学生以愉悦的情绪进入学习状态,并感受到本课的主题有关节日。
	Have students know that there are many different festivals in China and western countries.	Be clear of the truth that there are many different festivals in China and western countries.	通过为中西方不同节日的分类,使学生明确中国有许多特殊的传统节日,而本堂课要学习的就是中国的重阳节。
While-task procedures	Have students listen and enjoy a recorder about the Double Ninth Festival and know about the festival.	Listen and enjoy the recorder about the Double Ninth Festival and know about the festival.	通过看与听,整体感知关于重阳节的名称和日期表达法,再通过引导学生阅读中国农历日历,了解重阳节名称的来历。
	Have students know old people in different countries have different ways to celebrate the festival. Then let them listen and tick the things that old people do in China.	Know the truth that old people in different countries have different ways to celebrate the festival. Then listen and tick the things that old people do in China.	带领学生将眼光投向世界,看看世界各国是怎样庆祝老人节的,自然地引出中国重阳节的风俗习惯,通过录音素材让学生初步了解老年人在重阳节的特殊活动。此处是对重阳节风俗的文化补充和渗透。
	Have students watch the flash to answer the questions to tell where these old people live, what they always do, who often visits them.	Watch the flash and then answer the three questions.	通过观看视频素材,以任务驱动的方式,整体感知新授内容,激发学生在视听中准确捕捉信息,主动思考的兴趣和欲望。

续　表

Steps	Teaching activities	Learning activities	育人价值目标
While-task procedures	Have students read the whole dialogue. Then let them do role play.	Read the dialogue together. Then do role play in groups.	通过对 say and act 课文内容的学习，了解生活在敬老院里的老人是如何过重阳节的。再以角色扮演的方式培养他们团队协作能力和英语会话能力。
	Have students fill in the blanks and retell the stroy.	Fill in the blanks and retell the whole story.	通过阅读、完型填空的任务，在复述文本中对敬老院里的老人如何庆祝重阳节有了更深更完整的认识。
Post-task procedures	Have students talk about the information they know according to the pictures given Then let them read the passage together.	Talk about the information they know according to the pictures given. Then read the whole passage together.	根据图片和提示语会话帮助学生回忆巩固所学，进一步提高学生综合语言运用的能力。
	Have students listen to teacher's plan for the Double Ninth Festival. Then let them make their own plans for this festival and share their ideas in groups.	Listen to teacher's plan for this Double Ninth Festival. Then make their own plan for the festival and share their ideas in groups.	通过自己和奶奶的故事，让学生体会到祖辈为我们的成长所付出的辛勤劳动，让们在感动的同时，为自己在今年的重阳节做一个计划。挖掘重阳节文化内涵，播种学生心中爱的种子。
Assignments	A. Read the dialogue about the Double Ninth Festival and act it out in groups. B. Finish your plan for the Double Ninth Festival this year.		通过课后生生合作表演对话，为自己制定重阳节计划，培养学生的自查和合作学习的能力。

四、育人价值探究

The Double Ninth Festival 一课教材内容贴近日常生活,但是如何让学生对重阳节有更多更深的认识值得我们教师思考。本课学习的目的和重点应该挖掘本课教材的文化内涵:重视中国文化传统,用心关爱老人。教师以教材所提供的内容为主体,以文化,视听内容为补充,通过视频、音频材料的配合,通过多样的课堂活动渗透育人理念。教师通过听录音素材,让学生初步了解老年人在重阳节的特殊活动,这是对重阳节风俗的文化补充和渗透。通过此模块的学习,了解生活在敬老院里的老人是如何过重阳节的。通过自己和 grandmother 的故事,让学生体会到祖辈为我们的成长所付出的辛勤劳动,让他们在感动的同时,为自己在今年的重阳节做一个 plan。教师在挖掘重阳节文化内涵的同时,用贴近生活的语言输出方式,在学生心中播种爱的种子,推己及人,由对自己祖父母的爱,延展到对身边别的老人的爱,从而激发学生关爱老人的传统美德。

五、案 例 叙 述

案例片段(一)

Can you say

Many old people live _____ . They _____ there. At the Double Ninth Festival, Children visit them. They _____ and _____ with them. The old people in the old people's home are happy on that day.

通过之前对重阳节即老人节的铺垫学习,学生已经了解到生活在敬老院的老年人是如何度过重阳节的。让学生根据图片提示,经过内化,用已学的知识将整合好的语段填写完整,复述出整个语段。在进一步体味文本内涵的同时,提高他们的综合理解能力和语言会话能力。

案例片段（二）

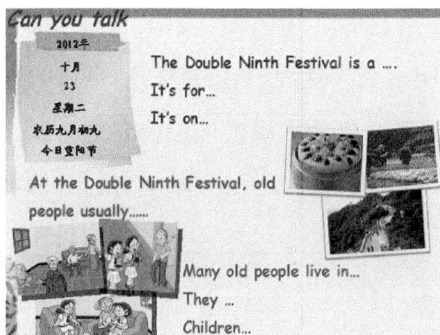

　　此环节是对前面所学知识的综合运用环节。学生可以做选择性的谈论重阳节的其中一个方面。教师考虑到全体学生的认知学习能力，让中等生和后进生也有话可说，图片提示和关键提示语的呈现让学生更大胆地输出所学内容。通过完成该任务，既检验了学生对本堂课重阳节文化知识的学习效果，又让学生意识到重阳节的意义所在，并引发思考，自省是否也能为老年人献上自己的爱心、关心和孝心。

案例片段（三）

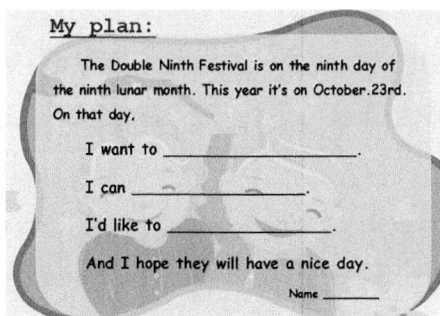

　　通过让学生聆听教师自身和奶奶的故事，使学生体会到祖辈们为我们的成长所付出的辛勤劳动，引发学生的情感共鸣，并为自己在今年的重阳节做一个计划。在挖掘重阳节文化内涵的同时，在学生心中播种爱的种子，推己及人，由对自己祖父母的爱，延展到对身边其他老人的关爱。通过制定重阳节计划，不仅让学生交流分享个性化的敬老、爱老、助老的方式，更激起了他们心中对自己的祖父母乃至身边其他的老人感恩和关爱之情。

六、反　　思

　　如何让四年级的孩子理解重阳节的意义，并自发地去践行敬老、爱老、助老是本堂课的重点，也是蕴含于教学过程的一条育人主线。本课以 Alice 和 Kitty 在重阳节去探望住在敬老院的李奶奶为参照，让学生在感知、理解、思索、探讨、共鸣、实践、分享的过程中明白重阳节并不只是一个中国传统的文化节日,更重要的是在重阳节所做得富有意义的事。深刻认识到在重阳节甚至在平日里应该关心爱护老人。教师在最终的 Post-task activities 环节,通过分享自己和奶奶的故事,让学生在聆听过后产生情感上的共鸣,更深入地领悟到祖辈们对我们的呵护之心,养育之恩。由此更激发他们由衷地为自己老一辈的亲人和其他老年人尽一份敬老爱老之情,全心全意献上自己对他们的爱心和关心。

七、点　评

在本案例中费老师重视教材文本的解读,挖掘教材中的育人素材,运用多样化的教学方式和层层递进的任务设置将育人理念贯穿于教学的始终。这样的教学设计尊重了学生的个体差异和个体需求。学生通过小组活动,学会倾听,学会合作,学会分享;在感知,理解,思索,探讨,共鸣,实践的过程中充分感悟文本的育人内涵,理解文本的育人信息,演绎文本的育人情境,让学生有步骤地品味语言,汲取文本中的精神营养,让学生体会到反哺的珍贵,激发自身对长者的尊敬和爱戴之情。在教学中,费老师在传授知识,训练学生语言技能的同时,注重培养了学生的人文精神,跨文化意识以及学习策略,从而体现了英语学科教学不仅是知识的载体,更是育人的舞台。

物体的形状

◎ 曹　宇

一、教 学 内 容

一年级第一学期。

二、教 学 目 标

（一）借助实物，初步认识长方体、正方体、圆柱体、球体，知道它们的名称。

（二）通过观察、比较、体验，掌握四种几何体的基本特征。

（三）通过探究活动，提高学生小组合作、交流及动手操作的能力。

三、教 学 重 点

知道几种几何体的名称并掌握其基本特征。

四、教 学 难 点

能准确识别、辨别不同形状的几何体。

五、教 学 准 备

PPT,各种实物,几何体模型。

六、教 学 过 程

(一) 引入

1. 出示积木图

师:小朋友们,看,这是什么?（积木)这些积木摆放得很乱,曹老师想请小朋友帮忙整理一下这些积木,应该怎么整理呢?

（如学生回答"按形状",问:那些积木有几种形状呢? 由此引出课题)

2. 揭示课题:这节课我们主要来研究物体的形状(齐读 2 遍)

(二) 探究

1. 认识形状、探究特征

（1）初步感知

师:曹老师今天带来了很多生活中的物体,请一个小朋友上来按形状分一分,谁想来试一试?

交流:分成几类? 为什么把这些放在一起? 它们有什么共同点?

（第 1 个物体重点讲，第 2 个物体摸面、摸顶点，第 3 个物体：这个也是这样的）

长方体物体：平平的面，尖尖的"角"，边……（引导学生看上面—下面，前面—后面，左面—右面）

正方体物体：平平的面，尖尖的"角"，边……

圆柱体物体：身体圆圆的，上下一样都有平平的圆圆的面……

球类物体：不管怎么看都是圆圆的，滑滑的……

（2）加深体验、逐步抽象

① 师：其实小朋友的文具盒里也有这样的形状，请小组里的组长找一找，比一比哪个组长找得快！（1、2、3）

② 摸一摸标准几何体（小组活动）

师：请小组里的每个人按顺序先看一看，然后摸摸它的身体、摸摸它的面，把看到的和摸到的感觉告诉小组里的其他小朋友。

交流：

长方体：有 6 个平平的面，大小不完全一样，有些地方"尖尖"的……

正方体：和长方体一样，也有 6 个平平面，"尖尖"的……但更特别的是，它方方正正的，每个面大小都一样。

圆柱体："身"上的面都是弯曲的，上下一般粗，两端的面是平平……

球：看起来"圆圆"的，整个面都是弯曲的、圆滑的……

（3）揭示名称

师：它的名字叫长方体。（齐读 2 遍）

它的名字叫正方体。（齐读 2 遍）

它的名字叫圆柱体。（齐读 2 遍）

它的名字叫球。（齐读 2 遍）

这就是今天我们新认识的 4 个小伙伴。

（4）练习

师：大家想不想和这 4 个可爱的小伙伴交朋友呢？哎，不过得先过了下面这些老师出的考题哦！愿意挑战吗？

① 说一说它们是什么形状。

曹老师这里有很多生活中的物品，请你来说一说它们是什么形状。

师：原来啊，在同一形状里，它们也有高矮胖瘦。

小朋友都很厉害啊，顺利冲过第一关。有没有信心冲过第二关？

② 判断题，手势表示。

（利用实物解释，第 1 题：是正方体吗？仔细观察它的 6 个面一样大小吗？第 2 题：身体圆圆的，上下都有平平圆圆的面，只不过比较扁；第 3 题：上面小，下面大。）

（5）小结

通过刚才的学习，我们认识了四种物体的形状。要准确说出一个物体是什么形状，一定要仔细地观察它们的"长相"。

2. 感受平面和曲面的特性

（1）搭建游戏

师：原来在我们的日常生活中这 4 个小伙伴随处可见，用处可广了！瞧！小亚、小巧、小胖正在用这 4 个小伙伴搭模型，我们一起去看看，你们想不想搭呢？你准备搭个什么呢？（抽 2～3 个学生回答，选择一个学生上台搭一搭。）

（预设：圆柱体：为什么竖起来摆？球：为什么不摆在最下面？或球的上面还能再放别的吗？长方体、正方体：为什么摆在最下面？）

师：原来不同的形状有不同的本领。

（2）填表格（完成学习单第 1 题）

师：我们一起根据它们的本领来填一填。

（教师解释：这个表格分成不能滚动、能滚动，能滚动的又分成只朝一个方向滚动、朝任何方向滚动，一边说一边指一指，并示范正方体的填写。）

（3）小结：通过刚才的搭一搭，我们发现了长方体和正方体还有圆柱体两端的面是平的，是不能滚动的；而圆柱体的"身体"和球的面是弯曲的，是能滚动的，但是它们两个滚动的方式又不太一样，圆柱体"很听话"，只朝一个方

向滚动,而球"很顽皮",能朝任何方向滚动。(及时板书)

(4) 新课总结:看来,要准确分辨这 4 个小伙伴,不但要观察它们的"长相",还可以根据它们各自的"本领"来区分呢!

(5) 课间操

小朋友都学得很棒,我们放松一下!

(三) 巩固练习

师:休息好之后,我们要用刚才所学到的知识来解决一些问题。

1. 数一数(完成学习单第 1 题)

小结:一边数一边做记号,不同的形状作不同的记号,而且还要仔细观察,仔细思考。

2. 游戏"我来摸,你来猜"

(1) 师:先来热热身,请小朋友闭上眼睛,在小脑子里想一下这 4 个小伙伴的形状,还可以用手势比划比划。

(2) 游戏:教师示范。

师:曹老师先来摸一摸,等会老师要请坐得最端正的小朋友来摸一摸。一边坐端正,一边看清楚老师是怎么做的,等会老师要看看哪个小朋友学得最好?

(四) 全课总结

师:今天新认识了哪 4 个小伙伴? 关于这 4 个小伙伴你都知道些什么? 哪个小朋友表现得最棒?(下课后把你的五角星送给他)

(五)"物体的形状"的反思

本课的教学,我认为有以下几点是成功的,也是值得我今后要保持的:

1. 教学设计

从认一认生活中物体的形状出发,到最后的联系生活,让学生在感悟到数学在生活中的应用无处不在。即,数学生活化,生活数学化。特别是搭一搭模型这一环节特别好。学生们都忍不住要来试一试,有些小朋友都忍不住站起来了。可见学生对此的兴趣是特别浓厚的。让学生在玩中学,杜威的"做中学"理论研究表明,学生在动手的过程中学到的知识记得最为牢固,因此让他们在滚一滚、摸一摸、搭一搭等活动中,记住正方体、长方体、圆柱体和球的名称以及他们的特征。

2. 关注每一个学生

班级中不仅有成绩好的小朋友,也有一部分是成绩不怎么理想的。他们更需要老师的帮助,我把一些好玩的,简单的题目给他们来做,在一次次回答、重视中,让他们体会到学习的快乐。如在"摸一摸"环节,我特意找来几个成绩不是很好的小朋友让他们来摸一摸,让他们感受到自己虽然有错,但还是给他们机会再次去摸一摸,直到摸对为止,使他们也感受到学习的快乐。

3. 板书完整

我将四种标准几何体板贴在黑板上,并且按照它们滚动的特点分成两类,让学生能直观看到今天所学的知识。

当然,本课的教学还有很多地方是值得我该进的:

(1)对教学流程还不够熟悉。在上课的几个小时前,我还在思考,教学流程应该是怎么样的,下一个环节会是什么。可惜,上课的时候还是记不住整个流程。有好几处都忘记了。如介绍完桌上各种物体的形状后忘记应该如何小结等。

(2)时间的把握。整节课上的过快,特别是对各个物体的形状的介绍这一部分,所花的时间比较少,学生的感受不是很深刻。

(3)没有充分进行预设。如探究部分分一分生活中的实物这个环节,学生分错了,这个时候应该将这个有疑问的物体放在旁边,等学习完今天的内容之后,再来学生来看一看这个到底应该分在哪一类。

《风姑娘送信》课堂实录分析评价

◎ 夏春丽

一、片 段 来 源

《风姑娘送信》是一年级第一学期"看拼音读课文识字"单元中的一篇课文。本课是一篇科学童话,文章用拟人的手法,写深秋季节,落叶飘零,动物们准备过冬的故事。课文以风姑娘送信为主线,介绍了燕子、松鼠、青蛙等小动物富有生趣的过冬方式。课文语言生动活泼,充满情趣。在去年佳禾片老师指导时,我选取了这篇课文进行教学。本文主要针对课堂教学的第三部分——朗读课文、体会角色的实录进行分析评析。

二、片 段 实 录

师:风姑娘给燕子、松鼠、青蛙和小女孩的妈妈送去了落叶信,是想提醒他们干什么呢? 让我们一起来找找这 4 句话。

1. 交流,划出相关句子

媒体出示:

燕子一看,说:"啊,秋天到了,我要到南方去。"

松鼠一看,说:"啊,天气凉了,我要多采些松果藏起来。"

青蛙一看,说:"啊,冬天快要到了,我要挖个地洞好冬眠。"

小女孩的妈妈一看,说:"啊,天快冷了,我要给宝宝准备几件过冬的衣服。"

(1) 学习生字"女""宝"

女:书空笔画,女字怎么写? 撇点、撇、横。与"女字旁"做比较。

宝:学习宝盖头、指导写好"宝"。跟着电脑老师写,师范写,生描一个。

过渡:要读懂句子的意思,我们先要读通句子,做到不加字,不漏字!

(2) 同桌互相读句子。

(3) 指名 4 人读(随机评价,词语正音)。

师:真了不起,你们不仅读准了字音,而且做到了不加字,不漏字! 老师也想和小朋友们一起配合着读读这 4 句话好吗?

"呼,呼,呼,风姑娘来送信。燕子收到了落叶信,说——;松鼠收到了落叶信,说——;青蛙收到了落叶信,说——;小女孩的妈妈收到了落叶信,说——。"

(4) 引导概括句意

师:小朋友从他们说的话中(同时将引号中的句子翻红),你是否读懂了风姑娘提醒他们干什么?

＊提醒燕子到南方去。

板书:去南方

＊ 提醒松鼠藏松果。

板书:藏松果

＊提醒青蛙挖地洞。

板书:挖地洞

＊ 提醒妈妈帮宝宝备衣服。

板书:备衣服

(5) 借助板书,语言实践

师：谁能借助板书完整地给大家说一说,风姑娘提醒他们干什么?

(6)小结,引读板书

师：原来,燕子、松鼠、青蛙和小女孩的妈妈收到风姑娘的落叶信后,都明白了：秋天到了,天气凉了。于是,他们要做过冬的准备了。燕子要——；松鼠要——；青蛙要——；小女孩的妈妈要——。

2.师：大家得到风姑娘的提醒后,他们的心情又会是怎么样的呢? 请你再读读他们说的话,选择自己喜欢的一句句子,体会一下他们的心情,争取把它读好。(出示 2～5 节)

交流读：

第一句：指导个性化朗读

① 指名读,小燕子,说说你现在的心情怎么样?

② 谁还有不同的感受? 也来读一读。

师总结：同样一句句子可以读出不同的感受。

第二句：

① 指名读,指导看图读好句子。

师：松鼠收到信心情怎样?(着急)

师：冬天自然界食物缺乏,松鼠只有过冬前准备好食物,才能安心地度过冬天。

请生带着着急的心情读一读松鼠的话。

第三句：

② 指名读,理解：冬眠(冬眠：动物不吃不喝通过睡觉来度过寒冷的冬天)。

③ 指导朗读。生做挖洞的动作进行朗读。

第四句：

① 指导读好句中的停顿。

② 指导读好句子。看看小女孩的妈妈多么爱自己的孩子呀,我们的妈妈也非常爱我们,你们的妈妈收到风姑娘的信了吗?

3. 课后拓展,说话训练

师指图片:原来风姑娘又把信送给了谁(　　)(　　)和(　　)。想一想,这一会,它们收到信后又会分别说些什么? 你可以选择其中一种句式说一说,自己试一试。

媒体出示:

风姑娘把一片落叶送给(　　),(　　)一看,说:"＿＿＿＿＿＿＿。"

风姑娘送了一片落叶给(　　),好像在提醒它说:"＿＿＿＿＿＿＿。"

总结:其实动物的过冬方式还有很多,课外我们可以查查资料,学着课文的样子续编《风姑娘送信》的故事。

三、片 段 分 析

本课对应的单元"看拼音读课文识字",目标要求读准字音,在语言环境中能认读,会描写部分生字,学会在田字格中摆正字的结构位置。生字教学我采取了随文识字的方法,这一片段中涉及的两个生字是"女""宝"。语文教学应当充满情趣、充满乐趣、充满活力,当人处于良好的情绪状态时,注意力、观察力、记忆力、想象力和思维力都会提高。为此,我在课堂上创设生动、快乐的教学情境,让学生在愉快中投入学习。课中,我发挥媒体的作用,把现代化教学手段融入每个教学环节之中。新教材重视书写指导,本课中"宝"是要求书写的生字,因此由媒体演示了书写笔顺,指导学生分析字形,认识新部首"宝盖头",并看清字在田字格中的位置,让学生养成认真书写的习惯。教学"女"字时,我采用了书空笔画的方法。在指导学生写好"女"的第一笔"撇点"的同时,又引导学生重视比较的方法,并运用在实际的学习中。

《新语文课程标准》指出"阅读教学是学生、教师、文本三者之间对话的过程。阅读教学中,我采用不同的朗读形式,层层推进,培养学生自主阅读的能力。首先引导学生找到相关句子,注意让学生借助拼音朗读课文,使学生养成"看拼音读通课文"的习惯,不断提高学生熟练拼读音节的能力,同时继续要求学生做到朗读课文不加字、不漏字。通过各种形式的朗读,拉近学生与文本的距离,让学生在读中感悟,在读中积累。在这样的基础上,引导学生概括句意,考查学生对文本的理解。其次,通过师生配合读句,让学生体会用词的丰富性,同样的意思可以用不同的句式来表达。通过实践我明白了:学生能够从模仿、体验中获得学习的快乐,这远比单纯的说教有效、有趣的多。第三步,引导学生读出语气。先让学生说一说小动物说话时的心情。故事中的这些角色在收到风姑娘的信后,可能会有几种反应,这可以通过不同的语气在朗读中表现出来。因此,只要孩子的理解合理,都可以让他们根据自己的理解大胆、有感情地朗读出来。在指导读出小动物们说话的不同语气时,我采用了不同的方法。比如指导朗读小松鼠的话时,我通过让学生看图来体会松鼠采松果时着急的心情。指导朗读青蛙的话时,先通过浅显易懂的话让学生理解"冬眠"的意思,然后再指导学生读出青蛙着急的语气。指导朗读小女孩妈妈的话时,由于句子较长,所以在指导读出语气之前,我首先指导学生读好长句中的停顿,然后再让学生把句子读好。最后,再请学生读给大家听,让学生挑选自己喜欢的部分分角色表演读。在课堂中创设轻松、活泼、愉快的学习情境,让学习更富有生气,增加趣味性。

拓展部分,学生通过仔细观察图片,模仿课文来说一说大雁、蚂蚁和蛇等其他动物接到风姑娘的信会怎么说。通过这样的拓展激发学生的好奇心,同时也能培养学生的语言感悟能力,从而提高他们的口语表达能力。同时为了减轻学生组织语言的难度,我让学生按照一定的句式说,这样,学生语言的表达也容易做到规范和完整。这是一种由已知到未知的有效模仿和迁移,在模仿中学习基本规范的短语和句式,低年级学生的语言表达能力就是通过这种有效的迁移来实现的。

《鸟岛》教学实录片段及分析

◎ 陆梅凤

【教学实录】

师：请小朋友自己读2~4小节，说说你对鸟岛的了解。

生：自由读课文。

师：谁来说说？

生：交流，老师板书。

师：那你有从哪些词可以看出鸟多、鸟窝多、鸟蛋多呢？请你选择你自己喜欢的内容默读，并找一找，圈一圈。

（生默读并圈划词语）

生：一群一群。

师：你读这个词读得很慢，让老师感觉鸟非常多。还有哪个词语呢？

生：陆续。

师：你真厉害，那你能说说"陆续"是什么意思吗？

（生没有说清楚）

师：那这么多的鸟儿是不是同一时间飞来的？

生：不是。

师：让我们看看录像。（播放"鸟陆续飞来"的录像）看，一群鸟儿飞来，过了一会儿又飞来一群，过了几天，又飞来一群……"陆续"就是前前后后、时断时续的意思。在我们生活中，什么情况下会用到"陆续"这个词语呢？

生：放学了,同学们陆续回家。

师：你真聪明,理解这个词语了。

生：下课铃声响了,同学们陆续走出教室去操场上玩耍。

师：你说得真棒。

师：谁能读好"每年春天,天气变暖,湖水解冻,一群一群的鸟儿就陆续从远方飞来"这句话?

(两名学生朗读)

师：读了这句话,你知道了什么?

生：读了这句话,我知道了鸟岛的鸟很多。

师：你能不能想象一下,当时是什么样的情景?

生：我看到鸟儿们纷纷从远处飞来了。

生：我看到很多鸟在飞来飞去。

师：是啊,这么多鸟儿都飞来了,真令人高兴! 让我们一起再能把句子来读一读,要把这种感受读出来。

(生齐读)

师：鸟儿们飞到这里,它们干什么?

生：它们飞到这里筑巢安家,养育后代。

师：出示图片,"巢"就是"窝",鸟儿给自己搭一个窝,它们就有了自己温暖的家,这就是——生：(筑巢安家)。有了家,它们就可以在鸟岛上养育它们的孩子。

生：我还找到了一个词语,各种各样,说明鸟的种类很多。

师：你读得真仔细,让我们一起去鸟岛看看有哪些鸟。(出示各种鸟的图片)

(生朗读)

生："密密麻麻"可以看出鸟窝很多。

师：是呀,真是数也数不清。(出示图片)谁能读好这个词语?

(生读)

师：老师听出来了又好多鸟窝。

（生读）

师：你读得让老师好像看到了那无数的鸟窝。还有哪个词语可以看出鸟窝多呢？

生：我找到了"一个挨着一个"，也可以看出鸟窝多。

师：你们看，老师的左手代表一个鸟窝，右手代表另一个鸟窝，两只手靠在一起，这就是——

生：一个挨着一个。

师：谁能读读这句话

（生个读、齐读）

本课第2~4小节都在讲鸟岛鸟儿多，鸟窝多，鸟蛋多，每一节讲的是一个意思，但文中有很多说明这个意思的词语，如"一群一群、陆续、各种各样、密密麻麻、一个挨着一个、随手"等。在教学中，我要引导学生找出这些词语，并以各种形式读好这些词语和带有这些词语的句子。指导读句时，我要抓住关键词语帮助学生体会感悟，还采用想象的方法引导学生体验情感，使学生身临其境。如"每年春天，天气变暖，湖水解冻，一群一群的鸟儿就陆续从远方飞来。"指导这一句的朗读时，教师可先引导学生理解"一群一群"、"陆续"两个词的意思，体会鸟多，读时要放慢速度，再让学生想象当时的景象，感受鸟多，读出语气。通过朗读，让学生感受到鸟岛是鸟的世界。我还注意了由找词到读词到读好句子，最后自然感悟，这样逐层递进，避免读得机械枯燥。在教学中我还设计了形式多样的学习活动，使学生以饱满的热情阅读课文，如通过介绍图片，媒体动画，动作等理解词义。在多种形式的朗读过程中，进一步加深对课文的了解，同时把词语理解记住，把课文的语言积累在心。在教学中我还注重了对学生的语言评价，让他们在鼓励表扬中学习，这样他们会更有积极性。

低年段生字教学的分析

◎ 沈　玮

一、片 段 背 景

我所选取的片段是小学二年级第一学期《微波炉的话》生字教学中的一个片段,它是我在听陈雪娟老师讲座中听到的印象最为深刻的一个案例。

二、片 段 内 容

【"烤"字的学习片段】

师:"烤"字怎样记?

生:我用记笔画的方法,点、撇、撇、点、横、竖、横、撇、横折折钩,横。

师:有更好的方法吗?

生:我用加一加的方法,"火"加"考"烤烤烤。

师:你可以用这样的方法记,但是写起来要从左到右。还有不同的方法吗?

生:我用结构法记,"烤"左边是"火"字旁,右边是个"考"。

师:结构记忆法是个好方法。

生："烤"是形声字，声旁是"考"，形旁是"火"，我知道了"烤"是需要用火的。

师：你的办法更好，不但记住了字形，还借助声旁表音，形旁表义的特点知道了"烤"的意思，真是了不起。

三、评价分析

这个识字片段虽然不知道是出自哪位老师的课堂，但是它对我的影响很大，在低段的教学中，生字教学是主要部分。合适的教学方式对孩子有效的学习很重要。该老师让学生自主学习交流生字的时候，对学生所说的识字好方法，老师的点评得当，对小朋友的交流结果有不同的回应，在老师的不同回应中让学生领会哪种方法最恰当。老师的回应很巧妙，既不伤害学生的积极性，又能激发学生寻求最佳的记忆好方法。当第一个孩子说了笔画记忆法后，老师说："有更好的说法吗？"认可了第一位学生答案正确的同时，又寓意了应有更好的方法。接着第二个学生说了加一加的方法，老师提出了注意点，并说："还有不同的方法吗？"这句话意味着还有更好的方法。第三个学生说了形声字记忆法，老师对他的方法给予了明确的肯定，而且还做了总结。

在我平时的教学中，我就缺乏这种意识，我只是一味地要求学生交流自己的识字方法，但是，对于每种识字方法我没有明确的说出哪种方法更好，也没有对他们的交流做合适的点评和总结。所以在今后的工作中我要学习这种方式引导学生，孩子们的生字学习更扎实。

尊重体验　多元感悟

——以小学语文第九册 38《我的伯父鲁迅先生》教学片断为例

◎ 徐敏婷

一、片 断 实 录

师：在亲身经历了伯父叫我读书这件事中，我感受到了伯父的慈祥和愉悦，然而在第二件事中我却再也看不到伯父愉悦的神情了。文中哪一句话直接告诉了我们？

生："这时候，我清清楚楚地看见，而且清清楚楚地记得，他的脸上不再有那种慈祥的愉快的表情了，变得那么严肃。他没有回答我，只把他枯瘦的手按在我的头上，半天没动，最后深深地叹了一口气。"

师：读到这你一定想问？

生：伯父为什么那么严肃，为什么最后深深地叹了一口气？

师：要想知道其中的原因，先想想这是一位什么样的黄包车夫？用文中的一个词语形容。

生：饱经风霜。

师：饱经风霜什么意思？

生：形容经历过长期艰难困苦生活的磨炼。

师：这是字面上的意思。在你看来，饱经风霜是什么样的形象？

生：我想，他的脸上一定爬满了皱纹，刻满了风霜留下的痕迹，非常的苍老。

生：我觉得他一定是衣衫褴褛，裸露的手被冻得发青，光着的脚被呼呼的北风吹得通红。

生：我想他经历了无数的苦难，头发一定十分斑白而且乱蓬蓬的。

生：我觉得饱经风霜的样子是消瘦的身体几乎能被风吹走。

生：我补充，在这大冷的天里，他的嘴唇和脸一定是干裂的，他的眼睛呆滞。

师：你们的描述刻画出了一位衣不遮体、为生计而苦苦地挣扎的黄包车夫形象，这也是对社会最低层劳动人民的生活的真实写照！听了刚才具体的描述，看到这饱经风霜的车夫带给你怎样的感受？

生：这位饱经风霜的车夫真是太可怜了。

生：这位车夫让人怜悯。

师：伯父和爸爸救了这位饱经风霜的车夫。我不明白，这么冷的天，这车夫怎么能光着脚拉着车在街上跑？你们明白吗？

生：车夫要挣钱养家糊口。

生：我想车夫一定是挣的钱很少，连养家糊口都困难，更别说买双鞋来穿，所以他只能光着脚在街上奔跑，希望多挣点钱养活家里的老老小小。

生：我想的是，车夫拉一个客人挣的钱很少很少，说不定还要交租子，交了后剩下的就只够家里人填饱肚子，如果他哪一天不出来拉车挣钱，他的家里人就要挨饿，所以即使天很冷很冷，他没有鞋穿也不能休息，只能出来拉车。

师：车夫的遭遇和命运真令人同情。现在，同学们联系车夫的遭遇及命运，联系当时的社会背景去思考伯父为什么严肃，为什么深深地叹一口气，一定会有所感悟。

（生沉思片刻）

生：我想到了！伯父一定是由这位车夫想到其他的许多拉黄包车的车夫，有可能也光着脚在街上奔跑，也被玻璃或其他更尖锐的东西划了脚，却无人救助,只能痛苦的呻吟,所以他叹息。

生:这些黄包车夫虽然拼命的拉车,可是社会的黑暗,他们仍然过着十分贫穷的生活。所以伯父严肃,叹息。

师:是呀,社会的黑暗,千千万万劳苦大众拼了命工作也只能勉强度日的命运,岂是三言两语就说得清楚。伯父怎能不严肃,又怎能不深深地叹一口气?

(生鼓掌)

师:让我们带着自己的感悟再读读这句话。(学生动情地读着。)

二、评　析

当学生对"他的脸上不再有那种慈祥的愉快的表情了,变得那么严肃……最后深深地叹了一口气。"这句话理解有困难时,我随机引导孩子从另一角度进行深入思考,抓住"饱经风霜"一词让孩子充分理解。我没有满足于孩子"生搬硬套"的解释,而是鼓励孩子从生活的经验出发,引导其一步步思考、体会,以激活孩子的思维,使孩子们对黄包车夫这个人物形象有了个性化的理解:"非常苍老""爬满皱纹""目光呆滞""衣衫褴褛""头发乱蓬蓬""裸露的手""光着的脚""消瘦的身体"等,把一个鲜活的、被生活所逼、被社会所迫的最底层劳动人民的身影,刻画得淋漓尽致。一句句形象、丰富的语言是自我解读,是自我感悟,是一个让孩子体味情感的过程。唯有如此,孩子才能更真切感受到旧社会的黑暗,激发起对劳动人民的同情、怜悯。由此,伯父为什么"表情变得那么严肃,最后深深地叹了一口气",在孩子活跃的思维中,在尽情的描述和深切体味中自然生成。

语言的学习和运用及情感的感悟

◎ 顾　群

一、来　　源

闵行区鹤北小学　尹晓波

二、教学实录（片段）

师：同学们，你们见过燕子吗？请你向大家介绍一下燕子，好吗？

生：燕子是益鸟。

生：燕子是候鸟。

生：燕子的羽毛是黑色的，燕子的尾巴像剪刀。

师：你们说得真不错，能告诉我，燕子大概有多大？（孩子们用手比画着）那么，谁见过海？海有多大？

生：海很大，天连水，水连天，望也望不到边。

师：你真能干，把课文的第一句都背下来了，那么，谁能用一个词说说"天连水，水连天"的意思？（生说一望无边、一望无际、无边无际）谁能用手比划一下海有多大？

生：（笑，使劲拉开手，说："怎么比得出呀！"）

师：确实比不出，这么小的燕子，要过天连水，水连天，一望无际的大海可真了不起？还可以说过怎么样的海？

生：还可以说过无边无际的海。

生：还可以说过水天相连的海。

师：哦，你们说得真不错。你们看见过燕子过海吗？（孩子们摇头）

师：那是一个很感人的情景。有一艘军舰上的海军战士看见了过海的燕子，于是他们给我们写下了这篇文章《燕子过海》。你们听我读，好吗？请同学们认真听，然后评一评，我读得怎么样？希望你们超过我。（老师范读）

师：读了这篇课文你有什么问题呢？

生：燕子为什么要过海？为什么它要不分昼夜地飞？为什么像雨点一样落下来？

三、课堂实录评析

课的开始点击画面，出示茫茫的大海。学生如临其境，直观感受海的辽阔，发表感想，训练语言。接着出示第一节，指导朗读"大海啊，天连水，水连天，望也望不到边"，请学生自由读句子，直至读出海的一望无际的感觉，此句为下文体会燕子过海的艰辛打下了铺垫。

在理解、朗读课文的环节中，为了体现学习主动性，给学生以选择权，把自己认为能读好的句子多读读，同时也是自信心培养的好时机。学生在充分练习朗读的基础上，进行朗读的交流与指导，每一句都要读到入情入境之境界。指导学生要抓住其中的重点词，试着把重点词读好，读出味，如"像雨点一样落下来"的"落"字，"伏在甲板上休息"的"伏"字，学生在一遍又一遍的朗读中，就是对燕子"十分疲倦"的最好理解。教师在讲台上大讲燕子是多么艰难，以使学生动情，那是不可能的，只有在学生的感情朗读中，学生的心灵才能得到震撼,内心才能有感触——燕子是非常艰辛的,我们要爱护它;总之,一句话,千言万语都在"读"中。

小小的燕子为了到达目的地不惜献出生命,它这种顽强不屈的精神真让人感动,由此,你感受最深的是什么? 想对燕子说什么,还想对大家说些什么,课尾的作业自助餐,鼓励学生畅所欲言。

阅读是学生与文本之间的交流,但也离不开个体的发挥。兴趣是最好的老师,形象直观的多媒体课件作为一种现代的教学手段能激发学生浓厚的学习兴趣,促进阅读实践。同时教师应积极参与到学生、文本的对话中,关注学生的发展,凸显学生的主体地位,在教学情境中让学生通过自读展开想象,在合作读中交流体会,在质疑声中思考、讨论、探究创新,以体会感悟文中表达的情感和学习的成功感。

培养小学数学有序思维从点滴做起

◎ 张少华

　　低年级小学生正处于数学思维的启蒙阶段,其数学思维的形成,特别是有序思维的形成,对学生的学习有着相当重要的作用。现代数学教育论认为:数学知识本身是非常重要的,但是对学生后续的学习、生活和工作长期起作用,并使其终身受益的是数学思想方法。数学教学的本质不仅仅是训练学生的思维,更重要的是展示和发展学生思维的过程,因此,在小学低段培养学生思想方法的有序性就显得尤为重要,不仅有利于提高学生数学素养,发展学生智能,还能优化学生的思维品质。但长期以来,由于受应试教育思想的影响和传统教育理念的束缚,笔者在数学教学中往往只注重知识技能的传授,而忽视了对学生思维,特别是有序思维的训练,重"表"不重"理"。

　　"列表枚举"是沪教版小学数学二年级第二学期《整理与提高》的一个教学内容,由中国古代著名趣题之一"鸡兔同笼"演变而来,对学生而言不仅具有趣味性也具有挑战性。

【第一次教学片断】

　　(出示牧场情境图)

　　师:为了保护草原,牧场里开始对一些家畜和家禽进行圈养。羊圈里养了一些羊和鸭,羊和鸭共有 22 条腿,有可能是几只羊和几只鸭呢?(同桌讨论)

生1：我觉得有1只羊、9只鸭。（用动物板贴和表格验证猜测）

羊		鸭		腿的总条数（条）（列出乘加算式）
羊的只数	腿的条数	鸭的只数	腿的条数	

师：验证正确！那你能用一个乘加算式来表示吗？

生1：$4×1+2×9=22$。（师同时板书）

师：谁能说说这个算式表示什么意思？谁再来说一说？

（同学们继续各抒己见）

师：还有别的方法吗？为了方便寻找，我们可以把找到的方法记录在这张表格中。

（自主探究：同桌合作，完成表格后全班交流，教师根据学生的随机汇报有序填表。）

师：还有别的方法吗？

生2：没有了！

师：为什么没有了？

生2：因为老师是按照顺序填的，从1开始填到最后，没有遗漏的。

师：想一想，老师为什么这样填表？有什么好处？

生：不会重复，也不会遗漏！

师：刚才我们填的表格都是先从羊的只数开始填，如果从鸭数开始填，会出现什么情况呢？（部分学生第二次开始有意识地进行有序填表。）

……

　　第一次教学处理这个环节时,笔者让学生完全按照设计的教学思路,提问保守,重在让学生感受"有序填表"的优越性,看似顺利地完成了教学任务,但是学生显得过于"循规蹈矩",没有体现出思维价值来。其实低段的儿童年龄小,好奇心重,思维非常活跃,但他们头脑里的思维活动杂乱无序,对新鲜事物更是喜爱毫无头绪、天马行空般地猜想。如果在设计教案时能有的放矢,多给他们放手尝试的机会,效果肯定会更明显。直接给予,还不如让他们自己通过曲折探索获得更让他们印象深刻,欢喜雀跃。在平时的教学中教师要有意识地把思维训练渗透于日常,"冰冻三尺非一日之寒",这也提醒我们学生形成思维品质并非一日促成,而是靠平时点点滴滴积累而成的。合理适时地设计质疑教学环节,让学生通过检验,发展和培养学生思维能力。整个课堂教师应始终保持着师生平等关系,不断鼓励与赞赏学生,形成师生、生生互动,营造热烈的教学氛围。

　　带着这样的思考,我展开了第二次教学实践。

【第二次教学片断】

　　(出示牧场情境图)

　　师:为了保护草原,牧场里开始对一些动物进行圈养。有一个羊圈里养了一些羊和一些鸭,羊和鸭共有22条腿,有可能是几只羊和几只鸭呢?(同桌讨论)

　　师:猜一猜,可能有几只羊?

　　生1:可能是1只羊。

　　师:那么应该有几只鸭呢?

　　生1:9只鸭。

　　师:你是怎么算鸭数的?

　　生1:22条腿减去1只羊的4条腿,剩下的18条腿再除以2,就得到9只鸭。(动物板贴或表格验证。)

　　师:能不能先猜鸭子有几只呢?

生2：鸭子可能有1只。

师：那么羊应该有几只？怎么算？

生2：22条腿减去1只鸭子的2条腿，剩下的20条腿再除以4得到5，就是5只羊。（动物板贴或表格验证。）

师：还有别的可能吗？

生：有！

（预设：如果学生猜可能有6只羊或者2只鸭，让学生检验行不行？为什么不行？）

师：像这样把每种可能的答案都试一试的方法，在数学中叫做"枚举法"。在试的过程中，我们发现有的答案成立，有的答案不成立，最后，要把所有成立的答案都找出来。按以下要求合作探究！

（小组合作，任选一张表格，用枚举法找一找，还有别的可能吗？组长把找到的答案记录下来，看哪一组小朋友本领大，能很快找出所有的答案！）

表格 A

羊数	羊腿数	剩下的腿数	鸭数

表格 B

鸭数	鸭腿数	剩下的腿数	羊数

师：完成了吗？谁愿意来展示一下自己的表格？（教师有意挑选有序、无序的学生作业各一份进行全班评价。）

师：请你们观察比较一下这些表格，有什么发现吗？

生3：第一张表格写得很乱，第二张表格写得很清楚。

生4：第一张表格有重复的情况，第二张表格很有条理，都写出来了！

师：那你们更愿意用哪种表格的记录方法呀？

生齐答：第二张！

师：为什么呀？

生5：因为这样有顺序，看起来很方便。

生6：因为我可以自己检查有没有重复的情况。

生7：我还可以检查有没有漏掉的情况！

师：你们说得都很有道理，有序地思考和填写，能帮助我们不重复、不遗漏地找到符合的情况！拿着两份作业你有什么发现呢？有重复和遗漏的情况吗？

师再有意挑选有序的表格 A、表格 B 各一份进行全班评价。

生6：没有重复和遗漏的，但我发现了表格 A 的情况比表格 B 的情况少很多。

生4：我发现表格 B 有好多不符合的情况，浪费时间。

生5：我发现从羊开始考虑做起来比较快。

师：同学们观察得真仔细，原来，从腿数多的一种动物进行有序考虑，可以找得更快！

……

从第二次教学环节可以看出，学生评价同学作业时产生了一个小高潮，各抒己见，比第一次教学时笔者直接呈现一份有序的表格要有效得多。通过设件开放的两张表格，让学生从不同角度进行探索，并创设一个学生之间交流讨论、互相评价、共同提高的氛围，有利于学生全面深入地思考问题，而且让学生小组合作，自由选择表格 A 或表格 B 来尝试完成，再比较得出哪张表格更适合，对后续的小结有了对比鲜明的证据支持。另外，笔者遵循由浅入深，由易到难，由简到繁，由具体到抽象的原则，其实也是有序思维的一种体现，适时地渗透数学有序思想。在设计引导时，能关注学生思维方式的有序性，在教学实施时，让学生在课堂上进行有计划、有思考、有顺序的数学操作活动，对于学生的思维发展会起到事半功倍的效果。因此，在小学数学学习阶段要特别注重培养学生有序思想方法。基于数学知识广而深的特点，教师唯一能做到的就是在平时教学过程中潜移默化地开展对学生思维能力的培养,"授之以鱼,不如授之以渔"。然而,数学思维能力的培养不是一朝一夕就能形成的,必须渗透到我们的每一个教学环节,每一个练习设计,做到日积月累,只有这样,才能让学生从"无序"形成"有序",最终达到水滴石穿的效果。数学知识本身固然非常重要,但是对学生后续的学习、生活和工作长期起作用,并使其终身受益的却是数学思想方法。

　　总而言之,笔者认为小学是培养学生数学思维品质的基础阶段,教师应该不断地尝试、分析、反思、总结和改进自己的教学策略,努力探寻开展学生思维训练的有效途径,培养学生优良的数学思维品质,切实提高学生的思维能力和数学素质,使其一生受用!

浅谈低段语文理解词句的方法

◎ 沈　玮

一、课 堂 实 录

《温暖》一课中有这样一句话:"深秋的清晨是寒冷的,周总理却送来了春天般的温暖。"课文中的"寒冷"是指深秋的气温低,而"温暖"在课文中却是一个比喻,并不是指天气的温暖。以下是陆老师在课堂中引导学生联系课文理解词句的教学过程:

师:请看第三自然段,哪些句子是写深秋季节的,找出来读一读。"深秋"和"寒冷"是什么意思?

生:"深秋"是秋天快过完了,冬天将要来临的时候。"寒冷",就是冷。深秋的清晨是寒冷的。

师:看图说说,从哪些地方可以看出深秋的清晨是寒冷的。

生:树枝上光秃秃的,只剩下几片黄叶。一阵秋风吹过,黄叶随风飘舞,落到地面上。周总理穿上了大衣,清洁工人戴上帽子,也穿上了厚厚的衣服。

师:深秋的清晨是寒冷的,为什么清洁工人却感到了春天般的温暖呢?

生:天气虽然寒冷,但是周总理不顾自己的劳累,亲切问候清洁工人,使清洁工人感到热乎乎的。

生：清洁工人受到周总理的亲切关怀，心里十分感动，产生了温暖的感觉。

生：这里用"春天般的温暖"来比作清洁工人心里感到很愉快，很激动。

师：说得很好。深秋的清晨是寒冷的，清洁工感到春天般的温暖。句子中用了一个什么词把意思转过来了？（生：却）对，"却"是表示意思转折的。请大家再读读这个句子，自己体会体会。

——逸夫小学　陆彩霞《温暖》

二、评 论 分 析

培养学生理解和运用语言文字的能力是语文教学的基本任务，词和句的训练是低年级阅读教学最重要的基本功训练。沪教版小学语文新教材第四册的三、四单元的能力重点训练目标就是"读课文理解词句"。正确地理解词句，能够帮助学生读懂课文的内容，体会课文所要表达的主旨。只有正确理解词句的意思，才能有效地积累词句，准确地运用词句，提高自身的语言表达能力。

在理解词义时不能以词解词，而是应当把词放到具体的语言环境中去理解，这样才能使学生体会得更深刻。理解词语的方式多种多样，陆老师的课不仅运用了多种理解词句的意思的方法，而且有一个递进深入的思维过程，逐步揭示词句内涵。陆老师在这一句话的教学片断中所用的理解词语方法如下：

（1）联系生活经验理解词句

起初，陆老师通过让学生自读课文找出相关语段，让学生联系自己的生活经验理解"深秋"和"寒冷"是什么意思？学生结合经验说"深秋"是秋天快过完了，冬天将要来临的时候。"寒冷"，就是冷。深秋的清晨是寒冷的。

（2）借助图片理解词句

接下来陆老师利用图片，请学生观察图片，看图说说，从哪些地方可以看出深秋的清晨是寒冷的,再次利用感官刺激,让学生进一步体会感悟"深秋的清晨是寒冷的",为后面"温暖"的理解做铺垫。

（3）联系上下文,创设情境理解词句

理解了"深秋的清晨是寒冷的",陆老师联系上下文创设情境,质疑"深秋的清晨是寒冷的,为什么清洁工人却感到了春天般的温暖呢?"通过质疑让学生思考"温暖"深层的含义。从而理解"春天般的温暖"的喻义,它是用来比作清洁工人心里感到很愉快,很激动。

陆老师利用多种理解方式,层层深入,抽丝剥茧的词句教学方式,不仅让学生体会了句意达成了目标,而且更重要的是教会了学生学习词句的方法。这就是我在今后的教学中要努力的方向。

浅谈赞赏鼓励的魅力

◎ 姚敏婕

一、课 堂 实 录

【邓凌伟《生命　生命》教学片段】

师：小朋友,现在请你们把第二段中自己认为最美的句子读给大家听,把快乐与大家分享,好吗?

生1：我认为"冲破坚硬的外壳,在没有阳光……茁壮成长"这句话最令我感动!

师：为什么呢?

生1：我从"不屈向上,茁壮成长"可以感受到香瓜子对生命的渴望和顽强拼搏,所以我很感动!

生2：你说得真好,我同意你的意见,香瓜子在艰苦的环境下不屈不挠、茁壮成长,的确令我们感动。

生3：你们都说得有道理,但我要给你们补充一点,"那小小的种子里包含着一种多么强的生命力啊!"这句话也将香瓜子对生命的渴望表现得淋漓尽致!

师：同学们,你们真聪明,能从不同的角度体会到了生命的珍贵和香瓜子对生命的渴望。那谁能用朗读的形式来表现香瓜子对生命的渴望呢?(一学生朗读)

生1：你读得真不错，我也想读一读。

师：你们俩读得真好，让老师感受到了香瓜子对生命的渴望！

生2：老师，他们读得语气很美，我仿佛看到了香瓜子在恶劣的环境下茁壮成长的画面，我想和他们比一比。

生3：你的朗读水平进步了许多，把句子中的几个重点词语读出不同语气了。

师：同学们不但读得好，而且评得也很到位，你们都很了不起！还有没有句子令你们感动呢？

生4："即使它仅仅只活了几天"这句话也写得好。

师：你的眼力不错，我也认为这句话写得好。可好在哪里呢？

生4：我认为"即使"这词用得好。

师：为什么呀？说给大家听听。

师：说不清楚是正常的，你能觉察到"即使"用得好，就已经非常了不起了。大家想一想，"即使"字还可以换成别的什么词？

生：即便、虽然、纵使、就算、哪怕……

师：你们的小脑子好灵活呀，词语那么丰富！自己用心读一读，体会一下。你们还觉得写得好的有哪些词呢？

生："仅仅"这个词也用得好！（就这样你来我往的，下课的铃声响了）

二、案 例 分 析

《语文课程标准》指出：实施评价时，应注意教师的评价、学生的自我评价与学生之间互相评价相互结合。在课堂之中，不仅教师要注重对学生的评价，及时调动起学生学习的积极性。邓老师就是在教学中逐步地实施师生之间互动评价，通过丰富的课堂阅读教学形式，引导学生在学习过程中正确地关注自我，认识自我。

（一）教师的总结性评价

在整堂课中，教师起引导作用，学生是在课堂之中学习的，因此教师的评价要简洁明了，并且及时给予学生一定的点拨，措辞言简意赅，相对于学生的用词更为优美。邓老师在《生命 生命》这课中，教学评价语言精练严谨，把许多学生的语言汇集成一种方法，真可谓"丰而不余一言，绝而不失一词"。所以教学质量很高。例如当许多学生说出课文中许多语句表现出香瓜子对生命的渴望时，邓老师言简意赅的评价学生们会从不同的角度、方面体会到生命的珍贵和香瓜子对生命的渴望。

（二）学生的互相鼓励性评价

现在的教学之中，"学生为主，教师为辅"的课堂教学已屡见不鲜，不过对于赞赏鼓励，还是处于一边倒的趋势。其实，教师应该充分调动学生的积极性，给学生更多的发展和表达的机会，对于让学生表扬学生，也是一次语言的锻炼，也是对于课文有了更深层次的认识。例如，邓老师在《生命 生命》这教学片断之中，师生之间、学生之间充分地展开了交互式的评价方法。教师给予学生鼓励的眼神，富有激励的话语，如"你读得真棒，你评得很到位"；同时学生们互相及时的补充，以及自己给予同学鼓励，收到其他同学真诚的赞赏，学生的积极性大大提高了，学习的空间更加广阔了，学生的主体地位也随之得以更加充分的发挥。

在评价语言中，学生学会了朗读，学会了竞争，锻炼了自己各方面的能力，促进自己全面发展。

从邓老师的教学片段之中，我懂得了以后的课堂要注重每个学生的感受，以激励为主，并及时给予肯定和表扬，同时也给其他学生表现的机会，希望经过不断的实践，也能成为邓老师那样的优秀教师。

两位数被一位数除

◎ 陈薇芬

一、教 学 内 容

九年制义务教育课本数学三年级第一学期(试用本)P34~35

二、任 务 分 析

(一)最终目标：会用竖式正确计算两位数被一位数除

(二)结果分类：规则学习

(三)条件分析

1. 必要条件：(1)理解两位数被一位数除的算理(先分十、再分个)，并会用小算式表示；(2)知道除法竖式的格式(除号表示、被除数、除数、商的书写位置)；(3)理解竖式计算过程每一步的含义，并总结方法："从被除数高位除起"。

2. 支持性条件：理解操作过程；知识迁移能力。

(四)起点能力：除法意义；表内除法；整十数的除法。

三、教 学 目 标

（一）理解两位数被一位数除的算理：先分十、再分个。

（二）知道除法竖式的格式。

（三）理解竖式计算过程每一步的含义，并总结方法："从被除数高位除起"。

（四）初步会用竖式计算方法正确计算两位数被一位数除。

四、教 学 重 点

两位数被一位数除的计算方法。

五、教 学 难 点

理解竖式计算过程每一步的含义。

六、教 学 过 程

（一）复习

情境：我们来平分这些铅笔。1 捆里面有 10 支。把 40 支铅笔平均分给 4 人，每人分到多少支？把 80 支铅笔平均分给 4 人，每人分到多少支？把 23 支铅笔平均分给 4 人，每人分到多少支？

小结：原来要快速平分铅笔，有时一捆一捆分，直接分完比较方便，有时一支一支分用口诀就能解决。

（二）探究

1. 横式

【例题】现在有 61 支铅笔要平均分给 4 个人，每人可以分到多少支呢？

（板书：61÷4＝）

师：如果让你把 61 支铅笔要平均分给 4 个人，你准备怎样分？

（小组讨论：你们准备怎么分又快又对？）

（交流演示三种情况：(1) 把 61 支铅笔拆开一支一支分；(2) 估算；(3) 先从 61 里面拿出 4 捆分给 4 个人，再把剩下的 2 捆拆开和 1 合起来平分给 4 人。）

师：先分捆，也就是先分十。每人先分到几支？谁能用小算式表示？

（板书：40÷4＝10（支））

师：再分支，也就是再分个，小算式怎么写？

（板书：21÷4＝5（支）……1（支））

师：最后每人分到几支？还剩几支？那么 61÷4 等于多少？

师：刚才我们先分十的时候，为什么先拿 40，不拿 50？如果是 61÷5，先拿多少？剩多少？82÷7 呢？原来先拿几十是要根据除数来定的。

（试一试：97÷8）

师：小结：今天学习的两位数被一位数除，我们不能一下子把十分完，也不能直接用口诀计算。所以在横式计算时，我们可以先分十，再分个（如果十有剩余和个合起来再分个），最后把所得的商相加。

2. 竖式计算

（1）介绍除法竖式的书写格式

① 引出：加法减法乘法有横式计算，也有竖式计算，老师告诉大家，除法也有竖式计算。

② 介绍："除号"，像个"厂"字，写的时候要用尺划；

被除数、除数、商的位置：里面、左面、上面。

（2）61÷4 竖式计算过程

$$
\begin{array}{r}
1\ 5 \\
4\,)\overline{6\ 1} \\
\underline{4} \\
2\ 1 \\
\underline{2\ 0} \\
1
\end{array}
\quad
\begin{array}{l}
\left.\rule{0pt}{18pt}\right\}\text{先分十} \\
\left.\rule{0pt}{18pt}\right\}\text{再分十}
\end{array}
$$

刚才我们分铅笔是先分十再分个，除法的竖式计算也是这样的，我们来看看除法竖式是怎样一步步得到的，边结合竖式边说每步的含义。

① 先分十。十位上是 6，也就是 6 个十除以 4，算的时候就想 6 除以 4 商几？商 1 表示什么？所以一定要注意 1 的位置：1 要写在商的十位，表示 1 个十。

每人先分到 1 个十，也就是先分掉了 4 个十，这个 4 可以这样得到：商 1×除数 4＝4，4 表示什么？所以 4 写在 6 的下面，余 2 个十不够一个十一个十地分给 4 人了。

师：现在我们把十分好了。谁能把分十的过程再说一说？

② 再分个。余 2 个十和个位上的 1 合起来是 21，接下来再分个，21 除以 4 商几？5 表示什么？应该写在商的哪个位置？

每人又分到 5 支，也就是又分掉了 20 支，20 是怎么来的？可以这样得到：商 5×除数 4＝20，最后还余 1。

师：现在我们把个也分好了。谁能把分个的过程再说一说？

（3）听老师再说一遍，自己再想一想，对同桌说一说除法竖式每一步是怎样得来的？

（4）练一练：竖式计算

81÷6　　57÷3

小结：两位数被一位数除用竖式计算时，先从被除数十位除起，也就是"从被除数最高位除起"。（板贴）

（三）练习

考考你：将 73 张纸平均分给小朋友。

1. 如果平均分给 5 个人,每人可以分到几张? 还剩几张?
2. 如果平均分给 3 个人,每人可以分到几张? 还剩几张?

(四) 总结

今天学习了什么? 你有什么收获?

研读学生

从"懂"孩子开始

——浅谈如何建立绿色师生关系

◎ 杜　燕

　　解析我校绿色指标——师生关系指数背后的原因,我个人肤浅地认为,是因为我们太舍不得时间和精力去"懂"孩子,也许是工作压力太大,工作内容太多,让我们习惯了用简单粗鲁的办法对待孩子们。记得一本心理学书中,有这样一句话"如果我们不懂孩子,那么我们所谓的教育孩子就是一场灾难"。可见,懂孩子,才是懂教育,那么让我们从懂孩子开始,探索建立绿色师生关系的方法。

一、"懂"孩子成长的一般规律

　　尽管由于遗传、环境、营养、体育锻炼、疾病等因素可导致个体间的差异,但孩子生理、心理发展的一般规律还是普遍存在的。

(一) 生理发展的规律

　　从 7 岁开始,人体的生长发育遵循向心律发展。小学阶段孩子们迎来第二个生长高峰期。这个时期一个重要的特点是女孩生长发育的年龄一般比男孩早两年左右。10 岁以前,男女孩体态差异较小,男孩稍高于女孩。10 岁以后女孩无论身高、体重等平均数都高于男孩,形成发育曲线上的第一次交叉;12岁左右男孩开始发育,约14岁男孩的身高、体重又超过了女孩,最终形成了男女在身高、体重等方面的显著差别。这个阶段,孩子们头颅增长不明显,而是下肢发育迅速。与过去数十年相比,现在孩子们的生长发育长期加速趋势,有明显增长。女孩月经初潮已逐渐提前,这种情况称为生长发育上的加速度,而这种发育上的加速度是世界性的。

（二）心理发展的规律

小学阶段,孩子的身体发育和心理发展是统一的,两者密不可分,互相影响、互相作用、相辅相成。各系统的发育,尤其是神经系统的发育,为孩子的心理发展奠定了物质基础,而心理的正常发展也能保证和促进孩子身体的正常发育。某些生理上的缺陷可以引起孩子心理发展的不正常。例如斜视的孩子如果不及时进行治疗,常会受同学们的讥笑,由此会产生自卑感。孩子的情绪与他们的状态有一定关系,一贯情绪正常的孩子常常是挺着胸、抬着头,坐、立、行的姿势正确,精神振奋,动作敏捷,积极参加学校的各项活动,能很好地完成任务;相反情绪长期低落的孩子,往往外表也是病态的,弯腰,驼背,行动迟缓,精神萎靡不振,注意力不集中。近年来国外研究表明,家庭破裂的子女和非婚生子女遭受虐待、歧视,影响了正常的生长发育,严重的可致身材矮小、骨龄落后、性发育迟缓,成为社会心理性侏儒。这可能是由于不良心理环境对中枢神经系统长期恶性刺激所导致的结果。

（三）为什么女孩比男孩成熟较早

女孩往往表现出比同龄男孩更好的理解能力、语言能力等,是因为脑部发育早。2013年12月英国纽卡斯尔大学、韩国首尔大学等机构研究人员在新一期《脑皮层》杂志上报告说,人脑能对神经纤维进行修剪,以优化神经连接,而女孩开始这一过程要早于男孩。研究人员选取了121名4至40岁的健康志愿者,通过一种名为"弥散张量成像"的磁共振技术,分析了这一年龄段神经连接随着脑的发育和成熟而发生的变化。

（四）"懂"孩子的行为会反复

经常听同事抱怨，这个孩子昨天上课和作业还蛮好的，今天又回到原点了，哎，气死了！为什么孩子的行为会反复？那是因为孩子的意志力还不够强大，自制能力还在培养阶段。如果我们了解这个道理，我想我们就会把抱怨的时间和精力来积极地面对这个问题，说明到了需要反复教育的时候了。

"懂"孩子成长的规律，能帮助我们遵循小学阶段孩子生理和心理发展的特点来开展教育教学活动，提供适合的教育，从而促进孩子生动活泼学习、健康快乐成长。

二、"懂"孩子之间是存在差异的

为什么这个孩子是这样的，那个孩子是那样的？为什么有的孩子好教育，有的孩子怎么教也不见效？因为每个孩子都是不同的，不同的孩子来源于不同的家庭。据英国《卫报》网站 2013 年 12 月 11 日报道，英国公布的一项研究表示，15 岁的学生考试成绩不同，58％源于基因差异，还有 38％的因素源于家庭和学校生活环境的影响。可见不同的家庭造就了不同的孩子。

（一）孩子的大脑发育因成长经历不同而存在差异

首先我们要了解大脑。人的大脑重约 3 磅，占我们体重的 2％，却用到我们身体的 20％的能源。

杏仁核——情绪的中心。

海马回——记忆，心理学记忆的研究强调是理解，而不是表面的死记。（实验证明，记忆偏爱有用信息，新知识和旧知识挂上钩才能储存起来。记忆也是一个熟悉度，重要靠理解，情绪和动机会影响记忆。）

胼胝体——神经纤维,左右脑信息交换,神经元的连接。

前额叶眼眶皮质——抑制自己不要做不对行为。

"人的大脑只利用了10%,其他的90%有待开发。"这种说法对吗? 追踪这句话的由来,原来是20世纪初美国世界博览会上一个摊位的广告词,并非科学实证。随着脑造影的研究和技术的发展,科学家已经能够直接看到一个人在思考、记忆、说话、听音乐时大脑工作的情形了。实验发现,盲人在摸读盲文点字时,他的视觉皮质被触觉召唤过去了。如果正常人的眼睛被蒙住5天,他的视觉皮质就会开始改变,去做听觉、触觉方面的事。所以,大脑怎么可能放任其余90%不做事呢? 大脑的神经是"用进废退"的,常用的区块会增大,长久不用的地方会挪作他用,最重要的是,大脑不是颐养冗员的地方。许多研究也证实后天的教育是可以改变先天的大脑结构。孩子大脑的发展最适合的地方是温馨的家庭,最佳的营养的安全感,最好的刺激是父母的陪伴。(美国南加州州大心理学的教授雷恩博士在非洲毛里求斯做了这样一个实验。)所以,孩子的父母和我们老师手里攥着孩子的命运。

其次我们要了解孩子的大脑最怕受"软伤"。今天的受虐儿,明天的施虐者,童年的受虐不只是烙下心理痕迹,还会改变大脑的结构。(海马回比同龄人小,胼胝体比同龄人薄,杏仁核的血流量也比别人少。)永远的罗马尼亚之殇即罗马尼亚在二战后为了快速增加生产力,规定一个育龄妇女最少生4个孩子,造成6.4万儿童一天22小时单独躺在床上,保姆与婴儿的比例是1∶10,3岁以后比例是1∶20,缺乏亲情的后遗症是这些孩子前额叶眼眶皮质,海马回和杏仁核都不正常。压力不是动力,是破坏力。现在很多孩子不快乐,因为他的兴趣、长处不符合主流的趋势,而被强制压抑下来。很多时候他是忙着补习,玩着别人要他玩的东西,念着别人要他念的书,被动地过日子,没有时间去了解自己的长处在哪里。学习是个习惯,当孩子养成被动学习的习惯后,再好的天赋,再大的脑力也没有用武之地了。语言暴力比棍棒更伤孩子。在实验上,我们看到语言暴力会改变大脑神经的连接,影响大脑的发展和功能。(哈佛大学医学院精神科教授Martin比较了51名受虐儿和97名正常儿童,影响了杏仁核。)

(二) 孩子的行为表现和心理需求因成长经历不同而存在差异

我们懂孩子,不仅要善于观察其在校的表现和行为,更要了解孩子的家庭背景,才能对症下药。前些日子,二(5)班的班主任因病休假,代理班主任搞不定班中两位"皮大王",请求我支援。于是,我介入两个孩子的生活,一个叫小宇,一个叫小杰。从对同班同学的访谈、与孩子本人的聊天以及孩子父母的沟通中,我了解到两个孩子尽管都顽皮,但原因不同。小宇,他的父母不能接受自己的孩子的不足之处,将孩子的种种不是归因为老师的不作为。他们的这种归因模式影响了小宇,在小宇的心目中,自己很聪明,同学评价他好的方面,他说那就是他,同学评价他不对的方面,他不能承认。孩子和父母都不能接受不完美的自己和家人。所以,小宇的转变需要从父母的观念转变开始。而小杰,出生在一个经济比较困难的家庭,父母务农。他两岁不到,父母又生了一个女儿,新生宝宝需要更多的照顾,忽略了小杰的心理感受,这让他觉得失落。因此他喜欢吹牛,他曾跟我校门卫吹嘘自己家里住洋房,开豪车,天天吃大闸蟹,在同学老师面前做鬼脸,课堂随意走动,甚至唱歌扰乱纪律,都是为了引起大家的关注。小杰渴望被关注,被爱。所以,小杰的转变就需要教师无条件给予积极关注和爱。

一个特殊的孩子来源于一个特殊的家庭,我们如果懂得孩子是不同的,而且懂得为什么会不同,采用适合的教育方式,那么我们和孩子之间还有什么隔阂呢?

三、"懂"帮助孩子的方式

了解了孩子成长的普遍规律,又懂得了孩子之间也是存在差异的,接下来我们该探索帮助孩子的方式。邓小平爷爷说过这样一句话"不管黑猫、白猫,抓到老鼠的,就是好猫"。所以我一直相信方法是多样的,有些已经被探索出来了,有些还有待于去探索。

(一) 运动和阅读

运动是个宝,健身又健脑,运动能提高学习成绩。芝加哥一所中学实施零时体育计划,即在没有正式上课之前,让学生早七点到校,跑步,做运动,要运动到学生的心跳达到最高值或最大摄氧量的70%,才开始上课。一开始家长反对,孩子们本来就不愿早起来上学,再去操场跑几圈,岂不是一进教室就打瞌睡? 结果正好相反,学生反而更清醒,上课的气氛好了,记忆力、专注力更强了。原来我们在运动时会产生多巴胺(正向的情绪物质,让人快乐)、血清素(跟情绪和记忆有直接关系)和正肾上腺素(跟注意力有直接的关系)。运动还是坏情绪的宣泄通道,运动能治疗多动症和抑郁症,剥夺运动就是剥夺成长。

阅读是把别人的经验和智慧变成自己的最快的方式。读书能让孩子们学到更多的知识,能开阔我们的视野,能让他们把语文学得更好、作文写得更好。可是读书带给孩子的好处远不止这些。现在,越来越多的研究证据显示,读书能让孩子的大脑变得更聪明,因为他在知识海洋里不断遨游,刺激了他大脑神经的发展,人的大脑是越用越灵光。同时,经常读书、不停思考的人,他的境界会跟别人不一样,会有不一样的观点。书读多了,可以让孩子知道在什么地方、该做什么事、该说什么话;会让他们不轻易相信某些报道,会有自己的思考,知道真相会有其他的可能性。读书还能慰藉孩子的心灵,让他们在精神上成为坚强的人,韩国现任女总统朴槿惠,据她自己说,二十多岁时,她曾面临难以承受的考验和痛苦。父母都被枪杀,曾经信任的人离开,连呼吸都觉得困难。当时让她印象最深刻的就是冯友兰的《中国哲学简史》,这本书改变了她的人生。在她最困难的时期,使她重新找回内心平静的生命灯塔的是中国的著作。孩子的成长路上难免也要经历一些坎坷挫折,书能成为他们的知心朋友。

(二)《重建师生关系》的感悟

一个叫史金霞老师在她的著作《重建师生关系》一书中提炼出了"爱""理解""对话""尊重"等若干个关键词,我也提议我们大家一起去拜读一下。作者结合自己近20年的从教经历,对师生关系之"爱""理解""对话""尊重"及师生关系在社会关系中的意义做出了独到的解读:"没有爱,便没有一切;但只有爱,是不够的。""记忆是理解的前提,只有保持记忆,才能做到理解学生。""对话的基本原则是信任,而其最终目的是促进师生双方的成长。""要做到尊重学生,首先要反省自身,学生不是活在我们想象中的影子。""对于学生的家庭问题,要适度协调,切不可随意干涉。""教育是开放的,教师、学校与社会应该整合。"不仅如此,在本书中,她还给出了丰富的实践案例,以便于读者体会、借鉴和运用。

(三)《放牛班的春天》的启示

教育不能急功近利,得有耐心,要持之以恒,合唱团的建立刚开始并没有使学生发生根本的转变,但最终它改变了许多学生的一生,皮埃尔能成为一位音乐家与合唱团的指挥与对他的启蒙教育密不可分。平等对待学生,走近学生的心灵世界,尊重学生,是学生尊重老师的前提。只要我们用博大的爱去育人,必能培育出有爱心的人。问题学生,哪怕是最糟糕的学生,最令我们头疼的学生也一定有他的可爱之处,有值得我们去鼓励他的地方,只是我们缺少了发现的眼光。我们绝不要吝啬我们赞美人的语言,我们一定要积累赞美人的语言。对学生所犯的一些错误我们不妨改变一种方法对他进行惩罚,迂回并不是妥协,用大度宽容的办法去解决也不是放任,也许对学生的包容未尝不是给我们也留下了回旋的余地。给学生留路也是给我们留路。音乐可以净化人的灵魂,可以使人产生爱心,可以陶冶人的情操。合唱可以激发人的斗志,可以使人产生激情,可以增强团队精神。我们要利用好音乐这个很好的教育载体对学生们的教育。越是有个性的学生也许使我们感觉到越是另类,但也许会最有出息。爱与责任,师德之魂。如果拿我们的孩子跟放牛班的孩子比,那还是要好多了。

(四) 我的探索

曾有一个同事向我抱怨,说他的学生如何难教,其教育了 N 次以无效告终。我问他,你当时教育好后有效果吗?他的回答令我不解——N 次教育,N 次无效,劳民伤财,浪费师生的时间。我劝这位同事要改变方法,在这里我也乐意和大家分享我所看到过的,用到过的好方法。

1. 抓住激励魔棒,形成激励机制

沈丽丽老师在还是第一年任教的时候,她的班级——当时的一(7)班在大队部 14 次一日常规评比中获得了 5 次流动红旗和 7 次红苹果的佳绩。究其原因是,她每一节午会课都在扎实推进雏鹰争章活动。她以区级六枚"苗苗先修章"为抓手,用奖章激励小朋友们养成好习惯。这是多么聪明的一个老师,她领悟了奖章的作用,其实区里设立这六枚章就是为了帮助一年级新生从纪律、学习、卫生等养成好习惯。仔细探究去年几个班级的案例,也有雷同,发现很有意思:班级管理的优劣,并不与辅导员的经验成正比,倒是与辅导员是否善于激励很有关系。

薛俊伟老师,一位资深的老辅导员,现调到嵩华小学,他也是一个激励高手,他在中队里实行"天使积分榜",积累孩子们学校和生活中的点点进步,最后以积分换天使荣誉,从"青铜天使"到"梦幻天使"有 12 个阶梯等着孩子们去攀登,去超越。

写到这里,我又联想到了自己。前几年,我一直接年级里排名"第一"的班级。这些班级之所以排名"第一",并不是学生真的智力不行,也不是教师没本事,而是可能没有在"激励"这两个字上做足文章。于是,我开通了"中队博客"来促进学生养成上课勤于思考的习惯;设立了"English Corner"来促进学生养成勤读(背)书的习惯;天天选"过关组长"来促进默写习惯的养成;每半学期有评选"学习之星""进步之星""管理之星"来促进学生勇于接受挑战的习惯以及运用"校讯通"加强家校联系来促进作业习惯的养成。总之,我也是抓住"激励"这根魔棒。我想说"激励"就像一个魔棒,被他点中的孩子,会在正强化中获得自信,久而久之形成好习惯。

2. 旁敲侧击,强化优势,补偿劣势

也有一些孩子,他们还没喜欢上学习,他们可能是不喜欢我们老师,也可能是害怕困难,被大堆的作业或者难题吓倒了。这些孩子,你每天只盯着他的学习,不见得能有效帮助,那么我们就要采用"关系第一,知识第二"战略。如果在一个课堂中,孩子既看不到学习的目的,也不相信自己能够成功,或者他对教师、对课程抱有负面情感时,这堂课往往会导致学生失去学习动力。相反,在和谐关系下学习能自发进行。此时,建立关系就是要靠旁敲侧击,强化优势来补偿劣势,如,我们肯定他对的行为、品德等,然后提出不足的之处的改进意见,会让孩子更容易接受。

3. 家校合力,从改变家长开始

当然,我们在工作中也容易碰到像我在前面提到的小宇这样的同学,那么我们就要想办法去和家长沟通,从改变家长开始帮助孩子。不要指责家长,要指导家长帮助家长。能站在家长的角度,学会换位思考,如果我有一个这样的孩子该怎么办?因而一些资深的班主任的经验值得学习,一个班主任其实要带两个班,一个学生班,一个家长班,带好学生班要靠家长班。学会倾听,善于沟通,让家长支持我们,敬畏我们,我们的工作就成功了一半。如果,实在遇到特殊家长,我们需要想办法利用身边的资源,转借给学校心理老师,提供区心理热线的电话等,相信办法总比困难多。

"懂"孩子,才是"懂"教育,让我们一起努力,从懂孩子开始,积极探索建立绿色师生关系的法宝。

我和我的三个"小淘气"

——育人育德

◎ 蒋　琳

作为一名 2012 届新晋教师,第一年踏上工作岗位的我不仅教授的是五年级数学,还兼任班主任一职,责任变得很大,对于我本身而言也是一种考验和挑战,但我也始终相信我能行!

我一直都认为每一个孩子都是善良纯真的天使,是给人们带来幸福和欢笑的使者,看着他们洋溢着满脸的笑容,心竟然可以瞬间变得温暖。

每个班总会有个别或几个特别的小淘气,活跃班级中学习辛苦的氛围,他们总是不安于现状,总是要寻找一些学习之外的乐趣和刺激,我对孩子们总是希望他们能保持每个孩子都该有的童心和好奇心,所以不常正面批评他们犯的小错误,只是用幽默的玩笑语与孩子们沟通,心想孩子嘛难免的!

当然年轻教师也有年轻的优势,更能懂得孩子们的语言,彼此建立相互信任、尊重、理解的良好关系。在平日的相处细节中我会利用观察、谈心、参加学生活动等形式深入学生中间去,以宽容之心多倾听他们的意见和心声,了解他们的想法,及时把握他们个体的性格、思想、习惯、愿望、兴趣、爱好等,对每个孩子做到心中有数。

五年级了,也许看上去他们是懂事的、贴心的,但别忘了他们仍然只是一个个涉世未深的孩子,教师是伴着他们成长,引导他们积极向上,教育他们做人原则!

　　临近毕业还剩下两个星期的时间,我们班的三个小淘气又按捺不住了,似乎感觉到即将毕业了,准备"密谋"着要"名留母校",准备"大干一番"。

　　六月的一个阳光明媚又伴着栀子花香的早晨,和往常一样带着好心情前往学校,但却意外地被保安大叔"拦"在了校门口。当时的我有些手足无措更是莫名其妙。然后,保安大叔对我慷慨激昂的讲述了我们班那三个"小淘气"的"丰功伟业"。瞬间,我的好心情被一扫而空,愤愤地走进教室,一把揪出了保安大叔指证的"嫌疑人",严厉训斥道:"昨天放学之后你做了什么好事?""我……我……没做什么!"他言辞闪烁着。"我再问一遍,你到底做了什么?"他默不作声的站立着。"拿着饮水机的桶装水从四楼往下倒是不是?"我继续说着,"保安大叔,一早就告诉我了,你敢做就要敢承认,人要活得光明磊落!""小淘气"点着快要埋到胸口的头。随即我又问道:"为什么要这样做?你有没有想过保安大叔把这么重的一桶桶水辛辛苦苦搬上来为的是什么?这水是给谁喝的?""我们"小家伙怯怯地回答。"保安大叔这么辛苦,是怕你们在这大热天里没水喝,渴着,你却这么轻而易举地抹杀了一个人的辛苦成果,你凭什么?!跟我去和保安大叔道歉!""小淘气"低着头,默默地走到了门卫室。我悄悄地跟在后面,推开门,见保安大叔一番指责,"小淘气"都默默接受了,还诚心道歉,保安大叔也原谅了他。原本我以为这件事可以画上句号了,可没想到,刚刚走出门卫室没几步,我赫然发现"小淘气"浸满泪水的眼眶,感觉有点儿不对劲。难道我做得太过分了?可是又转念一想,自己做错事就应该自己承担,也没错!我停下了脚步,轻声地询问:"怎么了?你觉得这样不对吗?""老师我可以告诉你,但答应我不会找他们,只要你答应我,我就告诉你。""小淘气"还理直气壮地和我谈着条件。我犹豫了一会答应了。"其实不是我做的,是'淘气杰'做的,'淘气卢'为了保护弟弟'淘气杰'硬说是我做的。他们两兄弟还告诉我,如果我说出去,他们要教训我,所以我没说。"满腹委屈的"小淘气"哽咽地说着。"那现在为什么要告诉我呢?你觉得自己委屈?"我反问道。小淘气默认。"你真是傻啊,什么事不好做,你帮别人背黑锅,让真正应该道歉的人丝毫感觉不到他们的过错,你心中难道就没有做人应有的骨气和原则吗？记住，做人要光明磊落，有自己的原则和道德底线，要公正、公开、公平！""小淘气"认真地点着头。其实我的心中有些内疚，为了平复"小淘气"的委屈，我要给"小淘气"一个公正的答复。

在不泄露是"小淘气"说出真相的前提下，我先找了"淘气卢"告诉他："保安大叔告诉我，你昨天看到是谁把桶装水从四楼往下倒的，你说说看是谁？""淘气卢"支支吾吾地说："不清楚，没看仔细。"一看就是想蒙混过关，于是我一步步询问，"淘气卢"说出了实话，于是我又找来"淘气杰"询问，并让"淘气卢"躲在门后。"淘气杰"一开始理直气壮地回答不是他做的，还向我告发是"小淘气"做的，再三询问之下"淘气杰"始终不承认自己的过错。于是，我让"淘气卢"当着我和"淘气杰"的面再说一次实情，再找来"小淘气"，三个淘气鬼瞬间没了声音只是低着头。于是，我又搬出了一堆的做人道理和原则，给他们上了一堂人生哲理课。

我始终坚持育人先育德的教学原则。记得著名教育学家陶行知先生曾说过："德是做人的根本。根本一坏，纵然你有一些学问的本领，也无甚用处。并且没有道德的人，学问和本领愈大，就能为非作恶愈大。"所以要从本质上塑造学生，让祖国的花朵更加灿烂。

平等、尊重的新型师生关系

◎ 何　燕

　　新型的师生情感关系是建立在师生个性全面交往基础上的情感关系。它是一种真正的人与人的心灵的沟通,是师生互相关爱的结果。它是师生创造性得以充分发挥的催化剂,是促进教师与学生的性情和灵魂提升的沃土;它是一种和谐、真诚和温馨的心理氛围,是真善美的统一体。对此,我在教育实际工作中开始一些尝试与转变。

一、尊重学生,了解学生,做学生的朋友

　　教育工作的对象是人,更具体地说,是人的心灵。如果老师不去了解学生的内心世界,那对学生的教育就会使他和学生之间筑起一堵墙。李镇西老师在他的论著《爱心与教育》中提出:建立师生之间的和谐关系能让学生具备舒展、愉悦的心灵;教师对学生具有了真诚的信任和尊重,学生会感到人格的尊严,又会对老师产生朋友般的信赖。创造这种新型的师生情感关系,需要教师对学生的真心付出。

【案例一】

　　记得一年级时,我教的三班有一个小女孩,眉清目秀,表演能力比较强,

是个很惹人喜爱的孩子,若是皱起那眉头呀,颇有几分像那令人怜惜的林黛玉。听说有这么一个人,办公室像炸开了锅,让找她来看看,让她表演一下。可是每次来办公室里她都不作声,低下头,抿着嘴,像一只受到惊吓的小鹿似的,很无助,可见她的心灵受到了伤害。

　　几次我无意中找她帮我到办公室去拿东西,她一动不动地坐在座位上,只是看着我,我在叫了她几次后失去了耐心,对她严厉地批评了几句,看到她眼圈红了,我发现自己有点过分了。课后我把她叫去办公室想了解原因,可是她还是不愿意进办公室,我硬把她拖了进去。来到办公室我发现她的眼睛在到处瞟,知道老师没在意她,才松了一口气。我问她:"今天老师的态度有点凶,对不起。可是刚才你怎么不愿意帮老师的忙呢?"她没说话,紧紧咬着下唇,我知道,无论我怎么说她今天肯定不会给我一个说法。于是我转移话题,说:"瞧瞧我们漂亮的小姑娘的长长头发,但是却没扎好辫子,全乱成一团。今天我帮你扎好辫子,明天开始我可要检查你扎的辫子呢。"顺便还故意吓唬她:"要是扎不好辫子,我可要你妈妈把你的头发剪短了。"她笑了,但又摇了摇头。第二天,我看到她扎着两条小辫子来学校了,我及时地表扬了她。接着连续几天她都整整齐齐地来上学,不再头发乱糟糟的。偶尔有一两次没弄好头发,我都帮她扎好。

　　有一次我问她:"老师缺少一个英语课代表,你能帮我把作业拿到办公室来吗?"她摇了摇头,我回想起她每次进办公室的情景就知道是什么原因了。我问她:"你很怕进办公室吗?"她点了点头,眼睛又向其他老师扫视了一下,发现没人看着她,又说了一句:"我不会收作业。"她明明是英语小组长,怎么不会收作业呢?我没再勉强她。在以后的课堂教学中,我经常找机会表扬她,坐得好表扬一下;回答问题了又表扬一下;需要临时拿点什么东西,就找其他同学跟她一起去拿。

　　一段时间过去了,这天我正好重新选举课代表,最好是用民主选举然后统计结果。在候选名单中我特意写上她的名字,随着她名字下的人数的增多,她的眼睛越来越亮。虽然最后的结果不是最多的票数,但她仍然很高兴。

最重要的不是结果,而是别人的认同。下课后,我笑她:"很多同学都想你来当英语课代表呀,下一学期你愿意当吗?""好呀!"想不到她会那么爽快地答应了我。

从上面的案例中可以看得出来,学生对教师是充满戒备之心的,要取得这个学生对你的信任和尊重,首先你要"目中有人"和"心中有人"。充分尊重学生的人格,充分尊重学生作为一个社会人所应有的权利和尊严,师生之间互相沟通理解,从而达到彼此尊重和信任。

二、教育是美的,美在机智

传统的教育观念认为,教师对学生要严加管束,学生必须对教师绝对服从,这种学生只能被动地服从教师的权威的关系,这就是一种不平等的师生关系。正是因为受到"师道尊严"的影响,现在的部分教师把维护自己的威信,体现教师的权威看成是天经地义的事情,从而把自己摆在至高无上、不容侵犯的地位。在教育过程中采取压制的手段,迫使学生承认错误,导致学生口服心不服。这样的教育已经越来越不适应时代对教师的要求了。在进行对学生的教育时,我常常想起李镇西老师的话:"教育的美,美在理解,美在机制,美在创新。"

【案例二】

有一天上课铃响了以后,我还未走进四班,哭喊的叫声便传进我的耳朵"何老师,任俊安打人!"我知道四班经常发生这样的事情,如果不处理这一节课就无法上了。

知道这节课之前有眼保健操,于是我把有关人等叫到教师门口,逐一了解情况。原来是任俊安拿了同学的跟他一模一样的橡皮,同学想要回来,他又不还给别人,争执中他还动手打了那个同学。遇上这种情况我只好一一给他们讲道理,还批评了任俊安,并让他给同学道歉。他很不乐意地把橡皮还给了那个同学,但就是不道歉。我有点来气了:做错了事被批评了还不服气。由于眼保健操结束了,还要上课,我只好婉转地说"任俊安同学暂时还没想清楚,等他想清楚了会向同学道歉的"。于是其他的同学都回到座位上准备好书本上课了,只有任俊安还站在原地不动。我又提醒一句"请任俊安同学回到座位上"。可是他还是不动,我心想他肯定是故意跟我较劲,闹情绪。我正想发脾气训斥他一顿,忽然想起李镇西老师的那句话:"教育的美,美在机智。"我决定改变主意不去批评他。其实他是很喜欢英语的,而且特别爱角色扮演。我对他说:"如果不回到座位上你就不能角色扮演了。"他犹豫了一下,看了全班同学一眼,发现同学们都在注意着他,决定还是不动,一副看你能把我怎么样的神气。

我开始上课了,他不时瞄一下黑板,遇上我的目光又把头扭过去,一副满不在乎的样子。我知道他很想回到座位上,可是又拉不下面子来。我对其他同学说:"下面的时间来角色扮演上节课还未完成的故事。拿出你们的故事册,三人一组表演。"只见他刷地跑回自己的座位上,并以最快的速度拿出故事册,已经和他的小组成员开始演起来了。看到他的样子我觉得真好笑。但我并没有取笑他,其他学生都当做没事的一样说着,演着。在表演的过程中我时时留意着他,并特意第一组就叫到他们小组,最终表演得很好,奖给他们每人一颗红苹果贴纸,他也乐得抑制不住的嘴角上扬。

下课以后,我把他找到办公室去,还没开口说话他已经抢着说自己错了,并向我保证会诚心地向那个被他抢了橡皮的同学道歉。

有的学生就这样,你跟他来硬的,他的犟牛脾气也会越来越牛。灵活的运用教育手段(如冷处理)让他消除对抗情绪,改善师生之间的对立关系起到很好的作用。如果我是以强压的手段对待这个学生,那只会引起他的反感,甚至于放弃对英语的学习。因此,教师与学生的关系影响着教育工作的成败。

三、走下讲台，与学生零距离接触

人与人之间的交往主要是靠接触来互相了解，通过了解互相认可的。我们知道西方国家教学课堂有轻松、活跃、自由的气氛，灵活多变的教学形式。课堂上，教师离开讲台，有意识与学生闲谈、聊天，学生回答以后奖励糖果以示鼓励。再看看我国的教学课堂，小学阶段一节课35分钟教师就在黑板前来回走动，学生与教师之间是一张讲桌。正是这张讲桌隔断了师与生之间的交流，剪断了师与生联系的纽带。如何改善这种状况呢？我的教学实践告诉我，走下讲台，走进学生当中去，与学生一起游戏、活动，让师生的心灵交流在活动中感受，这是拉近师生距离的一种非常好的方式。而穿梭于学生之间进行活动、游戏，更有利于教育教学的开展。

【案例三】

从三年级开始，每个星期三的下午第四节活动课，会带着班级的学生活动，游戏可以利用学校准备的器材，也可以让学生自己带喜欢玩的玩具。我特别珍惜这个难得相处娱乐的时光，器材毕竟有限，不能满足所有学生，于是没玩的学生，我召集起来，带他们一起玩丢手绢的游戏，并设定游戏规则，被抓到的学生一定要表演节目，他们开始还扭扭捏捏，不太愿意。我先开个头，被抓到后，唱了一首英文歌，他们看我表演了，也都放松下来，玩得很开心，并且不约而同地是，在表演节目时都是我们曾经学过的英语儿歌和歌曲，甚至还有他们自己学唱会的英语歌曲，场面可谓震撼，把其他学生都吸引过来，我们的圈变得越来越大，歌声笑声回荡在整个操场上。

这个学期有个学生带来皮筋，这可是我的强项，于是带她们玩小皮筋的跳法，除了女生，还带动了一部分男生和我们一起跳起来，真是青春飞扬的时光，感觉和孩子们一起回到了孩童年代。现在我们又有了新的游戏，就是甩长绳，穿插跳，在这些游戏过程中，增进了感情，他们都很期待每个星期三的活动课和我继续玩游戏。无形中这种情感在课堂教学中和学生的互动进行得更顺利和更有成效。只要是布置英语任务,不用我强调,他们都会提前准备得很好。

四、建立平等的师生关系

这里所说的平等的师生关系是要求教师蹲下来跟学生沟通,让学生觉得你跟他是一样的,没有谁优谁劣的区别。很多教师都知道教师要平等的对待学生,然而他们的平等是对每一个学生而言,还没考虑自己本人于学生之间是否平等。从日常教育可以看出,教师们习惯于在评价学生的时候总是说"你的缺点是……"但老师就是从没有找过自己的缺点,这就是不平等的表现。而我在日常教学工作中尝试让学生找我的缺点,通过这一活动让学生明白老师与他们是一样的,可以互相提意见,感受平等的关系。

【案例四】

有感于自己经常找学生的缺点,批评学生,某一天在课堂上尝试让学生也给我找找缺点。学生愕然了,"没听错吧,给老师找缺点?""老师会不会批评我?"……在我一再保证"尽管提,老师不生气,真得!"之下,学生真的很不客气地开始说了。

"老师我经常发现你来不及批改绿色练习册,你可以找我们帮忙的!"

学生的理解和懂事让我很感动,更加激励我尽心尽力地做好平时一点一滴的本职工作。

"老师,你应该对我们再严厉点的,否则有些调皮的学生都不太怕你!"

"老师,你的语速太快了,我们有时都没听太清楚。"

"老师,你可以不用那么大声跟我们说话的,会对嗓子有很大伤害。"

多真诚的话语,其中饱含着关心和期望,我非常感谢这些学生对我提出的宝贵意见。

缺点人人都会有,能让学生找老师的缺点,让学生真正地体会师生之间的平等关系,增进师生之间的情感。教师同时也在这个过程当中发现自己的缺点,并改正过来,对教师而言是一种促进作用。

总之,课程改革需要建立一种以师生个性全面交往为基础的新型师生情感关系,作为教育工作者的我们在教育教学工作中,特别是在课堂教学中,一定要转变观念,不断创新,要充分认识到在现代课堂教学中建立一种民主平等、共同参与合作的新型师生关系的重要性。在教学中再不能执著于以往的"师道尊严",要不断提高自身的综合素质,要适应时代的要求,及时转换角色。最重要的是,还要有爱心,要对学生真诚,并以此感染学生,因为"没有爱就没有教育"。只有对学生倾注了感情,才能获得学生的信任和尊重。挖掘学生身上的向善性因素可以强化、激励学生的自尊心,也能融洽师生关系,为师生合作打下基础。

让我们关注孩子的点滴进步
——记一名特殊学生的转变过程

◎ 葛晓静

  一个班级中问题学生的存在具有必然性、客观性和普遍性。积极面对,分析研究问题学生的成因、心理特征和教育策略,促使他们正确认识自我,克服自卑心理和消极情绪,激发潜能,解决自身存在的问题,才能提高学生的全面素质。

  如何解决这类特殊学生的教育呢? 有人说送他们到特殊教育的学校学习就可以了。我觉得这不是最佳的处理方式。苏联霍姆林斯基曾说过,应当在普通学校里对这些儿童进行教学和教育,因为只有一个完满的,在智力方面不断丰富着的环境,是拯救这些孩子的最重要条件之一。同时我也深知教师的"爱"是教育的原动力,只有走进学生心灵的教育才是真教育,让我们一起关注孩子的点滴进步。

一、个 案 描 述

潘某,7 岁,男孩,凤溪小学一年级学生,该生智商 55,体质弱,眼睛斜视。

(一) 言语情况

能够进行简单日常交流。

（二）学习方面

模仿能力一般，但观察能力较弱，记忆能力较差，理解能力较差，思维能力很差。做事缺乏自信心，作业根本不能按时完成。语、数英主科学习成绩处于班级下等生水平。

（三）生活自理

动手能力较差，生活不能自理，在老师监督下能够参加学校一般的集体活动和劳动。

（四）情感方面

上课时注意力分散，时而好动，时而沉默；情绪多变，内心不快时，常常撕毁东西、砸东西、乱叫，追逐女生，以发泄内心不快。

（五）人际关系

大部分时间不乐意和同学们一起玩，不愿意和老师们接近，错误发生后，对教师的教育有意逃避，像只鸵鸟，埋头胸口。在家不听从母亲的教育。

二、问题的成因分析

（一）自身内在因素

我通过与家长联系，并作调查与综合分析，确定该生在性格上是有缺陷的。从身体发育上看，潘某像是个正常的同龄男孩，个头也较高，皮肤白皙略显苍白，但在智力上属于非正常智力范畴，神经活动不平衡，心理自我控制能力弱，是非辨别能力等都低于同龄的孩子。

（二）外部环境因素

智力不正常是由各种原因层层积累起来的,潘某的父亲是智障人士,在一家福利厂工作,母亲是个普通的正常人,但性格略显古怪,父母的遗传可能是第一大因素。因为对于潘某来说,家庭智力生活的局限性和贫乏性是造成了他发展上偏差的最有害的因素之一。由于父母的智力水平有限,不能给予他正常家庭的正常教育乃至更科学的教育,因而使他错失了形成良好的行为习惯的最佳时期。

（三）心理因素

由于这种智力水平的孩子在进入学校后,表现出"言行怪异,不讲规范,成绩差等",一直受到老师的批评、同学的抱怨、家长的训斥,经常处在"四面楚歌"的环境和氛围之中,使自己的行为、学习成绩得不到提高,久而久之产生了自卑心理。同时,教育者有时不恰当的教育方式和态度,使他对同学、老师产生逆反心理,对正确的管教产生抵触情绪,这一切使得他朝着更糟糕的方向发展着。

三、教育方法和过程

面对这样特殊的问题学生,我们作为老师首先端正态度,调整好自己的心态,用宽容、平和的态度接纳他,不仅把他当作是自己的学生,还把他当作自己的孩子,用爱去感化,用心去交流,用理去引导,更要关注他细微的变化,对于他点滴的改变给予及时的鼓励与肯定。

首先,在班级里营造一个平等、友爱的集体氛围,培养学生之间团结友爱和互助的精神。

利用课余时间,我告诉孩子们,潘某总是与你们捣乱的原因并不是不喜欢大家,而是由于他身体方面有缺陷,控制不住自己。孩子们一听说他身体不好时,一下子教室里就安静了。我接着又说:"潘某之所以有这样的表现是因为他希望引起大家的注意,试想假如我们班里,没有一位同学愿意与你说话,和你玩,你会有什么感觉?"教室里顿时讨论开了。有的孩子说:"要是小朋友们不与我玩,我肯定会伤心得饭也吃不下。"又有的孩子说:"原来上次他拉我辫子是想跟我玩啊……"天真善良的孩子们不禁开始同情起潘某来,同时也发现了他平日里在班里受到的不公平待遇。我赶紧乘热打铁,让其他学生感受到潘某也是班里不可缺少的一分子,他也有不少优点,比如由于人长得高大,能够帮助老师搬重物;声音较响亮,可能唱歌很动听呢,因此我们不能歧视他、嘲笑他、欺负他。他一有困难,我们就要主动给予帮助,他有一点点的进步应为之高兴,要乐意与他交朋友。

在接下来的日子里,孩子们对他的态度果然改变了不少。比如:上课时,潘某在玩橡皮,后面同学就会轻拍他的肩膀,提醒他要听好;有时潘某忍不住又拿别人的铅笔,那个学生就会说,算了,送给你吧! 还有很多细小的事情在悄无声息地发生着……与此同时,也引发了潘某的一些微变化,有时他拉拉某个男生的衣角,抿嘴一笑,示意在说,我想和你玩;有人书本不小心掉在地上,他会冲过去抢着捡起来,并还给他人,吓得别的孩子以为他又想捣乱呢! 一看到他有点点的进步,老师就会及时进行奖励,在他的额头上贴上一个红红的小苹果。

目睹着潘某点点滴滴的改变,令人惊喜。更令人欣慰的是,每当他控制不住又做不恰当的事时,其他孩子们会谦让他。那一幕幕团结友爱的情景仿佛就发生在眼前。记得那一次在厕所门口,别的班级小朋友对着潘某指指点点,我们班的几个孩子看到后,马上把可怜兮兮的潘某护在身后,并用严厉的口吻制止他们说,你们为什么笑话他,他是我们班级的同学,我们不允许你这么做……当我从别的老师处得知这件事情时,心里像是喝了罐蜂蜜水一样,味甜而欣慰。当然潘某的"小毛病"也不可避免,总是隔山差五的发生着,但比起以往,那是突飞猛进的进步呀!

其次,适时多鼓励少批评,设置奖励机制,激发孩子的学习动力。

看到潘某的行为习惯基本稳定之后，就开始着手他的英语辅导。由于他本身智力障碍，该生的记忆力和接受能力很差。因此，与其家长沟通商定，经常对他鼓励，并暗示，你的记忆力真好，只要努力，成绩一定会赶上的！

没有哪个孩子不希望得到教师的关注和鼓励，都希望自己在老师心目中有较高的地位，尤其像潘某这样的特殊学生。因此我努力为孩子不断寻找和创造成功的机会，给他表现自我的机会，让他尝到成功喜悦的同时，也能发现自己的优点。记得一次英语课上，我每每教完一个对话，就要求学生试着背出，记得那天课上的英语对话较为简单些，忽然潘某的手一下子举得很高，我知道机会来到了，急忙示意他站起来并询问他，他用贴耳朵才能听到的声音回答，他不会背但会读。于是我就立刻让他当着全班同学面朗读，这是他的第一次主动回答，虽然苍白的脸上印着朵朵红晕，声音似蚊子叫，但从同学们热烈的掌声中足以看出孩子们对他由衷的惊讶和佩服。尤其是当我亲自在他的额头贴上红苹果标记的小贴纸的那一瞬间，他那张红彤彤的小脸上闪耀着兴奋而又激动的表情至今记忆犹新。爱与信任让他找到了学习的快乐，激发了潘某学习的动力，还有什么比看到他一点一滴的进步更欣慰的？

第三，多与家长沟通交流，增强家校互动的意识，树立正确的教育观。

家长是孩子第一任老师，通过与家长沟通交流，纠正家长不当的教育方法，树立其科学的教育观。在沟通过程中，我总是一次次耐心与他的妈妈建议和商量，与其探讨教育潘某最适合妥稳的方法。见到家长不是投诉孩子的不足之处，而是告诉她，孩子在学校的点滴进步，这不仅鼓舞着他母亲那颗死灰复燃的心，同时也给这个残缺的家庭重新点燃了新的信心和希望。

第四，进行定时个别心理沟通和学习辅导，让孩子认识自我，树立自信心。

我们都知道通过心理咨询和疏导，为特困生排除心理困扰，减轻心理压力是非常有必要的。于是，我邀请学校专业心理老师，定期为潘某做简单的心理健康辅导，比如通过开展一定的心理游戏；有时问几个简单的问题；有时做一件具体的事情等，帮助他更快的正确地认识自己，从而树立起自信心。

另一方面是学习方面的辅导——指导英语简单的单词和句型朗读。每周2次抽10分钟左右的时间对他进行朗读训练。主要是本周所学的最简单内容,日积月累,效果较明显。二是语言表达训练,在课堂教学中,经常有意识地提一些难度极小的问题让他回答,只要回答有一点点的正确,就立即在额头贴上红苹果标贴,对孩子而言,及时的鼓励和赞扬是最有效的说服剂。

通过将近一年的坚持教育,如今的潘某虽然外貌看上去与正常的孩子有些许差异(主要是眼睛斜视),这是无法改变的。但该生逐渐端正了态度,各方面都有比较明显的转变。行为习惯已经有了大大改观,除一部分时间自己安静地玩以外,有时也会与同学们一起聊天和做游戏,总之与同学相处较融洽。能主动参加各种有益的集体活动;而且能主动和父母沟通,简单交流在学校里发生的事情。学习目的明确,认真努力,成绩有所提高。上课基本能聆听半节课时间,专注程度有所提升,能回答基本的问题。有时上课控制不住自己,只要老师一个暗示,比如:一个眼神,或者走上前去抚摸一下他的头发,他就知道该怎么做了,长时间的不懈努力,他与老师间也建立了特殊的默契和情感。

但在学习方面也略有偏科现象,文科相对要比理科好些,尤其是我所担任的英语学科,他不仅能基本完成老师布置的英语作业,而且在练习与考试中也有相对较好的表现。为了让他学得更带劲,有时就给他配了个"小老师",让同龄的孩子来帮助他,看他和"小老师"学得乐此不疲的样子,就知道他与同学之间的关系又更进了一层。

另外,由于潘某各方面表现突出,他还被学校选拔去参加青浦区特殊儿童的一系列比赛。比如堆乒乓球,叠杯子,钉纽扣等,并取得了较好的成绩,真是可喜可贺呀!我知道老师的用心终究不会白费,终究会有成效,哪怕收获的是他点滴的进步。

四、案 例 启 示

通过对这个案例的分析,我深刻感受到以下几点与大家一起分享:1. 转化问题学生真的是一个长期的过程。实现转化显然不是一朝一夕的事情,根据他的问题成因分析,要认清转化过程中的反复点,正确对待、耐心等待,要有长期的、系统的计划和打算,需要教师进行反复不断地调整方法进行教育。2. 转化需要教师奉献爱心。孩子,真的需要老师关心,需要细心的爱,就好比你给他一粒温暖而充满信任的种子,它一定会生根发芽开花结果。教师,就应用一颗宽容的、慈爱的心,像春风细雨滋润幼苗一般,无私地付出我们的爱,去抚慰孩子稚嫩的心灵。3. 要对问题学生因材施教。要了解其不同的个性和能力,尊重其自身的差异性,激发其进步的主动性。只要唤起了他们的自信心,他们学习进步的速度就会大大加快。我相信,在全纳理念的指导下,接纳、认可每一个孩子,他们都可以获得适合他自身的教育。4. 转化问题学生更需要学校、家庭和社会的密切配合。与家长密切配合,步调一致地对他进行思想教育。家庭教育对孩子的影响深远,父母不当的教育方法只会令孩子幼小的心灵受到创伤。因而通过学校老师与家长沟通交流,纠正家长不当的教育方法,树立其科学的教育观,将教育优势有机整合,充分发挥。新的课程标准的实施,就要求我们要着眼于"人"的发展,我们没有理由放弃任何一位学生,让我们一起关注孩子们的点滴进步。

为了每一个孩子的健康成长

——加强家教指导　形成教育合力

◎ 陶金凯

　　学校、家庭和社会是影响未成年人思想道德状况的三个相互联系、相互影响的环节，是缺一不可的整体。其中，学校教育占主体地位，而家庭教育是学校教育与社会教育的基础。家庭教育是终身教育，在人的一生中起着奠基的作用。著名心理专家郝滨老师曾说过："家庭教育是人生整个教育的基础和起点。"确实，家庭教育是对人的一生影响最深的一种教育，它直接或者间接地影响着一个人人生目标的实现。我们凤溪小学近几年就读的非沪籍学生逐年增加，今年已近82%。这些学生家长或忙于工作、生意没有时间和精力管教孩子，或由于自身文化水平太低无能力辅导孩子，造成家庭教育的相对缺失，学校教育与家庭教育难以形成真正有效的合力，直接影响学校教育的效果。

　　针对这种现状，我们主要从以下几个方面加强家庭教育指导，形成教育合力，培养学生良好的学习习惯和生活习惯。

一、完善制度，明确重点

　　为了更好地开展家庭教育指导工作，学校成立了家庭教育领导小组，由校长担任领导小组的组长,由分管教育的副校长和德育教导担任副组长。另外,工作领导小组还包括家教组长,大队辅导员,各年级的年级组长及骨干班主任。我校还选拔优秀教师参加了市级的家庭教育指导培训和家庭教育课题研究培训。这样,就形成了一个比较健全的家庭教育指导工作网络,开展起工作来有序又有效果。我校又先后制定、完善了《凤溪小学家庭教育三年规划》《凤溪小学家长委员会章程》《凤溪小学家长学校制度》《凤溪小学家长会制度》等一系列规章制度,并以此来指导、开展学校家庭教育的指导工作。

二、创新途径,注重实效

（一） 开展家长沙龙活动,培养孩子良好习惯

根据我校非沪籍学生占比大的现状,我们充分调动这些学生家长的积极性,和学校紧密合作,共同抓好学生教育。2011 年,学校作为尝试,组织了一次一年级的非沪籍学生家长沙龙活动,活动的主题是"好习惯　伴孩子健康成长",内容主要包括一年级争章课观摩和一年级非沪籍学生家长沙龙,参加本次活动的除我校一年级非沪籍学生家长代表外,还有我们德育第二组的兄弟学校德育教导、教师进修学院德育室相关教研员等。教育局德育科姚敏科长也应邀参加了本次活动。大家首先观摩了由我校何敏珠老师执教的一年级熊猫章训练课。随后,家长代表和与会的领导和老师听取了我校非沪籍学生教育工作的汇报。紧接着,我校一年级的非沪籍学生家长围绕"如何培养孩子良好习惯"纷纷发表自己的看法,畅所欲言。家长们从培养孩子合理安排时间、按时完成作业,如何让孩子对学习产生兴趣、培养孩子的自理能力,如何让孩子养成讲卫生、爱清洁的习惯等方面阐述了自己的观点,也提出了在家庭教育中的困惑。在座的各位德育教研员、德育教导及我校的刘建老师等给我们的家长出谋划策,提出合理建议。整个家长沙龙气氛活跃,家长与

家长之间、家长与教育工作者之间积极交流,碰撞出智慧的火花,分享家庭教育的经验。我们尝试下来感觉家长沙龙这一家校互动形式非常好,今后我们设想在其他年级或是本地学生家长和非沪籍学生家长之间开展形式更为多样的沙龙活动。

(二) 开展家庭教育周活动,让学生在活动中成长

我们学校的外来务工家长平时工作比较繁忙,与孩子沟通、交流、一起活动的时间较少。因此,我校把9月份的第三个星期作为家庭教育宣传周,组织家长与自己的孩子一起开展家庭教育周"七个一"活动。首先,我们向全体家长发放家庭教育周活动倡议书,对家长进行宣传,明确要求,即要求家长与孩子进行一次心理沟通;家长让孩子为自己做一件事;家长为孩子创设一个岗位;家长与孩子共读一本名著;家长鼓励孩子邀请小伙伴到家做一次客;家长带孩子参加一次健身活动;家长带孩子参加一次公益活动。家长可以选择其中的一两项活动与孩子共同参与。这样,五年的小学生活下来,这些活动都能参与到。在家庭教育周活动期间,我们要求班主任和家长适时联系,关注并指导活动的开展。教育周活动结束后,我们再要求家长或学生填写好活动记录。然后,各班选择比较好的活动记录在班会课或家长会上进行交流,这样不但起到了宣传教育作用,也极大地提高了广大家长和学生参与家庭教育周的积极性。我们通过这些活动的开展,增进了家长与学生的交流,通过学生和家长的反馈,我们感觉学生和家长在家庭教育活动周中都受益匪浅,特别是学生在活动中或是拓展了视野,或是学会了本领,或是明白了事理……

(三) 进行家长学校培训,树立家长正确教育观念

我们根据家长需要,为每个年级段的家长每学期进行一次家长学校培训指导。我们先后邀请了一些区内外专家和老师来校为我校家长进行家庭教育方法的指导。学校还向家长免费赠送家庭教育指导用书,组织学生家长开展家庭教育征文和家庭教育案例集。我校三(5)班学生家长康子芳在去年的

上海市家庭教育征文比赛中荣获二等奖。通过以上这些途径，家长的教育观念和教育方法逐步得到转变，为孩子们的健康成长撑起了一片蓝天。

三、加强互动，形成合力

（一）教学节家长开放日

为增进家校联系，搭建家长与教师的交流平台，让家长全面了解学校教育发展情况及要求，深入了解孩子在校情况，有的放矢，形成合力。每学年的教学节，我们邀请家长走进学校、走进课堂，参加学校组织的教学开放活动，让家长近距离、最直观地了解孩子在校的学习生活情况，更好地促进家校协同教育。借助开放课堂，成果展示等互动方式，让学生家长能更直接地了解学校的办学理念，更好地与学校教育达成共识。

（二）每学期的家长会

我们要求年级组长与班主任分别对年级组或班级需要指导的个别学生家长进行有针对性的家庭教育方法辅导。每学期1～2次的家长会上，学校领导、班主任与学科教师向家长们传递学校的发展信息、学生的成长进步情况，向家长们传播家教的科学理念和方法，尤其是邀请一些优秀家长与家长们交流，起到了启发、引领的作用。

（三）校讯通、QQ、班级博客、校园网

除了每学期的家长会，我们充分利用现代的通信交流平台，如校讯通、QQ、班级博客、校园网等加强教师与家长的互动，不断增强家长科学教育子女的能力。学校多次被评为区校讯通杯"家校互动"短信征集优秀组织奖；我校徐敏婷老师被评为区"校讯通"杯十佳班主任；叶苑老师在区家庭教育指导

故事会上作了精彩的讲述，她的家校互动的征文也被评为校讯通杯优秀征文。

（四）针对性的学生家访

家访也是家校互动的一项重要内容，针对部分行为习惯偏差和学习困难的学生，由教导处统一安排，全体行政人员和班主任、任课教师一起分组进行集中家访，了解这些学生的家庭环境、生活状况、家庭学习现状，与家长、学生进行沟通，提出家庭教育和校内、回家学习的要求，帮助这些学生逐步养成良好的学习和生活习惯。

展望今后的家教指导工作，我们将在教师家教指导能力的培养，家教课题的实践研究，家教指导的课程化、系列化等方面进行不断的探索和实践，进一步架构"学校教育—家庭教育—社会教育"三位一体的教育体系，充分调动家长的积极性，使家长成为学校教育的合作伙伴，让每一个孩子都能健康快乐地成长！

与家长进行沟通需要技巧

◎ 陈辉辉

　　记得我们在东门小学进行脱产培训的时候,和我一起见习的张老师执教的是"推小车"的一堂体育课。一个小男孩在与其他同学的配合中失误了,导致自己的手掌擦伤了。眼尖的张老师立马把他带到了医务室进行了伤口的处理,并且在事后通知了其班主任和家长。这种突发事故在体育课堂上常常会发生,属于很正常的事情。

　　第二天,该名学生的家长来到了学校。找到了班主任和张老师,要求学校对于他们家孩子的事情给个说法,而且还要求张老师要为此事负责。来学校的是小男孩的奶奶。当天孩子回到家中,看到自己宝贝孙子受伤的手时,立马心疼得不得了,这可是他们家唯一的宝贝孙子啊,不由分说地把怒火自然而然的撒到了张老师的身上。认为孩子之所以受伤是因为在张老师的课堂上发生的,张老师要负全部的责任。无论班主任怎么劝说张老师怎么道歉,孩子的奶奶就是得理不饶人。

　　经过多次的沟通,最终,这件事情圆满解决。孩子的爸爸来到学校,对此次的行为表示了歉意。

　　上个学期,我校参加了青浦区的踢跳比赛。学科代教师父潘老师让我负责了短绳的训练以及参赛这一块。小翔(化名)是我校四年级的一名学生,他练习的项目是一分钟快速跳。但是从小翔平时练习中,我发现了一个问题,那便是他跳得很不稳定,跳得好的时候能跳两百多个,不稳定的时候只有一百八十个左右。若想在比赛中取得名次,必须要跳到两百多个。

比赛当天,在青浦实验中学的室内篮球场里进行,因场地原因,除了参赛的队员和裁判以外,其他人员一律不得入内。十人集体长绳和八字长绳因为失误而获得的名次不理想。轮到短绳比赛时,为了更加有把握,我让平时练习一直很稳定的小清(化名)上场。当得知自己没有上场参赛的小翔立马就哭了,嚷着问我为什么没有让他上场。当时,马上就要入场比赛了,我安慰了他几句,见他止住了哭泣,急忙带着队员去参赛了。值得开心的是小清在一分钟的快速跳里获得了第一名的好成绩。

下午举行踢毽子比赛,参完赛的队员可以回家了。叶老师和赵老师把比赛完的学生带回了学校,剩下来的一批踢毽子比赛的学生将由我与另外一名老师回学校。踢毽子比赛正式开始了,当我们在外面焦急地等待时,我收到了一条短信,是小翔的爸爸发过来的,他质问我为什么没有让小翔参加比赛,说我这样的行为对他孩子很不好,以后的小翔心理肯定会产生阴影。还说以后让小翔再也不要加体育锻炼了,让我给他的孩子道歉。我当时立马就给孩子的爸爸打了电话进行了沟通,在我的解释下,孩子的父亲由一开始的愤怒情绪转变为平静。最后,他还拜托我在第二天小翔上学的时候,多给小翔鼓励一下。我也答应并且做到了。

通过上述的两件事情,我认为沟通是需要技巧的。因此,我总结出了以下几点:

(1)巧妙地施以表扬

在孩子的家长面前要大力表扬孩子的闪光点,这是表示对孩子的一种认同。人都喜欢被表扬,觉得一旦被别人认同了,成功感便容易得到满足,往往更容易取得成绩。

(2)把期望融入与家长的交往中

孩子是每个家庭中的希望,家长都希望自己的孩子以后能有好的前途,都对自己的孩子寄予了很大的期望。因此在家长的面前表现自己的关爱和期望,除了语言的鼓励以外,还可以用肢体来进行,比如点头、微笑、肯定手势、关怀接触等。

（3）换个角度思考与家长沟通

站在家长的立场考虑，当家长对我们表示不满的时候，肯定也是有原因的。这个时候，我们要真心实意，家长一定会很感动的。

（4）立场坚定，语气婉转

面对非常固执的家长时，我们必须要站稳立场，语气婉转、轻松，一次不行就进行两次、三次，直到对方接受。千万不能感情用事，采用讽刺挖苦、告状出气、谈后了事。这样事情就得不到解决，还会让矛盾升级。

总之，做到尊重学生家长；做到有爱心、体谅的心、公平的心、耐心和恒心，才能为学生的成长提供良好的发展空间。

赞美的作用

◎ 蔡芸怡

　　孩子是祖国的花朵,在其成长过程中需要适度地灌溉和培养,其中,老师对其的教育尤为重要,这是我在成为一名人民教师一年之后领悟到的。

　　当时,我被安排成为小学三年级的语文老师兼班主任。作为一名新教师,面对一个班46名学生,我感到有些手足无措,不知道应该采取怎样的态度对学生是最好的。因此在面对学生的调皮捣蛋,不按时完成功课的情况时,我火冒三丈,一味地采取批评式的教育。结果发现效果不佳,不做作业的还是不做作业,逃课的还是逃课,令我苦恼不已。

　　特别是班中的一个男同学,字写得歪歪扭扭,字迹潦草,又懒惰,不肯做功课。每次考试都不及格,跟家长联系,家长也是敷衍了事,完全一副溺爱的样子,一、二年级的老师都拿他没办法,到二年级下半学期的时候干脆完全放弃了他。

　　升上了三年级之后,还是该玩的玩,该逃的逃,一样不落。我非常严肃地批评了他的行为,严格圈定他的活动范围,请同学在校期间密切关注他的动向。面对我的强硬措施,他仍然毫无所惧地我行我素。

　　直到有一次,我布置了写出四个形容“说”的词语的作业,他在摘抄本上写了一个非常好的词语“气势汹汹”,全班只有他一个人正确地写了出来,我当众表扬了他,当时他笑了,笑得那么甜,那么欢。我才猛然意识到,也许适当的表扬可以更好地激励他学习。

　　自此以后，我努力挖掘他的闪光点，只要他的成绩或者生活习惯方面一有进步，我就重重地表扬他，晚上回家不做作业，就中午的时候做，能全部做完就给予适当的奖励。渐渐地，他开始做功课了，字也写得和以往比起来有了可喜的进步，甚至有时候他还会主动留下来，希望我给他补习功课。就这样，转眼过了两个多月，在最近的一次单元测试中，他从永远的最后一名变成了最后第二名，考试成绩也突破了 60 大关，得了 68 分，令我欣慰不已，也更加振奋了他学习的热情。

　　后来我广查资料，才知道原来早有专家证实，赞美可以激励一个人发挥自己的潜能，实现自己的理想，可以建立自己的信心，并使自己成长。有一位心理学家曾经这样说过："抚育孩子没有其他窍门，只要称赞他们。当他们把饭吃完时，赞美他们；画了一幅画之后，也赞美他们。当他们学会骑自行车时，也赞美他们，鼓励他们。"

　　我深以为然。赞美之于人心，如阳光之于万物。在我们的生活中，人人需要赞美，人人喜欢赞美。这绝不是虚荣心的表现，而是渴求上进，寻求理解、支持与鼓励的表现。爱听赞美，出于人的自尊需要，是一种正常的心理需要。经常听到真诚的赞美，明白自身的价值获得了肯定，有助于增强自尊心、自信心。大人如此，孩子更不例外。

　　因此，适当的表扬是必要的。在表扬之后再给予批评和纠正要比直接批评效果好得多。

做学生的良师益友

——绿色指标的指引

◎ 郭　青

　　如何建立师生关系一直以来就是教育中的重要环节,在"绿色指标"中,感受最深的是民主平等,相互尊重,教学相长是建立师生关系的重要纽带。

　　民主平等是和谐师生关系的前提,法国思想家卢梭认为:"人生来就是平等的,自由的。"传统师生关系中教师需要威严,需要和学生保持一定的距离感,这就造成有时候学生会"敬而远之"。而"绿色指标"就明确了新型师生关系是民主的,平等的。正所谓"亲其师,信其师"。威严需要吗? 需要的。但不应该突出"严",而更应该在"亲"字上做文章。这就让我想起了自己的新教师经历,在从教第一年开始和学生打成一片,而没有掌握好度,又由于课堂教学能力的不足,课堂总是乱糟糟的,课堂效率很差,班级成绩一直不理想。请教了老教师,他们说你和学生关系亲切是对的,但是适当的威严也是需要的。但是真正实施中,我又偏差了,于是接着开始了"僵尸般"的日子,总是板着脸。渐渐地问题又出来了,上课教室是安静了,但是回答问题的学生越来越少了。用焦头烂额来形容那个上半学期再贴切不过了。寒假里认真地反思了自己的问题,在后半学期里我让自己再度变回那个可以交谈的"大哥哥",但同时又制定了一些"规章制度",课堂教学的效率提升了,班级的成绩也有所提升,而一个学生的话更时刻提醒着我——老师真幽默,我喜欢上你的课。所以在我看来,民主平等的师生关系有助于提高教育教学的质量。因此和谐师生关系少不了民主平等。

对人不尊敬的人,首先就是对自己不尊重。师生关系的和谐还取决于师生是否相互尊重。传统教育中,提倡尊师重教,绿色指标中新型师生关系更突出相互尊重。近些年,学习师德规范越来越多,究其原因是现在社会上一些教师队伍中的"落后"分子为人粗鲁,忘记了自己的尊严。徐特立曾这样说过:卑己而尊人是不好的,尊己而卑人也是不好的。有一次,我在讲商不变性质,复习除法各部分关系时,一个学生说:被除数不变,除数扩大几倍,商缩小相同的倍数是不对的,比如被除数是1,除数是1,除数扩大十倍是10,1除以10我不会做了。我一拍脑门,涉及小数除法的问题他们还没有学到,我总不能说这句话就是对的。学生的疑问应该被尊重。就让学生换个思路:1个整体平均分成十份,每份是多少?生:1/10。那1/10和1是什么关系?问题这样解决了,但这个案例充分说明了学生的疑问应该被尊重,这也时刻提醒我要钻研教材,考虑学生的已有知识结构。相互尊重的结果使得我在教育教学中提高了自身的业务水平。可见相互尊重能够达到教学相长的目的。

教学相长出自《礼记·学记》,意思是教和学两方面互相影响和促进,都得到提高。教学是教与学的交往、互动,师生双方相互交流,相互沟通,相互启发,相互补充,在这个过程中教师与学生彼此间进行情感交流,从而达成共识、共享、共进,实现教学相长与共同发展。教师在自身教育教学能力提高的同时,学生的学习水平也会提高。在新教师的几年里这种感受尤为真切。

所以,师生关系的和谐离不开绿色指标的指引,师生相互尊重,建立民主平等的关系,从而达到教学相长的目的。

饮水机被推倒后

◎ 朱莉君

　　新学期开始了,我接手了一个一年级班,班中 51 个学生 80％左右是外来务工的民工子女,行为习惯很不文明,作为一个新手班主任,我也摸索着和孩子们一起成长。

　　一天,一个学生跑来对我说:"老师,饮水机倒了!"我一听,饮水机倒了,火一下子就蹿上来了,冲到教室内一看,孩子们乱哄哄的围在推倒的饮水机旁边。看到这一幕,我真想大声斥责全班学生,马上查出是谁带头起哄的,然后把这个学生揪出来骂一顿,出出气,让他明白,这是教室,不是菜市场。但是,这种训斥的结果只能给教室带来一时的平静,收效甚微。怎样才能改变这种状况,把无序变成有序呢? 我思索着……

　　于是,当孩子们在体育课下课后,我守在教室里,拍下他们抢水喝的情景。他们一窝蜂地涌进教室,把饮水机围得水泄不通,你的杯子往前伸,我的杯子往前挤,还有的同学被推倒在地……我把拍下的情景在午会课上放给他们看。他们看了都很吃惊,简直不敢相信那是自己。然后,我让他们分组讨论对这件事情的看法。同学们畅所欲言,都谈了自己的观点。有的说:"这样做是非常危险的。"有的说:"再盛水时,前拥后挤,结果是盛不到水。"还有的说:"这是一种不文明的表现,我们大家在一个班级中,同学之间要互相宽容、互相谦让。"对于自己行为的种种不足,他们都能说得头头是道,可是他们的行为与他们的认知却存在着巨大的差距。

是啊,大家都知道宽容和谦让是咱们中华民族的美德,可是现在的孩子往往都缺乏这样的品质。我想,作为老师,我们不应该只是注重知识、技能的学习与获得,而更应该让孩子们学会如何做人,那么该开展怎样的活动才能使孩子从小养成谦让的习惯,让他们学会宽容,做到心中有他人呢?

针对现在班级中的学生都是独生子女,在家父母、祖辈都比较宠爱,造成了他们以自我为中心,斤斤计较,不懂宽容、不懂谦让的心理特点,结合我们班级中"好朋友章"的争章活动,我们开展了"我们都是好朋友——角色换位"活动,设身处地,以别人的身份、视角去参加与体验,从而感受到宽容的重要性。

在活动中,我对孩子们提出了问题:"如果被推倒的不是别人,而是你自己,你当时会怎么想? 如果你也喝不到水,你当时会怎么想?"

"我心里会很不好受。""如果被推倒的是我,万一摔断了手或脚,我不但会很痛,而且还不能来学校上课,拉下许多功课。""我会失去很多好朋友。"

"那我们该怎么做呢?"我又进一步提出了问题。

孩子们也陷入了热烈的讨论,同学们有的说:"大家不能只想到自己,也要替别人想一想。"有的说:"盛水的时候,大家排着队一个一个来,这样就不会乱了。"有的说:"大家都想喝水,但总会有先有后的。"还有的说:"盛水的时候,你让我,我让你,大家互相谦让,不就行了。"

"你们说得真好,如果每个人都能做到这样的话,那咱们的班级一定是一个最温馨的班级! 让我们用行动来说话吧!"

通过角色的换位,孩子们体验到了宽容的魅力,体验到了宽容带来的快乐,眼里、心理开始有了别人,渐渐有了关心别人的能力。通过换位思考,同学们都能设身处地为别人想想自己该如何去做。通过体验活动,孩子们发现问题、解决问题的能力也得到了进一步的提高。

在接下来的日子中,我欣喜地发现:在午餐的时候,坐在外面的孩子会帮坐在里面的孩子盛饭;看见同学的铅笔掉了会主动帮同学捡起来;课间拿牛奶的时候,也不会再争先恐后了,前座的孩子会帮后座的孩子拿……

更让人高兴的是家长的反应,家长说,孩子在家会做一些力所能及的事情了,不会再提一些不合理的要求了……

当班主任最头疼的莫过于处理学生间鸡毛蒜皮的纠纷了。这些纠纷说大不大,没什么原则性问题;说小却也不小,它影响学生情绪,破坏团结,耗费班主任的时间与精力。面对此类纠纷,如果班主任直接判定谁是谁非,学生往往认为老师偏袒对方。所以我通常采取的对策是"把球踢给学生,让学生学会换位思考",一般采取如下几个步骤:第一步,先问学生发生了什么事,让学生自己讲述事情的经过。开始学生往往带着自己的感情色彩,且情绪都较激动,但通过倾诉和老师耐心的倾听,他们的激动情绪已得到了相对缓解。第二步,问学生觉得对方错在什么地方。这时学生往往会把责任推给对方,这是一个可以理解的必然程序,也是为下一步做必要的铺垫。第三步,紧接着问学生"如果你是他,你觉得应该怎样处理这件事"。这时老师又把球踢给学生,要求学生进行换位思考了。当学生站在对方角度时,往往开始意识到对方行为的合理性和自己的偏颇,对自己的行为已不那么理直气壮了。第四步,问学生如果他是你,他该怎办。当把对方换成自己后,经过进一步的换位思考,这时学生已经能较全面地考虑双方的需要,理解或谅解对方的行为。第五步,问学生如果他是老师,应怎么解决这件事。这时学生往往已经不生气了,大都能意识到自己的错误,纠纷已经不了了之。这时老师可以再趁热打铁,教他们宽以待人,严于律己,妥善处理日常纠纷和矛盾。老师的理解和倾听,不仅化解了学生之间的纠纷,且让他们学会辩证地分析问题,培养辩证思维,学会怎样去面对生活中的日常纠纷,让学生在解决纠纷中不断成长。

角色换位活动使孩子们真正懂得了用理智去感悟生活的意义和做人、做事的道理,从而内化为好的道德品质,外显为良好的行为习惯。老师无须太多的形式,也无须太多的语言,只须抓住机会,顺势引导,相信孩子能主动地、正确地认识自己,培养他们要有一颗宽容的心,要有一颗帮助别人的心。我想,这一切随时都可以在生活中得到启迪和升华。

好的开始是成功的一半

◎ 唐如馨

　　一转眼,为期 10 天的新教师暑期集中培训已经接近尾声了,在这 10 天的培训期间,我们听取了来自青浦教育局领导的重要讲话,来自青浦各个学校的优秀青年教师代表的经验之谈,以及来自青浦区小学英语的教研员和学科领头人对小学英语课程的分析。在这几天里,我想都会给我的教师职业生涯留下深刻的印象。

　　不论是从陆老师的"青浦区实现教育现代化战略",姜虹老师的"做学生喜欢的老师"以及朱连云老师的"青浦实验发展脉络",还是从各个优秀青年教师的成长体会,又或者是从教研员对学科新课标的分析中,我们都在这些日子里学会和了解了我们作为一个新教师需要具备的东西,所以当我们站着这些巨人的肩膀上时,我们就能看的更远,更多。

　　对于这些日子的培训,我的感受想要套用来给我们分析小学英语教材的徐老师的话"well begun is half done."(好的开始是成功的一半)。在这么多前辈老师的经验之谈下,我们的起步就已经高了。对于小学英语教学,我虽然只接触了半年,但是对我感触很深的有以下几点。

　　首先,对于不同孩子要制定不同的教学策略,实施因材施教。对于低年级的小朋友,众所周知,他们及其活泼,尤其是一年级,刚刚从幼儿园活蹦乱跳的教学模式中走出来,就要走进小学这个安静的课堂里。有的孩子完全静不下来,时不时就要前后左右转来转去。因为孩子的天性好动,要他们一节课35分钟安安静静坐在位子上听课是不可能的,所以作为一名很有可能任教低年级的新教师来说,怎样在自己的课堂上针对低年级学生的特点实施动静结合的课堂教学,使学生对英语教学产生兴趣,达到课程表上说要上英语课,而是我要上英语课。对于中高年级的学生,他们已经有了至少二到三年学习英语的经历以及养成了很好的课堂规范,也有了很好的课堂自控能力。所以对于这样的中高年级,我们不能再一味地采取活动课堂,而是应该为学生们提供一个全英语交流的学习环境,以模仿为基础达到能灵活运用,增加学生的语用能力。

然后,小学英语教研员杨老师在给我们上课时曾说:怀疑你所学的每一个单词。教师是一个教书育人的工作,英语则是一门示范性极强的学科。老师教授的新单词是会直接影响学生一辈子的读音,尤其是小学阶段,很有可能某些单词一旦读错就是读错一辈子,而且一旦读错很有可能是两个甚至是三个班级将近100个学生。所以为了能教出好读音的学生,也为了学生们的发音标准,杨老师就建议我们新教师在教授新单词,哪怕是我们早已烂熟于心的最简单的单词,例如apple,我们也要将字典搬出来,认真查一查每个单词的标准音标和正确发音。务必做到每个学生的发音都是标准的。所以,当老师是一个持续学习的过程,需要我们不断与时俱进,不断学习,在学习中进步,将最好、最新的知识教给我们的学生,使我们的学生能够在小学阶段为他们以后的英语学习打下一个扎实的基础。正所谓学中用,用中学,学用结合,学以致用。

其次,作为新教师的我们在走上工作岗位之后要尽快想办法走进孩子的心。对于这一点,我的真实经历令我感触颇深。我读小学时,我的英语老师也是像我们现在一样是一位青年教师。他认真负责,更主要的是,在他的课堂上,我觉得学习英语是一件非常简单的事情,一堂课下来,新授的单词基本上下了课就会读会背,当时甚至觉得学习英语是一件非常开心的事,老是期待着上英语课。他不仅会关心我们的英语成绩,在下课时,他还会关心我们的语文数学学习情况。因为在他的示范作用引导下,今天我也成为一位英语教师。所以我更加知道,培养英语学习的兴趣对于英语学习是多么的重要。要让学生在学习的兴趣以及情感下获得听说读写的四大技能。就像教育学家亚历山大说的那样:没有听过的不说;没有说过的不读;没有读过的不写。在不断循环往复的模仿学习中习得语言知识。

最后,要严格实施有效课堂,有效作业。上一堂有效的课,让学生在课堂上学到有用的知识对于一个老师来说是十分重要的。怎样的课堂能被称为有效课堂呢? 这对于新教师来说是一个值得我们到了工作岗位以后不断摸索的课题。

总之,在新课程、新教材的实施过程中,我们必须把握教材的内涵,把握时代气息,把握学生的认知特点,运用一切有效的方法,激发学生的学习兴趣,培养他们的学习能力。争取做到让我们的课堂优起来,老师智慧的教,学生聪明的学!

从循形探质到不羁追魂

——记我的"从教三部曲"

◎ 韩萍萍

从非师范非英语专业毕业的我,走上小学英语教学的岗位,其实并非偶然。究其原因,一来是喜爱孩子,二来是喜欢英语,更重要的一点,是与生俱来对教师这一身份的敬畏和向往。回首从教的这八年,轨迹中穿插着质疑和欣赏,磨砺下更觉得这教学中的苦与甜皆促我成长。

一、初出茅庐——只识英语课程的形

走上教师岗位之初,同办公室的一位数学老师对我说:"你们英语随便教教好啦,别搞得那么难,小朋友母语还没有学好呢!"我知道开设小学英语课程必然有它重要之处,但是说不出所以然,只能点头笑笑,无言以对。

在我当时的认识领域里,确实觉得小学英语赋予学生的,不过是一些很简单的词汇、句型结构和少量的语法知识,而需要五年的时间去教授这些内容,确是绰绰有余了。那时我除了理论知识的薄弱,在教学组织、方法和策略上也是一无所知,当时的英语教学有以下几个特征:

(一) 依赖教材,借鉴教案

并非初生牛犊不怕虎,第一次走上讲台,面对着一双双注视着我的眼睛,满怀的忐忑让我不知如何开口。于是教材和教案变成了救命稻草,要教什么内容,是我首要解决的问题;而如何根据具体的实际情况去选取教材上恰当的内容来教学,则在我的思考和能力范围之外。更多的时候,是借鉴经验教师的教案,模仿教学。背诵出教案上每一句过渡语句,严格按照上面的教学环节去上。每上完一节课,犹如背完了一篇教案。但是课的效果如何,无暇顾及。如今去听一些职初教师的课,能清楚地看到我当年的影子:站在讲台上,目光离散而焦急,一看便知是在紧张地背诵教案,学生读错答错都机械地评价"yes,very good"。整堂课下来,教师的状态完全游离于课堂、游离于学生之外。

(二)教学方法单一

意识上将英语教学等同于知识教学,所以课堂中以传授知识为主,如单词、句型和语法。教学方法主要是通过反复的机械操练,至学生会读为止。整个课堂都是教师全控制的,开展的活动几乎都是老师带领学生完成的,而少有生生互动。头些年我的嗓子非常累,因为上一节课要不停教读,带读,提示读,纠正读。而学生也学得非常累,看着图片和单词扯着嗓子反复读、机械读,毫无意义的操练让他们疲乏、厌倦,进而开小差,课堂纪律的紊乱更增加了教学的难度。课堂效率低,学生的反馈就很不理想。学生的学习没有成功的喜悦,对英语这门学科也逐渐丧失了兴趣和信心。现在我们很多新教师,尤其是教低年级的,常抱怨上课太累,小朋友不遵守上课纪律。究其原因,是教师的教学方式单一无趣。根本原因,是教师只关注到英语课程的知识性,以灌输知识来代替教学导致的。

(三)评价方式单调

跟大多数的教师一样,我也将学生的考试成绩作为评价学生学得怎样、教师教得怎样的唯一标准。所以日常的教学着重练习学生所掌握的知识、语法结构等,训练学生的考试技能,进行题海战术。然而时间久了,我就发现了一个现象：某个学期时间紧，学生练习量较之平时少，而考试成绩也在原来的水平上；某个学期时间充裕，练习量特别大，考试成绩却也没有特别大的上升。分析试卷就会发现一个现象：学生的基础知识和语法题的确有所提高，但是这部分的分值占比小，占比大的阅读部分和听力部分仍然停留在原有水平。

因此，将语言教学直接等同于知识教学，单一的课程实施以及评价方式，都不会教出高水平的学生，而教师也只能收获较低的教学效益。好在我这一张白纸，在踏入岗位后不久，开始接受各项师资培训，在理论知识方面深入学习，在实践中接受专家和经验教师的指导，我对小学英语学科开始有了越来越清晰的认识。

二、渐入佳境——探索英语课程的质

上海市中小学英语课程标准指出：英语，首先是一门语言，一门工具性语言，学习的最终目的是用于交流，运用于实际生活之中。我们不仅要培养学生拥有较为熟练的语言技能，比较丰富的语言知识，同时要求学习过程的体验，良好的英语交际能力以及对西方文化的学习，更为重要的是，培养学生良好的学习习惯，持久的学习积极性和自信心。

小小教书匠在经过不断的理论学习和课堂实践后，在英语教学上有了一些进步，开始在校内、区里承担公开课的教学，与学生的相处，也越来越融洽，成长为一名青年骨干教师。在探索的路上，我对英语学科的认识以及实施有了很大的改进。

（一）选材体现出学生的需求

二期课改赋予课程的基本理念是：以学生发展为本。过多依赖教材，会忽略了学生的主体地位。因而我在备课选材时不再是背诵他人教案，而是会更多地考虑到我们班学生的实际情况,如学习基础、年龄特点、学习特点等,以此来选取及合理分配教材中的内容。

1. 教材根据学情定制。上海市中小学英语教研室主任朱浦老师曾说过:学生是活的,教材是死的。我们要根据学生来选取教材中的内容,进行再构、创编。目前我们小学英语教学推行文本再构,即提倡教师能根据学情对教材的内容进行改编、创编文本,这对于我来说也是一个新的尝试和挑战,更是努力的方向。

2. 学生是课堂的主体。备课时根据学生情况量体裁衣,更为重要的是在课堂实施过程中,要体现学生主体性。教师只作为一个引导者,主导着课堂的进程和发展。以前我上课很累,一直滔滔不绝,学生参与度低,活动少,效果也不佳。但是尝试将课堂还给学生以后,我轻松了许多:如在单词教学时,我只示范两遍,反馈时增设同伴纠错环节。这样一来,学生在我示范时听得更认真了,而纠错活动让他们兴趣更浓厚了。

所以,一些学生跳一跳就能摸得着的知识,一定要让他们自己去尝试;一些可以通过学生们小组合作获取的知识,一定不要去干预。

(二) 创设情境,优化课堂

英语语言的交际性,需要我们在课堂中创设真实的交际情境,通过大量的语言实践让学生在语言学习环境中体验、感受和领悟语言。也就是,在课堂中通过情境的创设培养学生的"语感"至关重要。

1. 情境创设要贴近学生生活实际

这样才能使学生真正学会和运用语言。只有当所创设的情境与学生的生活经验相符合时,才能激起学生的生活体验,从而使他们从各自的生活背景出发,迅速投入所创设的情境中,准确地体验和理解语言。我在教授 go shopping 这个话题时创设了一个在商店买衣服的情境,但是学生兴致不浓厚。反思了一下,这个活动过于成年化了,于是后来改为去超市选购商品,话题更为开放,需要表达的内容也更多,最重要的是学生有这方面的生活体验。

2. 情境创设要有趣

激发了学生兴趣,才能促使学生全身心地投入英语活动中。故我们所创设的情境应该符合儿童的心理特征,突出童趣。低年级的教学用孩子们喜欢的童话故事或卡通人物来创编故事,高年级的学生则对一些明星时下流行的话题感兴趣,所以常常加入这样的元素在教学中;guessing game 等小游戏是学生们普遍喜爱的活动,课堂中可以针对性选用一些。

3. 情境创设要有效

不能一味追求有趣,有效才是最终目标。我曾教过词组 run fast 和 run slowly,创设了一个小的情境:请两位同学到讲台来演示 fast 与 slowly 的差别。但是效果很差,教室距离太短,学生仿佛穿越到体育课,兴奋笑成一团。所以情境不是单纯为了激发学生的兴趣,而是通过这样的方式来更有效地实施英语语言教学。

(三) 注重学生能力的培养

学生语言能力的发展并不总是与知识的简单积累成正比,即英语课程要求学生获取的不仅仅是语言知识,而是着重培养学生正确的学习方法、学习习惯以及思维等综合素质。

1. 指导学生掌握正确的学习方法

授之以渔而非授之以鱼,比如我在教低年级学生新单词的时候,只读出单个字母的音:/ɪ/、/t/,鼓励学生自己合并两个音发出/ɪt/,并拼出单词"it"。随着学习的深入,学生会逐步掌握更多的音,再出现新单词时,可以放手让学生自己尝试去读。这样一来,到高年级重难点音标的学习,也轻松化解。

2. 帮助学生养成良好的学习习惯

良好的学习习惯会使学生受用一生,习惯的培养可以从时间和空间各个角度来阐述,单从教师方面来看:(1)小学生良好英语学习习惯的形成,并不是一蹴而就的,而是一个长期复杂的过程。这就需要教师在课堂上反复加强指导,并进行及时检查和督促。经过课内若干时间的练习,让孩子良好学习习惯在课堂内初步形成,为家长指导孩子养成良好的英语学习习惯做好铺垫。(2)家校互动。经常沟通,对家长进行培训,对有困难家长养成长期沟通的习惯,帮助家长了解如何在家培养孩子良好的英语学习习惯。

3. 激发每个学生的思维

鲜活的知识一定是开启了学生的思维,并与学生的思维碰撞出了火花。所以,课堂中多提一些个性化的问题,如在问完 Do you like apples? 一定要紧接着问 Why? 只需要学生回答 Yes 或 No 的问题是课堂中的无效问题,只有究其答案背后的原因,才是了解学生、启动了学生思维的有效问题。其次,创设一些开放性的小对话,让学生根据自己的生活实际进行完善。我们的故事教学也可以让学生来想象故事的发展或是结局。另外,在阅读教学中一定要通过任务驱动学生,让他们主动去阅读、探究、学习知识。总之,让学生参与到课堂的教案实施中来,设计活动让学生思考的成果来生成我们老师所要教授的内容,这样的教学才是活的教学,效果事半功倍。

那些在整体素质方面占优势的小学生在中学阶段能够不断地拓展自己的词汇量和发展自己的听说读写技能,而那些在整体素质上存在各种缺陷的小学生升入中学后,则往往会遇到很多的学习障碍和困难,使自己的学习进展十分缓慢,所以小学英语课程的重点应当是提高学生的英语综合素质,培养其英语学习技能。

三、锲而不舍——追求英语课程的魂

前段时间听了一位前辈的课,这是一位大师级别却还坚持在教学一线的老师,也是我教师生涯所追求的目标。他的课堂不拘泥于形式也不拘泥于教材,通过挖掘当下社会实际中的三个片段,最后落脚在三句话上:"Art is everywhere. Art is important. Everyone can be an artist."这三句话充满了正能量,鼓舞人心又发人深省。他课后的一句话令我印象深刻:不要戴着分数的眼镜看待自己的学生,英语素养才是考察英语水平的综合性指标。

什么是英语素养?体现在三个方面:

(1)语言素养

包括语言基础知识、听说读写译等基本技能以及初步运用语言进行交际的能力。这些技能的培养我们很多教师已经意识到并落实在日常的教学中了,但有偏颇之处。很多老师更注重"写"和"译",忽略"说"和"运用交际"能力的培养,最终导致我们的学生能考出较高的分数、但却无法与人对话交流的一个畸形状态。课程标准指出,英语课程的本质属性即知识性和人文性的统一,工具性和实践性的统一,语言知识是交际实践的基础,但并不是最终的目的。

(2)文化素养

众所周知,语言是文化的载体。一种语言中储存了一个民族所有的社会生活经验,反映了该民族文化的主要特征。语言、语言学习和语言运用都不可能脱离文化而单独存在。通过学习英语来提高学生的文化素质不仅是可行的,而且是有效的。从英语学习中获得的文化知识不仅有助于其他学科的学习,而且有利于英语自身的学习。因此我们在教学中不仅要教语言,而且要教文化,要深入挖掘教材中的文化因素,尤其是中外文化差异的因素。

(3)思想素养

英语教学大纲规定"遵循英语教学规律,寓思想教育于语言教学之中,渗透爱国主义、社会主义和思想品德教育,使学生树立正确的思想和培养良好的品德。"学习英语必然会接触很多西方的文化,但是也有必要让学生认识到:学习英语的目的不仅仅是为了学习和了解国外的东西,也担负着宣传自己、让世界了解中国的任务;从而让学生树立正确的人生观和价值观,热爱祖国以及祖国的文化,热爱祖国语言。

从这三方面来说,我们的母语教学也是如此。如果能回到八年前,我会对那位数学老师说:语言的学习都是相通的,能学好英语的同学母语也一定会学得很棒,而且会有促进作用。因为,英语,就是一种如同我们母语的语言。

如果能够在英语教学中能兼顾到这三个方面,这样的语言教学是活生生的,也是我们语言教师追求的目标和努力的方向。而文化素养和思想素养在我们大多数的老师的课堂中被弱化了,我认为可以从以下几点做起:

(1) 努力挖掘教材中的文化、思想内容,不失时机地对学生进行思想、品德上的教育

在这方面上海市教委提出两纲——《上海市学生民族精神教育指导纲要》和《上海市中小学生生命教育指导纲要》要渗透在学科教学中。很多的英语课堂为了贯彻这一精神,开始了贴标签式的植入:在教授 *animals* 这一课时,结束语来一句口号"We should love animals"。在教授 *food* 这一课时,在课件最后加一张"We shouldn't waste food"这两句都很有教育意义,但是整个教案以及课堂的实施中并没有渗透这样的理念和思想,这样硬生生地贴标签,不能视为文化和思想教育。我们需要结合学生的年龄,心理特点,对学生进行"随风潜入夜,润物细无声"般的熏陶和感染,潜移默化地对学生进行教育。如 *food* 那一课,我们可以这样设计:描述一个因为浪费粮食而遭遇寒冬的小动物的经历,或是展示粮食从一颗种子的成长经历,最终总结我们不应该浪费粮食。将教育的理念贯穿于课堂之中,最后的结论才不会突兀和苍白无力。

(2) 努力提高教师的自身素养

要提高学生的英语素养,必须先提高教师自身的素养,拓宽自己的知识面,丰富自己的学科内涵。教师要博览群书,获得丰富的背景知识,建构丰富的图式框架。英语素养与获取信息和背景知识的能力有着密切的关系。作为英语教师必须走在时代的前沿,了解当下社会的热点和时尚,因为语言是动态发展的,会随着新的科学技术衍生出新的词汇;其次要在教学中熟练运用网络技术。在信息技术高速发展的 21 世纪,我们需要运用好多媒体技术来辅助我们的教学,提高课堂效率;同时我们要学习英语语言蕴含的文化,并且能运用中西方文化差异引导学生去学习、探究语言,对英语产生学习兴趣,进而热爱语言学习。简而言之:活到老,教到老,学到老;作为教师应终身学习:

要给孩子一杯水,自己则要拥有一片海洋。

在课堂教学中提升学生的英语素养,就要求教师设计有效的课堂教学活动,而且还要使教学活动的设计符合新课标理念下新的教学目标与要求,要能真正代表学生,激发学生的学习兴趣,并让学生在多元化评价中形成持久的学习动机,在完成任务的过程中体验学习成功的愉悦,收获正确的人生观、价值观和世界观,提高学生综合素质,真正实施素质教育。

如果说曾经轻视了小学英语教学,那么现在则是感觉在这个高深莫测的领域里不断摸索和前进,不断有新奇的发现。其中,有挫败的痛苦,也有收获的喜悦;有迷茫的踌躇,也有豁然开朗的释然。从最初的"照本宣科",逐步转变为关注对学生的"能力培养",到现在站在"育人价值"的角度对教学赋予新的内涵,这八年的教学生涯可能只是一个短暂的开头,期待更美好的未来!

多一些关心和爱心

◎ 杨晓红

教师爱学生,是母爱的继续、升华和发展,是人类的一种崇高的情感。婴儿得不到母爱,个性就得不到良好的发展;但是母爱是有局限的,儿童和少年的个性发展,还必须要通过老师来完成。

作为教师,谁不希望把学生教好?谁不希望获得最佳的教育效果?教育是要"晓之以理"的。然而师生之间如果缺乏相互关怀和信任的感情基础,即使是理,学生也难以全都接受。可见"理"不离"情"。要使学生接受一些道理,需要情感的跟随,情感的催化。情通才能理达。

几年的班主任工作使我认识到:在教育学生的时候,很重要的一条就是要给他们以爱,要消除他们的心理障碍。要主动亲近他们,真诚的关心他们,使他们从心底感到温暖,认识到老师是"真心为我好",才能产生对老师的信任感,从而向老师打开心灵之窗,吐露内心之情。

曾经我接的一个班级男生比较多,并且都特别调皮。到了三年级,学习压力大了,那些皮大王在学习上就明显退步了,虽然这个班是大家公认的聪明的班级,却也是纪律差的班级,因此每次考试的成绩都不理想。班里有这样一个男生让我印象深刻,二年级时还是班里的数学课代表,一到三年级,语文英语退步不说,连最擅长的数学也跟不上了,上课开小差做小动作也多了,自然而然老师们对他的批评也多了。作为班主任的我,看在眼里,急在心里,找他谈过好几次都没有什么效果。和同桌之间也相处不好,我一气之下让他一个人坐在了最前排,同学们都知道最前排就是老师的"特别照顾"对象,但没想到他还是老样子,作业字迹潦草,马虎,英语回家作业要读的和背的也从来不做。于是我找了他的家长询问情况,得知父母很少关心他的学业。于是一方面让家长关心之外,自己也开始改变"措施"。首先还是找他谈话,但是并不谈学业,或者批评他上课表现不好,而是问他家里的情况,问他喜欢爸爸还是妈妈之类的问题。后来又陆续找过他闲聊几次,让他觉得老师找他并不一定就是批评他。在一次班会课上,我表扬了一些写字进步的同学,并且也表扬了他,看到他惊讶的表情,我知道他心里的高兴。第二天一看他的作业本,字果然写得认真了许多,因为想到他上课的表现还是不理想,于是乘这个机会把他换到了一个乐意帮助别人的小朋友身边,也来管管他的上课。一个星期过去了效果果然不错,但我并没有停下来,而是趁热打铁,再次找他谈心,告诉他我把他的进步都告诉了他爸爸妈妈,他听了之后也相当高兴,知道老师并不是只把学生坏的一面告诉给爸爸妈妈听。通过这件事情,我对其他一些小朋友也少了一些严厉的批评,多了一些鼓励与和平的交流方法。

实践证明,教师动情,学生才会动心。情感的感化不仅是手段,它本身就是一种教育,是一种形象直观的教育。特别重要的是,教师对于学生的亲近、爱护、关心,还可以使学生从心中体验到人与人之间的亲密关系和高尚深厚的感情,从而消除自己身上的一些不健康的心理因素。当然,教师对学生要有真诚的爱,但它不是溺爱,绝不是无原则的迁就,而是一种更理智的,比一般父母之爱具有更高的思想境界和更明确的教育目的的师爱。

"热爱孩子是教师的天职",这绝不是一句普普通通的话语,它镌刻着老师崇高的职业道德,包含着老师的心血和汗水,浸透着老师的辛苦和欢乐。它是我们教师教书育人取之不尽,用之不竭的源泉。愿天下所有的教师都多一点关心和爱心,让孩子们更健康更快乐的成长。

路漫漫其修远兮

◎ 廖燕青

　　近期读了《在破解问题中前行》一书，让我收获颇丰。从班主任角色的认识，到班集体的建设管理，从家校联系到学生心理，从主题教育到问题学生，可以说这本书面面俱到，替我们这些新班主任考虑到了所有一个班主任应当了解的方方面面。这本书就如同导航的明灯，让我边学边做，更快熟悉、进入班主任这个角色。

　　我想谈一下这本书给我感触最深的一点，也就是德育的重要性。

　　曾经听过关景双老师的一个讲座，他给我们谈了现代德育理念与班主任角色认知。班主任工作的核心就是德育。然而，几个月来的实践，和学生的谈话，接触，让我深深感到，德育——路漫漫其修远兮，尤其是在问题学生身上。

　　问题学生似乎都有那么几个特点，所做的"坏事"似乎也都是那几件。上课不认真，做小动作，没人理就故意发出声音，作业不交，其他同学稍不小心碰到他就会酿成一次打架事件等。这本书中也一一向我们阐述了很多案例，我们在平时也听到过许多案例，有成功的，也有仍在努力的。我们总是在听完某个成功案例之后想，这个学生和我班级的某某很类似啊，看来这位老师用的方法我应该也可以尝试，然而我们却忽略了一个事实，我们只看到了成功案例的表面，却没看到在这个案例背后，在这些文字背后班主任所付出的时间和心血。德育，想说爱你不容易。一个成功的案例，如果仔细去研读，就会发现,他的时间跨度是非常长的,或许几个月,或许一年。而我们新班主任,新教师,总是太过于急于求成。今天学习了这个案例,明天就想拿去运用,后天就想看到成果。却忘了,犯错本来就是孩子的天性和权力,尤其是问题学生,意志薄弱,经常反复是非常正常的。我想每个孩子的身上或多或少都存在问题,只不过这些孩子的问题更多一些,需要我们的耐心更多一些。

我们总是用批判的眼光来看待学生,千方百计地想找出学生的不足之处,却不能以宽容的心态去接纳他们,这种思想常常折磨着我们,使我们身心疲惫,有时都有打退堂鼓的想法。其实我们应该有的心态是,用欣赏的眼光去看待每一个孩子,善于挖掘每个孩子的闪光点,善于鼓励他们,用自己的真心去热爱他们,去帮助他们,而不是一味地责怪他们。作为一名教师,特别是小学教师,耐心是我们应该拥有的品质,而爱心更是我们应该具备的。用我们无限的师德去感染他们,这样再坚硬的心也有融化的一天。

德育,本就是一个漫长的过程。或许一个月两个月我们看不到效果,更或许这几年你都看不到效果。但是我相信,播撒了种子,就一定会发芽,它只是需要合适的时机和条件。

路漫漫其修远兮,让我们在这条漫长而又曲折的德育之路上,坚定地走下去。

有效教学与语篇教学

◎ 倪睿珺

　　在新教师一年的培训过程,我阅读到了有关"有效教学"的文章,同时又了解到了什么是"语篇教学",故就此两点想谈谈自己的感想。

　　《有效教学的方法筛选》一文,让我深入了对于教学互动主客体间行为的思考。首先阐述了中国教育系统中目前教师现状同时我也比照了自己发现了很多不足之处、引出何为"有效教学"。其次还使我懂得了怎样去努力做到有效教学及方法的筛选,使课程实现人性化、学生实现主体性。同时重新审视并深刻反思自己在平日实践教学中的一些教学方法,受益匪浅。

　　"有效教学"是新课改背景下催生的一种教学理念,其内涵就是在正确的教育教学思想指导下,通过教师的有效行为,取得最佳的教学效果,促进学生有效的发展;它的外延涵盖有效的课前准备(解读课标、背景分析、资源整合,有效预案等)、有效的教学实施(即有效的课堂教学)和有效的教学评价。我认为"有效教学"并不是难懂的新概念,教师以朴实、扎实、平实的教风使教学有效果、有效率,学生学习有效益的课堂教学,就是有效教学。因此,我在自己的课堂上对如何实现有效教学作了一些肤浅的探讨。我认为:要达成教学的有效性必须从科学制定教学目标、合理的设计教学环节、积极的创设课堂情境、灵活的运用课堂语言、充分利用课堂评价等方面下工夫。

　　在日常教学活动中,我力求上好每一节课程,真心从学生的角度出发,精心设计教学环节,用心制作 PPT 课件与寻找相关视频,留心学生上课状态与反响,谈心个别问题学生,在作业本上进行交流。每次课后都积极进行反思,同时虚心向各位前辈与精英教师们请教。秉持着本人性格中一贯的严谨而认真的态度,要么不做,要么做好的信念来全身心地投入到教育事业中。

在参加培训的一开始,我便有幸能够遇到青年教师评比的活动。在这次活动中,我认识到英语学科教学的理念是语篇教学,文本再构。所谓语篇教学就是不能像以往一样,第一课时教单词,第二课时教词组,第三课时教课文那样。把教学内容分为独立的三部分。而是要把它放在一个语篇中,对单元进行整体设计,然后对每个课时进行划分。这个就要求老师在上课前要把整个单元的教学内容吃透,做好总体规划。要创设一个语境,把教学内容合理地放进去。但需要注意的是创设的这个情境必须是有意义的。何为有意义?就是要贴近学生的生活,让学生认为这会真实地发生在他们的身边的。同时,在做单元整体设计的时候要注意渐进性,不是每个板块都平均使力。语用能力是英语教学的出发点亦是最终归宿。我们要用英语做实事,要把英语真正运用于交流实际,做到"用中学,做中学"。

同时,兴趣是学习的出发点。"没有任何兴趣,而被迫进行的学习,会扼杀学生掌握知识的意愿。"有了兴趣,学生的感知力、记忆力、理解力、想象力以及创造力的训练会达到事半功倍的效果。尤老师在讲座时,提到教师如何教材分析,教会我们从兴趣点出发,创设符合学生已有认知的生活情境进行操练。今后,我在教学中努力做到这样,既让学生学到知识,又让学生的兴趣得到培养,一举两得。这对于我在教学中如何更好地提高教学效果都将会有很大的作用。

在今后的工作中,我将继续学习先进榜样,补上自己水桶中最短的那块板,沉淀积累,争取向高水准、高水平看齐。

只是许身孺子

◎ 金熠瑶

　　一年对于整个历史长河来说,不过是沧海一粟。对于人的整个生命来说也只不过是几十分之一。但是,我们每个人却可以赋予它不同的含义。如果把时间当做磨炼,挫折亦是经验,经验亦是积累,跬步终至千里,小流终成江海;如果把时间当做成长,点点滴滴,聚沙成塔,收获和感触亦是不少;而如果,把这最初的时光沉浸在自己喜欢的事当中,便是找到了人生的那一缕阳光,如沐那一丝清风。

一、德:是良师,亦是益友

　　"历尽艰难曾不悔,只是许身孺子",这是赵朴初先生眼中崇高的师德境界,却也是用数年实践所谱写的平凡一生。面对 47 张稚嫩的脸庞,我或许从未想过会成为他们的师长。有时我也会好奇孩子们眼中的奕奕神采来自何处,他们脸上又为何绽放如此灿烂的笑容,我想侧耳听一听女孩儿们的悄悄话,学一学男孩儿们勇敢的姿势,和他们真心的做一回朋友。还记得孩子们为班级争光,认真排练节目时的专注神情,这时候,我的心里常常流过一股暖流,我感到此时此刻我们是平等的,彼此信任,彼此依赖,有些微妙的情感在师生之间传递。

是良师,也是益友。师德与师爱紧密相连,师德是师爱的本质和灵魂,师爱是师德的表现和泛化,爱让师德温润朴实,德让师爱弥足珍贵。一个师德高尚的教师就是能将道德规范内化为自身的素养,并通过对学生无怨无悔的大爱表现出来,这就是师德的魅力,师爱的伟大。

二、勤:勤能补拙是良训

站到讲台上并不难,但要想站稳、站好,却不容易。学生对知识的渴求永无止境,老师自身的修养也有无限的提升空间,我始终坚信勤能补拙,虽然开始的道路异常艰难,但只要坚持,一定会有所收获。

(一)博采众长,认真备课

这一年里,我通过不断地学习使自己具备必要的教学技能,打下扎实的教学基本功。在课前认真的备课,尝试自己钻研教材,再耐心阅读优秀教案例吸取经验。但认真不等于成功,有时自己精心设计的课到实施时却遭遇困难重重,课堂生成之多,预设之外,一次次超乎我的想象,原来上好一堂课,是多么的不容易。好在几位老教师以他们的言传身教给了我很大的帮助,指导教案设计、分析学生学情、商讨应对策略,一次次耐心的示范,一句句真挚的话语,一个个肯定的眼神,给了我无穷的动力。工欲善其事,必先利其器。每一次上课都是一次锻炼的机会,在教学实践中,我虚心采纳师父们的建议,努力形成自己的风格。

(二)积极听课,开阔思路

从数学课上借鉴逻辑思路,从语文课堂学到遣词造句的艺术,从音体美等课上学到了亲和的教态和课堂感染力……听各种类型的课,不仅开阔了我的思路,也为我的课堂积累了丰富的素材。各种鲜活生动的事例,各种独特的教学方法、鲜明的教学风格,于微小细节之处的精彩处理,既丰富了我的课堂教学,也改变了我对教学艺术的认识。"九尺之台,起于垒土",教师工作的纯熟性源于积极的进取和勤奋敬业的精神,只有乐教勤业的老师,才能全面、深刻地认识到教育工作的本质意义,才能为职业本身所具有的魅力而深深吸引。我相信,点滴的积累终会成就大智慧。

三、思: 在反思中成长

反思课堂:说是教学生,其实备课、讲课的同时也是自己再学习的过程,很多知识点只有自己消化了才能传授给学生。因为刚开始教,总怕遗漏什么东西没有讲,上新课的时候就想把方方面面都讲透了,导致的结果是一节课信息量过大,重点不突出,难点未讲透,学生听得吃力,自己上得也无味。教学实践固然重要,但过后的总结和整合也一样不可或缺,不熟悉课程,不了解学生,不知从何处着手工作,通过将自己的课和他人的课进行对比,我才能找到差距,取长补短,让自己更快地在反思中成长。

反思自己:古人云,以铜为镜,可以正衣观;以史为镜,可以知兴替;以人为镜,可以明得失。以自己为鉴,进行有益的自我挖掘,进行阶段性的自我反思,这便是我所要做的。随着在教学上逐步步入正轨,阶段性的回顾和总结也必不可少。对职业的重新审视、对角色的重新定位,勤修内功,传道解惑,所及之处,必有反思。

后　　记

　　二期课改的教育理念是"为学生的终身发展奠基"，作为一线教育工作者，我们认为课程实施的根本目的在于实现学生的全面发展和个性发展。那么怎样的课程结构能够帮助学生更好地认识世界？怎样才能从发展的角度让学生对未来做好准备？从有效教学的角度对课程进行"顶层设计"，并且从课程开发的角度帮助学生"着眼未来"是小学教育面临的两大挑战，也是凤溪小学课程建设、教学实践的重点。

　　我们始终认为，没有使命感的教育是盲目的，没有责任感的教育是轻薄的。真正的教育不仅应该是具有效率和效益，更重要的是要具有灵魂，具有坚定而明确的价值追求。使命与责任赋予教育以高度和灵魂，我们要具有这种灵魂和这种明确的价值追求。唯有这样，我们所担当的使命与责任就会不断地提升教育的高度。

　　现在，把我们在教育教学中的实践研究整理成书，想和您一起分享，并希望得到您的指点，促使我们不断进步、提高。

钱永标
2014 年 10 月

图书在版编目(CIP)数据

在理想与现实中成长：上海市青浦区凤溪小学教科研成果展示 / 钱永标编. —上海：上海社会科学院出版社，2014

ISBN 978 - 7 - 5520 - 0717 - 6

Ⅰ.①在…　Ⅱ.①钱…　Ⅲ.①小学—教学研究—经验—青浦区　Ⅳ.①G632.0

中国版本图书馆 CIP 数据核字(2014)第 232440 号

在理想与现实中成长
——上海市青浦区凤溪小学教科研成果展示

主　　编：钱永标
责任编辑：黄诗韵
封面设计：黄婧昉
出版发行：上海社会科学院出版社
　　　　　上海淮海中路 622 弄 7 号　电话 63875741　邮编 200020
　　　　　http://www.sassp.org.cn　E-mail：sassp@sass.org.cn
排　　版：南京展望文化发展有限公司
印　　刷：凤凰数码印务有限公司
开　　本：710×1010 毫米　1/16 开
印　　张：29.5
插　　页：1
字　　数：405 千字
版　　次：2015 年 1 月第 1 版　　2015 年 1 月第 1 次印刷

ISBN 978 - 7 - 5520 - 0717 - 6/G·377　　　　定价：98.00 元